LE CLUB DES VEUVES QUI AIMAIENT LA LITTÉRATURE ÉROTIQUE

Titre original : *Erotic Stories for Punjabi Widows*
Éditeur original : HarperCollins Publishers, Londres

Traduit de l'anglais par Guillaume-Jean Milan

76, boulevard Pasteur
75015 Paris – France

ISBN : 978-2-493816-54-2
Maquette : Patrick Leleux PAO

Balli Kaur Jaswal

LE CLUB DES VEUVES QUI AIMAIENT LA LITTÉRATURE ÉROTIQUE

Roman

Traduit de l'anglais (Singapour) par Guillaume-Jean Milan

belfond

À Paul

Balli Kaur Jaswal

LE CLUB DES VEUVES QUI AIMAIENT LA LITTÉRATURE ÉROTIQUE

Roman

Traduit de l'anglais (Singapour) par Guillaume-Jean Milan

belfond

À Paul

1

Pourquoi Mindi voulait-elle un mariage arrangé ?

Nikki regardait attentivement le profil que sa sœur venait de lui envoyer par mail. Il y avait la liste des détails biographiques demandés : nom, âge, taille, religion, régime (végétarien, hormis quelques fish and chips de temps en temps). Qualités requises pour le mari : intelligent, empathique et gentil, valeurs fortes et vrai sourire. Les hommes rasés de près et ceux portant le turban étaient les bienvenus à condition que barbe et moustache soient bien taillées. Le mari idéal avait un emploi stable et jusqu'à trois passions qui l'enrichissent autant mentalement que physiquement. *D'une certaine façon*, avait-elle écrit, *il faut tout simplement qu'il soit comme moi* : *pudique* (c'est-à-dire pudibond), *financièrement pragmatique* (carrément radin) et *très famille* (il veut des bébés séance tenante). Pire encore, le titre qu'elle avait choisi la faisait passer pour une épice de supermarché : Mindi Grewal, mélange Orient-Occident.

L'étroit couloir qui reliait la chambre de Nikki à la kitchenette n'était pas idéal pour faire les cent pas car le parquet irrégulier grinçait sur différents tons au moindre contact, mais elle l'arpenta quand même, ordonnant ses pensées par minuscules étapes. Quelle mouche avait piqué sa sœur ? Certes, Mindi avait toujours été plus traditionnelle – un jour, Nikki l'avait surprise à regarder une vidéo sur Internet expliquant comment faire des *roti* parfaitement ronds – mais passer une annonce pour trouver un mari ? C'était *inconcevable.*

Nikki appela Mindi à plusieurs reprises et tomba chaque fois sur sa messagerie vocale. Quand elle finit par l'avoir, la lumière du soleil s'était perdue dans le dense brouillard du soir et il était presque l'heure de partir travailler chez O'Reilly.

« Je sais ce que tu vas dire, commença Mindi.

— T'y crois, Mindi ? Tu crois vraiment que ça peut arriver ?

— Oui.

— Alors tu es folle.

— J'ai pris cette décision seule. Je veux trouver un mari de façon traditionnelle.

— Pourquoi ?

— C'est ce que je veux.

— Pourquoi ?

— Parce que.

— T'as intérêt à trouver une meilleure raison si tu veux que je m'occupe de ton profil.

— C'est injuste. Je t'ai soutenue quand tu as quitté la maison.

— En me traitant de grosse égoïste ?

— Mais ensuite, quand maman a voulu aller chez toi pour exiger que tu reviennes, qui l'a convaincue d'y renoncer ? Sans moi, jamais elle n'aurait accepté ta décision. Maintenant, elle s'y est faite.

— Presque », lui rappela Nikki. Le temps avait fini par user le premier sentiment d'indignation de leur mère. Celle-ci demeurait profondément mécontente du mode de vie de Nikki, mais elle avait renoncé à la sermonner sur les dangers de vivre seule. « Ma propre mère n'aurait jamais autorisé ça, même en rêve », disait-elle toujours, d'un ton aussi vaniteux que plaintif, pour prouver qu'elle était progressiste. *Mélange Orient-Occident.*

« Je vis en accord avec notre culture, expliqua Mindi. Mes amies anglaises rencontrent des hommes sur Internet et dans des boîtes de nuit, et elles n'en trouvent aucun qui leur convienne. Alors pourquoi ne pas essayer un mariage arrangé ? Ça a marché pour nos parents.

— C'était une autre époque ! Tu as plus d'occasions que maman n'en avait au même âge.

— J'ai fait des études. J'ai mon diplôme d'infirmière, j'ai un travail et ça, c'est l'étape suivante.

— Ça ne devrait pas être une étape. Tout ce que tu fais, c'est te doter d'un mari.

— Je veux simplement un peu d'aide pour le trouver, mais pas question qu'on se voie pour la première fois le jour du mariage. De nos jours, on accorde plus de temps aux couples pour apprendre à se connaître. »

Nikki se braqua au mot « accorder ». Pourquoi Mindi avait-elle besoin qu'on l'autorise à prendre des libertés pour ses rendez-vous amoureux ?

« Te case pas comme ça, voyage, découvre le monde.

— J'en ai vu assez », lâcha Mindi en reniflant.

Un séjour à Ténérife l'été précédent, au cours duquel elle s'était découvert une allergie aux fruits de mer.

« Je te signale que Kirti se cherche elle aussi un mari. Le temps est venu de nous caser toutes les deux.

— Kirti serait incapable de repérer l'homme qu'il lui faut même s'il entrait par sa fenêtre sur un tapis volant, dit Nikki. J'aurais du mal à la considérer comme une concurrente sérieuse. »

Ce n'était pas le grand amour entre Nikki et la meilleure amie de sa sœur, une maquilleuse, ou plutôt une « praticienne de la mise en valeur faciale », à en croire sa carte de visite. Au vingt-cinquième anniversaire de Mindi, l'an passé, Kirti avait minutieusement examiné la tenue de Nikki avant de conclure : « Être jolie, c'est faire des efforts, tu ne crois pas ? »

« Mindi, peut-être que tu t'ennuies.

— N'est-ce pas une raison valable pour vouloir trouver un compagnon ? Toi, tu as quitté la maison parce que tu voulais ton indépendance. Moi, je cherche un mari parce que je veux *construire* quelque chose. Je veux une famille. Tu es encore trop jeune pour le comprendre. Quand je rentre après une longue journée de travail, je me retrouve seule avec maman. Je veux rentrer et retrouver quelqu'un. Je veux parler de ma journée, dîner et faire des projets avec lui. »

Nikki ouvrit les pièces jointes. Il y avait deux photos de sa sœur en gros plan, son sourire en guise de salutation, ses cheveux épais lâchés sur les épaules. Une autre photo montrait toute la famille : maman, papa, Mindi et Nikki lors de leurs dernières vacances. Ce n'était pas la meilleure : tous plissaient les yeux et ils paraissaient minuscules devant le vaste paysage. Papa était mort cette année-là. Comme une voleuse, une crise cardiaque lui avait pris son dernier souffle pendant qu'il dormait. Une pointe de culpabilité l'aiguillonna. Elle ferma la pièce jointe.

« N'utilise pas de photos de famille, dit-elle. Je ne veux pas me retrouver dans des fichiers d'entremetteurs.

— Alors, tu m'aideras ?

— C'est contraire à mes principes. »

Nikki tapa « arguments contre un mariage arrangé » sur un moteur de recherche et cliqua sur le premier résultat.

« Tu m'aideras ?

— "Le mariage arrangé est un système défaillant qui sape le droit d'une femme à choisir son destin", lut-elle à voix haute.

— Enjolive un peu mon profil. Je ne suis pas douée pour ce genre de choses.

— T'as entendu ce que j'ai dit ?

— De belles âneries. J'ai arrêté d'écouter après "sape" ».

Nikki retourna sur le profil de sa sœur et repéra une coquille : *Je cherche l'âme sœur. Qui sera l'heureux zélu ?* Elle soupira. Manifestement, Mindi avait pris sa décision – restait à savoir si elle allait accepter d'être sa complice.

« Très bien, conclut-elle. Mais c'est vraiment parce que tu risques de ne ferrer que des idiots avec ce profil. Pourquoi tu dis *j'adore m'amuser* ? Qui n'aime pas s'amuser ?

— Tu pourrais déposer l'annonce sur le tableau des mariages pour moi ?

— Le tableau des mariages ?

— Au grand temple, à Southall. Je t'enverrai les détails par texto.

— Southall ? Tu plaisantes !

— C'est beaucoup plus près de chez toi. Je travaille le double d'heures à l'hôpital toute la semaine.

— Je croyais qu'il y avait des sites matrimoniaux pour ça.

— J'avais pensé à sikhencouple.com et penjabpyaar.com. Mais il y a trop d'Indiens qui cherchent seulement un visa facile. Si un homme trouve mon profil sur le tableau du temple, au moins je saurai qu'il habite Londres. À Southall, il y a les plus grands *gurdwaras* d'Europe. J'aurai plus de chances là-bas qu'en placardant l'annonce sur le tableau d'Enfield, expliqua Mindi.

— Je suis très occupée, tu sais.

— Arrête, Nikki. Tu as infiniment plus de temps que nous toutes. »

Nikki ignora l'allusion. Pour sa mère et sa sœur, son emploi de serveuse au O'Reilly n'était pas un travail à plein temps. Inutile de leur expliquer qu'elle cherchait toujours sa vocation – un travail où elle serait utile, qui stimulerait son esprit, lui demanderait des efforts, serait apprécié et récompensé. De tels postes étaient rares, hélas, et la crise avait aggravé la situation. Elle s'était même vue écartée d'emplois bénévoles dans trois ONG féministes, lesquelles expliquaient, en s'excusant, qu'elles étaient submergées par un nombre record de candidatures. Quel avenir y avait-il pour une jeune femme de vingt-deux ans avec la moitié d'une licence en droit ? Dans la situation économique actuelle (et sans doute n'importe quelle autre) : aucun.

« Je te paierai pour le temps passé, dit Mindi.

— Jamais je n'accepterai que tu me donnes de l'argent, répondit Nikki du tac au tac.

— Minute, maman veut dire quelque chose. » On entendit des instructions étouffées au second plan. « Elle dit : "N'oublie pas de fermer les fenêtres." Au journal télévisé d'hier soir, ils ont parlé de cambriolages.

— Dis à maman que je n'ai rien de valeur à voler, répliqua Nikki.

— Elle répondra que tu dois protéger ta vertu.

— Trop tard. Elle a déjà été prise. À la fête d'Andrew Forrest, après le bal de fin d'année en seconde. »

Mindi ne répondit rien, mais sa désapprobation grésillait comme de la friture sur la ligne.

Un peu plus tard, tandis qu'elle se préparait pour le travail, Nikki réfléchit à la proposition de sa sœur. Un geste charitable, mais ses soucis n'étaient pas d'ordre financier. Pour son appartement au-dessus du pub, les heures supplémentaires au débotté payaient le loyer. Seulement, servir dans un bar était censé être provisoire – il fallait désormais qu'elle fasse quelque chose de sa vie. Chaque jour lui rappelait qu'elle stagnait tandis que ses pairs, eux, allaient de l'avant. Sur un quai de gare, la semaine précédente, elle avait aperçu une ancienne camarade de classe. Elle semblait si occupée et si résolue, marchant d'un pas décidé vers la sortie, porte-documents dans une main et café dans l'autre. Nikki avait commencé à redouter la journée, ces heures où le monde extérieur se rappelait sans cesse à elle, où Londres s'animait de clics et de déclics.

Un an avant de décrocher son certificat général d'enseignement secondaire, elle avait accompagné ses parents en Inde où ils n'avaient pas manqué de visiter des temples et consulter des autorités pour qu'ils lui prodiguent les conseils nécessaires afin qu'elle excelle. L'un d'eux lui avait demandé de visualiser la carrière qu'elle souhaitait embrasser pendant qu'il récitait des prières pour que ses visions deviennent réalité. Elle avait eu un blanc et c'est donc ce tableau du néant qui fut envoyé aux dieux. Comme pour tous les voyages au pays natal, on lui avait donné de scrupuleuses consignes : devant le frère aîné de papa qui les accueillait, ne pas jurer, ne pas mentionner des amis de sexe masculin, ne pas répondre, parler pendjabi en guise de reconnaissance pour ces cours d'été qui, on l'espérait, consolideraient ses racines culturelles. Pendant un dîner, quand son oncle l'avait interrogée sur les visites qu'elle avait faites aux autorités, Nikki s'était mordu la langue pour ne pas répondre : « De beaux salopards, oui.

Autant demander à mes copains Mitch et Bazza de me lire les lignes de la main ! »

Son père avait pris la parole à sa place :

« Nikki va probablement faire du droit. »

Son avenir était donc scellé. Papa avait balayé ses doutes : elle gagnerait là une profession sûre et respectable. Mais ce n'était que des assurances temporaires. L'anxieuse fébrilité du premier jour à l'idée de se tromper de salle n'avait fait que décupler durant l'année. Elle avait été quasiment recalée en deuxième année et son professeur principal l'avait convoquée. « Peut-être que ce n'est pas pour vous », avait-il dit en référence à la matière qu'il enseignait, mais, au fond, ce commentaire s'appliquait à tout : le caractère assommant des cours magistraux et tutoriels, les examens, projets de groupe et échéances. Tout cela n'était tout bonnement pas pour elle. Elle avait abandonné l'université l'après-midi même.

Incapable d'annoncer à ses parents qu'elle lâchait ses études, elle quittait la maison chaque matin avec sa sacoche vintage en cuir de Camden Market. Elle marchait dans Londres, qui fournissait une toile de fond idéale à sa tristesse avec ces ciels pleins de suie et ces tours anciennes. Arrêter l'université avait été un soulagement, mais était venue ensuite l'angoisse de savoir par quoi elle allait la remplacer. Après une semaine d'errance, elle avait commencé à occuper ses après-midi en se rendant à des manifestations avec sa meilleure amie, Olive, bénévole pour une association appelée UK Fem Fighters. Les sujets d'indignation ne manquaient pas. Il continuait d'y avoir des mannequins topless en page 3 du *Sun*. Les aides du gouvernement aux associations de soutien aux femmes en détresse avaient été divisées par deux en vertu de nouvelles mesures d'austérité. Les femmes journalistes risquaient harcèlement et agressions quand elles exerçaient en zone de conflit. Les baleines étaient bêtement massacrées au Japon (ce n'était pas une problématique féministe, mais Nikki n'en était pas moins navrée pour les baleines et accostait des inconnus pour leur faire signer sa pétition de Greenpeace).

Lorsqu'un ami de papa lui avait proposé un stage, elle avait dû avouer qu'elle avait abandonné ses études. Crier n'avait jamais été le style de papa. La distance : telle était sa méthode pour exprimer une déception. Durant la longue fâcherie qui avait suivi son aveu, Nikki et lui s'étaient cantonnés dans des pièces séparées, territoires qu'ils avaient involontairement délimités, tandis que maman et Mindi gravitaient autour. Un jour pourtant, ils avaient été tout près d'une engueulade. Son père s'était mis à dresser la liste des atouts de Nikki qui justifiaient qu'elle poursuive une brillante carrière dans le droit.

« Tout ce potentiel, toutes ces occasions et tu les gâches pour quoi, au juste ? Tu avais fait la moitié du chemin. Tu projettes de faire quoi, maintenant ?

— Je ne sais pas.

— Tu ne sais pas ?

— Le droit, ça ne me passionne pas.

— Ça ne te passionne pas ?

— Tu n'essaies même pas de comprendre. Tu ne fais que répéter ce que je dis.

— JE RÉPÈTE TOUT CE QUE TU DIS ?

— Papa, était intervenue Mindi, calme-toi. S'il te plaît.

— Certainement pas.

— Mohan, ton cœur, avait dit maman.

— Qu'est-ce qu'il a, son cœur ? »

Nikki avait fixé son père avec inquiétude, mais lui refusait de croiser son regard.

« Il est irrégulier depuis quelque temps. Rien de grave, ses ECG sont bons, mais la pression sanguine dépasse 14,9, ce qui est un peu inquiétant. Remarquez, c'est de famille : nous présentons un terrain propice aux TVP, d'où des inquiétudes », avait expliqué Mindi. Elle venait tout juste d'embrasser la carrière d'infirmière et le jargon médical gardait l'attrait de la nouveauté.

« Ça veut dire quoi ?

— Rien de concluant. Il faut qu'il retourne faire des examens la semaine prochaine.

— Papa… »

Nikki s'était précipitée vers lui, mais il l'avait arrêtée d'une main levée.

« Tu fiches tout en l'air. »

Ç'avaient été les derniers mots que son père lui avait adressés. Quelques jours plus tard, ses parents partaient pour l'Inde, alors qu'ils y étaient déjà allés quelques mois plus tôt. Papa voulait être avec sa famille, leur avait expliqué leur mère.

Terminée l'époque où ses parents menaçaient de la renvoyer en Inde si elle se conduisait mal. Désormais, c'était eux qui s'exilaient. « À notre retour, tu seras peut-être revenue à la raison », avait dit maman.

Nikki avait été piquée au vif, mais elle était décidée à éviter une autre dispute. Elle avait fait ses propres valises, discrètement. Un pub à Shepherd's Bush, près de chez Olive, cherchait une barmaid. D'ici le retour de ses parents, elle serait partie.

Puis papa était mort en Inde. Les médecins n'avaient pas dû mesurer la gravité de son état cardiaque. Dans les contes indiens traditionnels, les enfants désobéissants sont la première cause des problèmes cardiaques, des grosseurs cancéreuses, des pertes de cheveux et autres maux qui affligent leurs pauvres parents. Nikki n'était pas assez naïve pour se croire la cause de la crise cardiaque de son père, mais il aurait pu être sauvé par la visite médicale qu'il avait reportée pour partir à la hâte en Inde. La culpabilité la rongeait de l'intérieur et rendait le chagrin impossible.

Aux funérailles, elle avait conjuré ses larmes de couler et de lui procurer quelque soulagement, mais elles n'étaient pas venues.

Deux ans plus tard, Nikki se demandait encore si elle avait pris la bonne décision. Parfois, elle songeait secrètement à retourner à la fac, même si la simple idée de se plonger dans une autre étude de cas ou d'assister jusqu'au bout à plusieurs conférences lui était insupportable. Peut-être que la passion et l'excitation étaient secondaires dans la vie d'un adulte ? Après tout, si les mariages arrangés marchaient, elle pouvait peut-être trouver en elle assez d'enthousiasme pour retourner à la fac, puis attendre que l'amour du droit se manifeste.

Ce matin-là, quand Nikki sortit de son immeuble, elle reçut un jet de pluie punitif en plein visage. Elle tira la capuche bordée de fausse fourrure de sa veste et entama la sinistre marche de quinze minutes jusqu'à la gare. Sa sacoche adorée cognait contre sa hanche. Au moment où elle achetait un paquet de cigarettes chez le marchand de journaux, son téléphone vibra dans sa poche. Message d'Olive.

Boulot dans une librairie pour enfants. Idéal pour toi ! C'était dans le journal d'aujourd'hui.

Elle était touchée. Olive épluchait les annonces d'emploi depuis qu'elle savait que le O'Reilly ne resterait sans doute plus très longtemps en activité. Le pub semblait déjà au bord de la faillite, avec son vieux décor trop miteux pour être branché et son menu bien inférieur à celui du tout nouveau café d'à côté. Sam O'Reilly passait de plus en plus de temps dans son petit bureau noir, entouré de montagnes de tickets de caisse et de factures.

Elle répondit :

Je l'ai vue aussi. Ils demandent un minimum de cinq ans d'expérience. Il faut de l'expérience pour avoir un boulot. De l'expérience pour avoir un boulot – quelle absurdité !

Olive ne commenta pas. Professeure en apprentissage dans le secondaire, elle communiquait irrégulièrement les jours de semaine. Nikki avait envisagé de devenir enseignante, mais chaque fois qu'elle entendait Olive parler de ses élèves chahuteurs, elle se félicitait de n'avoir que l'ivrogne occasionnel du O'Reilly à gérer.

Elle envoya un autre message :

Je te vois au pub ce soir ? Tu devineras jamais où je vais ?! Southall !!

Elle écrasa sa cigarette et rejoignit la cohue des heures de pointe pour monter dans le train.

Elle regarda Londres disparaître, les immeubles de brique remplacés par des dépôts de ferraille et des friches industrielles à mesure que le train fonçait vers l'ouest. À Southall, l'une des dernières stations sur la ligne, la pancarte de bienvenue était écrite à la fois en anglais et en pendjabi. Elle remarqua d'abord les mots en pendjabi, surprise par la familiarité de ses courbes et torsades. Durant ses cours d'été en Inde, elle avait appris à lire et écrire le gurmukhi, ce qui se révéla fort utile plus tard, lorsqu'elle prit l'habitude d'écrire les noms de ses amis anglais en pendjabi sur les nappes de bar en échange de verres gratis.

Par les fenêtres du bus qui assurait la navette avec le temple, la vue d'autres enseignes bilingues aux devantures des magasins lui donna une légère migraine et la sensation d'être coupée en deux. À la fois britannique et indienne. Ce trajet, elle l'avait souvent effectué dans sa prime enfance – un mariage au temple ou un aller-retour pour trouver des épices fraîches. Elle se rappelait les conversations confuses de ses parents, à la fois ravis et agacés de se trouver parmi leurs parents campagnards : est-ce que ce ne serait pas chouette d'avoir des voisins pendjabis ? Mais à quoi bon vivre en Angleterre dans ce cas ? À mesure que le nord de Londres devenait la nouvelle patrie de ses parents, il y avait eu moins de raisons d'aller à Southall, et ce quartier s'était fondu dans leur passé, tout comme l'Inde elle-même. À présent, une ligne de basse bhangra faisait vibrer une voiture dans la file d'à côté. Dans la vitrine d'un vendeur de vêtements, une rangée de mannequins portant des saris scintillants souriaient pudiquement aux passants. Des légumes étaient étalés sur le trottoir et de la vapeur montait du chariot d'un vendeur de samoussas à l'angle de la rue. Rien n'avait changé.

À l'arrêt suivant, un groupe de collégiennes monta à bord. Elles gloussaient, parlaient toutes en même temps et, quand le bus fit une soudaine embardée, elles valsèrent jusqu'à l'avant dans un cri collectif. « Putain de Dieu ! » hurla une fille. Les autres rirent, mais leur vacarme mourut bien vite à cause des regards noirs de deux hommes enturbannés. Les filles se donnèrent des coups de coude pour s'imposer le silence.

« Un peu de respect », siffla quelqu'un. Nikki se tourna et vit une femme âgée les dévisager avec mépris tandis qu'elles passaient en baissant la tête.

La plupart des passagers descendirent au même arrêt qu'elle, celui du gurdwara. Son dôme doré miroitait sur fond de nuages gris pierre, des saphirs brillants et des fioritures orange ornaient les verrières du deuxième étage. Les maisons victoriennes qui entouraient le temple passaient pour des jouets miniatures à côté du majestueux bâtiment blanc. Nikki rêvait d'une cigarette, mais il y avait trop de regards ici. Elle les sentit dans son dos quand elle doubla un groupe de femmes aux cheveux blancs qui avançaient à petits pas lents vers l'arche d'entrée du temple. Les plafonds de ce vaste bâtiment lui avaient paru infinis lorsqu'elle était petite et leur hauteur donnait toujours le vertige. Un léger écho de psalmodie flottait du côté de la salle de prière. Elle sortit le foulard de son sac et se drapa la tête. Le foyer avait été rénové depuis sa dernière visite, il y avait des années de cela, et l'emplacement des panneaux d'affichage n'était pas d'emblée évident. Elle erra un moment, mais évita de demander de l'aide. Un jour qu'elle avait pénétré dans une église d'Islington pour demander son chemin, elle avait commis l'erreur de dire au pasteur qu'elle s'était perdue. La conversation qui s'était ensuivie, visant à situer sa spiritualité intérieure, avait duré quelque quarante-cinq minutes et ne lui avait en rien indiqué où trouver la Victoria Line.

Elle finit par repérer les panneaux d'affichage près de l'entrée de la cantine. Il y en avait deux, si grands qu'ils occupaient presque tout le mur : MARIAGE et TRAVAUX D'INTÉRÊT GÉNÉRAL. Le second était terriblement vide, mais celui des mariages débordait d'annonces.

SAlut, cOmMEnT çA vA ? jE PlAisaNtE ! Je Suis uN mEC ASSez cOOL, mAIS cROIs-MOI, jE SuIS Pas dU GeNRE à ParAder à lA pLAGe. mON bUT daNS lA vIE, C'EsT d'En PROfiter, fAiRe DE cHAqUE JoUR Une FêTE eT nE pAS sE pRENdre lA têTE. eT SURtout Je VeUX TroUVeR mA pRiNCeSse eT lA tRaI-TeR cOmME eLlE lE MéRItE.

Garçon sikh, de la grande famille Jat, cherche fille sikh de milieu similaire. Doit avoir centres d'intérêt compatibles et valeurs familiales similaires. Nous avons l'esprit ouvert dans nombre de domaines, mais nous n'acceptons pas les non-végétariens ou les cheveux courts.

Mariée pour jeune cadre sikh

Amardeep a terminé sa licence en comptabilité et cherche la fille de ses rêves pour le combler. Premier de sa promotion afin de décrocher un poste de haut niveau dans une société comptable de haut niveau à Londres. La mariée doit être cadre elle aussi, avec de préférence une licence dans les secteurs suivants : finance, marketing, gestion ou management. Nous sommes dans le textile.

Mon frère ne sait pas que je mets une annonce ici, mais je me suis dit que je tenterais le coup ! Il est célibataire, âgé de 27 ans et libre. Il est intelligent (deux maîtrises !!!), drôle, gentil et respectueux. Et surtout, il est SEXY. Je sais que c'est un peu bizarre de dire ça parce que je suis sa sœur, mais c'est vrai, promis ! Si vous voulez voir sa photo, envoyez-moi un mail.

Nom : Sandeep Singh
Âge : 24
Rhésus sanguin : O+
Diplômes : licence en génie mécanique
Emploi : ingénieur en mécanique
Passe-temps : sport et jeux
Apparence physique : peau claire, 1,72 m, souriant et décontracté. Cf. photo.

« Pas question », grommela Nikki en se détournant du panneau. Mindi avait beau opter pour la tradition, elle était trop bien pour n'importe lequel de ces hommes. La petite annonce de Mindi, modifiée par Nikki, vantait une jeune célibataire pleine d'empathie et d'assurance qui avait trouvé le juste milieu entre tradition et modernité :

« Je suis aussi à l'aise dans un sari que dans un jean. Mon compagnon idéal aime les bonnes tables et sait rire de lui-même. J'exerce le métier d'infirmière parce que je ressens un réel plaisir à m'occuper des autres, mais je veux aussi un mari qui soit autonome car je tiens à mon indépendance. J'aime voir un film de Bollywood de temps en temps, mais en général je regarde des comédies romantiques et des films d'action. J'ai un peu voyagé, mais j'attends, pour continuer à découvrir le monde, de rencontrer l'âme sœur qui m'accompagnera dans le plus important des voyages : la vie. »

Nikki eut un mouvement de recul en lisant la dernière ligne, mais c'était le genre de choses que sa sœur considérait comme profondes. Elle passa le panneau en revue une nouvelle fois. Si elle tournait les talons sans afficher son annonce, Mindi le découvrirait et la harcèlerait jusqu'à ce qu'elle revienne finir le travail. Si elle l'affichait, Mindi finirait peut-être par se contenter d'un de ces hommes. Rêvant d'une cigarette, Nikki mordillait l'ongle de son pouce. Elle finit par punaiser son morceau de papier mais dans le coin le plus éloigné, où il était quasi invisible, chevauchant partiellement les rares annonces concernant la vie de la communauté. En théorie, elle avait accompli sa mission.

Derrière elle, quelqu'un se racla la gorge. C'était un homme maigrelet qui secouait gauchement les épaules, comme pour répondre à une question. Nikki hocha poliment la tête et détourna les yeux, mais il se mit à parler.

« Vous cherchez… » D'un air embarrassé, il montra le panneau. « Un mari ?

— Non, répondit-elle. Pas moi. »

Elle ne voulait pas attirer son attention sur l'annonce de Mindi. Ses bras ressemblaient à des cure-dents.

« Oh, dit-il, l'air gêné.

— Je regardais juste le panneau des petites annonces de la communauté, dit Nikki. Tout ce qui est bénévolat, par exemple. »

Elle se retourna et fit semblant, un instant, de parcourir le tableau, hochant la tête en considérant chaque annonce. Il y avait des voitures à vendre, des offres de colocation, quelques affichettes égarées pour des mariages, mais aucune meilleure perspective que celles qu'elle avait déjà présélectionnées.

« Vous êtes intéressée par les travaux d'intérêt général ? hasarda-t-il.

— Il faut vraiment que j'y aille. »

Elle s'affaira à farfouiller dans son sac pour éviter toute conversation et se tourna vers l'entrée. Soudain, une annonce attira son regard. Elle s'arrêta et la lut attentivement :

Cours d'écriture : inscrivez-vous maintenant !
Avez-vous déjà été tentée par l'écriture ? Nouvel atelier sur les techniques de narration, les personnages et le ton. Racontez votre histoire ! Les ateliers s'achèveront par une anthologie des meilleurs travaux.

Suivaient quelques mots griffonnés à la main : « Cours uniquement ouvert aux femmes. Nous recherchons une animatrice. Emploi rémunéré, deux jours par semaine. Merci de contacter Kulwinder Kaur à l'Association communautaire sikhe. »

Il n'était pas fait mention de qualifications ou d'expériences préalables, ce qui était un signe encourageant. Elle sortit son téléphone et tapa le numéro pour l'enregistrer. Elle remarqua le regard curieux de l'homme, mais l'ignora et emboîta le pas à une vague de fidèles qui émergeaient du *langar*. Serait-elle capable de diriger un atelier d'écriture ? Elle avait posté un article sur le blog anglais de Fem Fighters, où elle comparait la situation d'une femme sifflée dans la rue à Delhi et à Londres, qui lui avait valu de figurer trois jours dans la liste des posts les plus lus. Elle serait sans doute capable de donner quelques conseils d'écriture à certaines femmes du temple. Voire de réaliser un recueil des meilleurs textes. Quelques références rédactionnelles seraient les bienvenues sur son CV dépouillé. L'espoir fit palpiter sa poitrine. Ce travail lui plairait et elle en serait fière. Un rayon de soleil éclaboussa le sol carrelé puis disparut derrière une nappe nuageuse. Pile au moment où elle s'apprêtait à quitter le bâtiment, elle finit par recevoir une réponse d'Olive à son message de la veille.

C'est où, Southall ?

La question la surprit. Depuis qu'elles étaient amies, elle avait forcément parlé de Southall à Olive. Mais après tout, elles s'étaient connues dans le secondaire, des années après que les parents de Nikki eurent estimé que ces incursions d'une journée au Pendjab créaient trop de problèmes. Au moins, Olive n'avait pas eu à l'entendre se plaindre de ces samedis entiers gâchés à chercher de la coriandre en poudre d'excellente qualité et des graines de moutarde.

Nikki s'arrêta et regarda autour d'elle. Il n'y avait que des femmes, la tête couverte – des femmes courant derrière leurs bambins, des femmes qui se regardaient de travers, des femmes voûtées appuyées sur des déambulateurs. Chacune avait une histoire. Elle s'imaginait parler à une pièce pleine de femmes pendjabies. Ses sens étaient maintenant submergés par la couleur des *kameez*, les froufrous du tissu et les crayons qui tapotent, l'odeur de parfum et de curcuma mêlés. Et son but se révéla dans toute sa clarté. « Certaines personnes ne connaissent même pas l'existence de cet endroit, dirait-elle. Il faut que ça change. » L'œil ardent, avec acharnement, elles écriraient leurs histoires pour que le monde entier les lise.

2

Vingt ans plus tôt, dans sa première et dernière tentative de devenir britannique, Kulwinder Kaur s'était acheté un pain de savon Yardley English à la lavande. Achat qu'elle justifia en constatant qu'à force d'usage, le pain de savon familial était devenu une lamelle. Quand Sarab lui rappela qu'ils avaient un placard plein à craquer de produits de première nécessité venus d'Inde (dentifrice, savon, huile pour cheveux, crème Brylcreem, amidon pour turban et plusieurs produits de toilette intime qu'il avait pris pour du shampoing), elle lui expliqua que, tôt ou tard, ce stock venu du pays s'épuiserait. Elle ne faisait que parer à l'inévitable.

Le matin suivant, elle se réveilla et habilla Maya d'un collant en laine, d'une jupe écossaise et d'un pull-over. Au petit-déjeuner, elle lui rappela nerveusement de rester tranquille, de peur qu'elle ne renverse de la nourriture sur son tout premier uniforme d'écolière. Le roti de Kulwinder était plongé dans les achards. Des pickles à la mangue qui lui tachèrent les doigts et lui laissèrent leur odeur sur les mains. Elle proposa les pickles à Maya qui fronça le nez sous l'effet de l'aigreur. Après manger, Kulwinder utilisa le nouveau savon pour frotter ses mains et celles de sa fille – entre les doigts, sous les ongles, et particulièrement dans ces fines lignes qui disent tout de l'avenir. Parfumé comme dans un jardin anglais, le duo arriva au bureau d'inscription de l'école primaire.

Une jeune femme blonde se présentant comme « Mlle Teal » s'approcha et s'accroupit pour se mettre à la hauteur de Maya.

« Bonjour, dit-elle avec un sourire, et Maya sourit timidement en retour. Quel est ton nom ?

— Maya Kaur.

— Oh, tu dois être la cousine de Charanpreet Kaur. On t'attendait », répondit Mlle Teal.

Kulwinder sentit une tension familière. C'était un malentendu fréquent – croire que toutes les personnes qui portaient ce patronyme étaient parentes – qu'elle pouvait habituellement expliquer, mais, aujourd'hui, les mots anglais ne lui venaient pas. Elle était déjà dépassée par ce nouveau monde dans lequel Maya s'apprêtait à pénétrer.

« Dis-lui, demanda Kulwinder à Maya en pendjabi, sinon elle pensera que je m'occupe de tous les autres enfants pendjabis qui sont ici. »

Elle eut une vision effrayante d'elle laissant Maya et rentrant à la maison avec un troupeau d'enfants.

« Charanpreet n'est pas ma cousine, dit Maya avec un petit soupir à l'intention de Kulwinder. Dans ma religion, toutes les filles s'appellent Kaur et tous les garçons, Singh.

— Une grande famille, celle des enfants de Dieu, ajouta Kulwinder. La religion sikhe. »

Pour une raison obscure, elle leva le pouce, comme si elle recommandait une marque de lessive.

« Comme c'est intéressant, dit Mlle Teal. Maya, tu veux rencontrer Mlle Carney ? C'est l'autre institutrice qui travaille ici. »

Mlle Carney s'avança.

« Regardez-moi ces yeux magnifiques », roucoula-t-elle.

Kulwinder lâcha la main de sa fille. Des gens gentils allaient s'occuper d'elle. Dans les semaines qui avaient précédé ce jour, elle s'était fait du souci à l'idée d'envoyer Maya à l'école. Et si les autres enfants se moquaient de la petite à cause de son accent ? Et si quelqu'un l'appelait pour une urgence et qu'elle ne puisse pas répondre ?

Mlle Carney lui tendit un classeur de formulaires à remplir. Kulwinder tira une pile de formulaires de son sac.

« C'est pareil », expliqua-t-elle.

Sarab les avait complétés la veille au soir. Il maîtrisait l'anglais mieux qu'elle, mais il lui avait fallu beaucoup de temps. En le regardant pointer chaque mot qu'il lisait, Kulwinder s'était rendu compte combien on pouvait se sentir petit dans un nouveau pays, à apprendre l'alphabet comme les enfants.

« Bientôt, Maya nous traduira tout », avait affirmé Sarab.

Elle regrettait qu'il ait dit ça. Les enfants ne devaient pas savoir plus de choses que leurs parents.

« Vous êtes très bien préparée », fit remarquer Mlle Teal.

Kulwinder était contente d'avoir impressionné l'institutrice. Mlle Teal feuilleta les formulaires, puis s'arrêta.

« Tenez, là, vous avez omis d'indiquer votre numéro de téléphone. Vous pouvez me le donner ? »

Kulwinder avait mémorisé les chiffres pour pouvoir réciter la combinaison au cas où on le lui demanderait.

« Huit, neuf, six… » Elle s'arrêta et grimaça. Une crampe d'estomac. Elle recommença.

« Huit, neuf, six, cinq… »

Les achards du matin faisaient des bulles dans sa poitrine.

« Huit, neuf, six, huit, neuf, six, cinq ? demanda Mlle Teal.

— Non. »

Kulwinder fit un geste de la main comme pour effacer ce qu'elle venait de dire.

« Encore. » Sa gorge lui paraissait encombrée et chaude. « Huit neuf six huit cinq cinq cinq cinq cinq cinq cinq. »

Il y avait moins de cinq, mais elle avait commencé à parler comme un disque rayé à mesure que sa concentration s'orientait vers le renvoi qu'il fallait réprimer.

« Il y a trop de chiffres, remarqua Mlle Teal.

— On recommence », glapit Kulwinder.

Elle réussit à réciter les trois premiers chiffres avant qu'une violente éruption sorte de sa gorge, faisant retentir comme une note de trompette au-dessus du bureau. L'air s'emplit d'une odeur fétide et – tout du moins dans le souvenir exagéré qu'elle en gardait – de bulles marron verruqueuses.

Quand elle reprit enfin sa respiration, Kulwinder débita à toute allure les chiffres restants. Les institutrices écarquillèrent les yeux en retenant leur rire (et cette fois ce n'était pas le fruit de son imagination).

« Merci », dit Mlle Teal. Elle fronça le nez et se pencha légèrement en avant. « Ce sera tout. »

Mortifiée, Kulwinder s'éloigna rapidement. Elle chercha en vain la main de Maya, puis la vit plus loin, sur la balançoire, poussée doucement par une fillette aux cheveux roux et bouclés, noués en nattes.

Quelques années plus tard, quand Kulwinder annonça qu'ils allaient déménager à Southall, Maya protesta.

« Et toutes mes copines ? » pleurnicha-t-elle en parlant de la fille rousse, de la blonde, de celle qui portait une salopette et se coupait elle-même les cheveux.

« Tu te feras de meilleures copines dans notre nouveau quartier, avait dit Kulwinder. Il y aura plus de gens comme nous. »

Ces derniers temps, Kulwinder limitait sa consommation d'achards pour juguler son reflux gastrique. Son anglais avait quelque peu progressé, bien qu'elle n'ait pas besoin de l'utiliser à Southall. Comme le directeur du développement de l'Association de la communauté sikhe, récemment nommé, elle avait son propre bureau au centre de loisirs. Il était poussiéreux et débordait de dossiers délaissés qu'elle avait songé jeter, puis gardés car ils ajoutaient à la pièce une impression de labeur assidu, avec des étiquettes comme Règlement du bâtiment et Comptes rendus de réunion – Copies. Ce genre d'environnement comptait pour un visiteur, en particulier pour le président de l'Association de la communauté sikhe, M. Gurtaj Singh, debout dans son bureau à l'instant présent, et qui la questionnait sur les annonces qu'elle avait mises.

« Où les avez-vous déposées ?

— Sur le panneau d'affichage du temple.

— De quelles sortes de cours s'agit-il ?

— Des cours d'écriture, répondit Kulwinder. Pour femmes. »

Elle se rappela qu'il fallait être patiente. Au cours de leur dernière réunion budgétaire, Gurtaj Singh avait rejeté ses demandes de subventions.

« Nous n'avons pas de budget pour ça. »

Ce n'était pas son genre de se disputer en présence de tant d'hommes sikhs respectés, mais Gurtaj Singh prenait toujours un certain plaisir à l'envoyer promener. Il fallait qu'elle lui rappelle que le centre de l'Association communautaire sikhe se situait à l'intérieur de l'enceinte du temple et qu'un mensonge ici pesait aussi lourd qu'un mensonge dans le temple. Pour cette raison, leurs têtes à tous deux étaient couvertes respectivement d'un turban et d'un *dupatta*, marquant la présence bénie de Dieu. Il fallait que Gurtaj Singh revienne sur sa décision. Il avait barré ses notes d'un coup de crayon, marmonné quelques chiffres. Trouver de l'argent pour les femmes n'était finalement pas si difficile.

Et il était là à poser des questions comme s'il découvrait le projet. Il ne s'était pas attendu à ce qu'elle le mette immédiatement en route et commence à chercher des animatrices. Kulwinder lui montra une annonce. Gurtaj prit son temps pour chausser ses lunettes à double foyer et s'éclaircit la voix. Entre chaque phrase, il lui jetait des regards en coin qui le faisaient ressembler à un truand dans un vieux film hindi. « Vous avez des animatrices ?

— Je vais faire passer un entretien. La candidate sera là sous peu », expliqua Kulwinder.

Une certaine Nikki avait appelé la veille. Elle aurait dû être arrivée depuis quinze minutes. Si elle avait eu d'autres candidats, Kulwinder ne se serait pas inquiétée, mais une semaine après le dépôt de l'annonce, cette Nikki avait été la seule à répondre.

Gurtaj reconsidéra l'annonce. Elle espérait qu'il ne lui demanderait pas ce que signifiaient tous les mots. Elle s'était inspirée d'une autre annonce qu'elle avait vue punaisée dans un centre de loisirs à côté de Queen Mary Road. Celle-ci lui avait paru très professionnelle et elle l'avait détachée, avait ajouté quelques mots dessous et l'avait apportée au magasin de photocopies où travaillait le fils de Munna Kaur.

« Faites-m'en quelques exemplaires », avait-elle demandé au garçon boutonneux.

Elle avait pensé lui demander de traduire certains mots qu'elle ne comprenait pas, mais s'il ressemblait un tant soit peu à cette calculatrice de Munna, il ne lui rendrait pas service gratuitement. Et puis, tout ce qu'elle voulait, c'était qu'un cours – quel qu'il soit – démarre immédiatement.

« Y a-t-il des étudiantes intéressées ? demanda Gurtaj Singh.

— Oui. »

Elle s'était déplacée personnellement pour informer les femmes, leur expliquant que les cours, gratuits, auraient lieu deux fois par semaine, avec une exigence d'assiduité. Ses cibles principales : les veuves âgées qui auraient ainsi un passe-temps plus utile que les commérages dans l'entrée du langar. C'étaient les plus susceptibles de fréquenter les cours et d'en faire un succès. Par la suite, elle pourrait lancer d'autres initiatives.

« Finalement, j'espère qu'on pourra offrir bien plus à ces femmes », ne put-elle s'empêcher d'ajouter.

Gurtaj Singh reposa l'annonce sur le bureau. C'était un petit homme qui portait haut son pantalon kaki, comme si retoucher les ourlets lui semblait une concession à son manque de hauteur.

« Kulwinder, tout le monde s'en veut pour ce qui est arrivé à Maya », dit-il.

Un instant privée de souffle, Kulwinder se reprit rapidement et le fixa. *Personne ne sait ce qui s'est vraiment passé. Personne ne veut m'aider à trouver.* Comment réagirait-il si elle prononçait ces mots à voix haute ?

« Je vous en sais gré, dit-elle à la place. Mais ça n'a rien à voir avec ma fille. Les femmes de cette communauté veulent apprendre et, en tant qu'unique femme au conseil, mon devoir est de les représenter. »

Elle commença à empiler les papiers sur son bureau.

« Veuillez m'excuser, mais j'ai un après-midi très chargé. »

Gurtaj Singh comprit l'allusion et partit. Son bureau, comme ceux de tous les hommes du conseil, se trouvait dans l'aile fraîchement rénovée du temple. Il y avait un parquet et de larges fenêtres qui ouvraient sur les jardins des maisons environnantes. Kulwinder était la seule membre du bureau à travailler dans ce vieux bâtiment à deux étages, et tandis qu'elle écoutait les pas de Gurtaj Singh s'éloigner, elle se demanda pourquoi les hommes avaient besoin de tant de place si c'était pour répondre toujours « non » à tout.

Un courant d'air passa par la fenêtre lézardée et dispersa ses papiers. En fouillant son tiroir du haut pour trouver un presse-papiers adapté, elle tomba sur l'agenda gracieusement offert par la Barclays Bank. Dans la partie « Notes », il y avait une liste de noms et de numéros – police locale, avocats, et même un détective privé qu'elle ne s'était jamais décidée à appeler. Cela faisait maintenant presque dix mois, et parfois elle se sentait aussi désespérée, à bout de souffle, qu'au moment où on lui avait annoncé que sa fille était morte. Elle ferma l'agenda et serra sa tasse de thé entre ses mains. La chaleur rayonnait dans ses paumes, jusqu'à une sensation de brûlure, mais elle ne bougea pas. *Maya.*

« *Sat sri akal.* Pardon, je suis en retard. »

De surprise, Kulwinder renversa sa tasse et une flaque épaisse de *chai* courut sur la table et trempa ses papiers. Dans l'embrasure de la porte se tenait une jeune femme.

« Vous aviez dit 14 heures, dit Kulwinder en essayant de sauver les papiers.

— Je comptais arriver à l'heure, mais le train a eu du retard. »

La jeune femme tira une serviette en papier de son sac et l'aida à éponger le thé. Kulwinder se recula et observa. Elle n'avait pas de fils, mais, par habitude, elle évalua les qualités d'épouse de cette fille. Ses cheveux mi-longs étaient tirés en arrière en queue-de-cheval, révélant un large front. Son visage était frappant, à sa façon, mais elle ne pourrait sans doute pas se permettre de renoncer au maquillage. Ses ongles étaient rongés, une manie dégoûtante, et un sac carré ayant manifestement appartenu à un employé des postes pendait sur sa taille.

Nikki intercepta son regard. Kulwinder s'éclaircit impérieusement la voix et commença à empiler les papiers à l'autre bout de la table, mais la fille ne la regardait pas. Elle jetait un regard dédaigneux aux étagères débordantes et à la fenêtre fissurée.

« Vous avez votre *curriculum vitæ* ? » demanda Kulwinder.

Nikki sortit une feuille de son sac d'employé des postes. Kulwinder la parcourut rapidement. Elle ne pouvait pas se permettre de faire la difficile – à ce stade, tant que l'animatrice savait lire et écrire, elle serait engagée. Mais elle avait été piquée au vif par le regard de la fille, et cela la rendait moins généreuse.

« Vous avez une expérience dans l'enseignement ? » demanda-t-elle en pendjabi.

La fille répondit dans un anglais rapide.

« Je l'avoue, je n'ai pas une grande expérience, mais ça m'intéresse beaucoup. »

Kulwinder tendit la main.

« Merci de me répondre en pendjabi, dit-elle. Avez-vous déjà enseigné ?

— Non.

— Alors pourquoi voulez-vous donner ces cours ?

— Aider les femmes est… comment dire ? C'est une passion pour moi.

— Hum », acquiesça fraîchement Kulwinder.

La rubrique la plus fournie du CV s'intitulait « Activisme ». Pétitionnaire pour Greenpeace, bénévole pour Women's Aid, bénévole pour UK Fem Fighters. Kulwinder ignorait ce que tout ça voulait dire, mais le dernier nom – UK Fem

Fighters – lui paraissait familier. Un aimant portant le même slogan s'était retrouvé chez elle, grâce à Maya. Dans son souvenir, assez vague, il y avait un rapport avec les droits des femmes. *C'est bien ma veine*, pensa-t-elle. Batailler secrètement pour trouver de l'argent afin de lutter contre les Gurtaj Singh et consorts, soit, mais ces Indiennes nées en Angleterre qui beuglaient publiquement pour les droits des femmes ne pensaient qu'à leur bon plaisir. N'avaient-elles pas compris que cette attitude grossière et péremptoire ne faisait que créer des problèmes ? Elle eut un mouvement de colère contre Maya, suivi d'un chagrin ahurissant qui la paralysa momentanément. Quand elle revint à la réalité, Nikki parlait toujours. Elle s'exprimait en pendjabi avec moins de confiance, saupoudrait ses phrases de mots anglais.

« … et je suis convaincue que tout le monde a des histoires à raconter. Ce serait une expérience *gratifiante* d'aider les femmes pendjabies à *fabriquer* leurs histoires et à les *recueillir* sous forme de livre. »

Kulwinder avait dû acquiescer tout du long et les divagations de la jeune fille lui semblaient maintenant bien obscures.

« Vous voulez écrire un livre ? demanda-t-elle prudemment.

— Les récits formeront un recueil, expliqua Nikki. Je n'ai pas beaucoup d'expérience en littérature, mais j'aime bien écrire et suis une fervente lectrice. Je crois que je me dois de les aider à développer leur créativité. Je jouerai un rôle dans le pilotage du processus, bien sûr, et ferai peut-être aussi un peu de rédactionnel. »

Kulwinder songea qu'elle n'avait pas saisi l'intégralité du sens de l'annonce qu'elle avait fait passer. Elle la relut. *Anthologie, techniques de narration.* Quoi que veuillent dire ces mots, Nikki semblait compter dessus. Elle fouilla dans son tiroir, sortit la liste des inscriptions confirmées, la parcourut et jugea bon de prévenir Nikki.

« Les étudiantes ne seront pas d'un haut niveau en termes d'écriture, dit-elle.

— Bien entendu. C'est compréhensible. Je serai là pour les aider. »

Son ton condescendant fit fondre l'indulgence de Kulwinder. Cette fille était une enfant. Elle souriait, mais son regard semblait oblique, comme si elle était en train de jauger Kulwinder et son importance ici. Mais y avait-il une chance pour qu'une femme plus traditionnelle – pas cette fille hautaine qui pourrait aussi bien être une *gori* pâlichonne avec son jean et son pendjabi hésitant – franchisse la porte pour postuler ? C'était improbable. Alors peu importait ce que Nikki comptait enseigner, les cours devaient commencer immédiatement, sinon Gurtaj Singh les rayerait de sa liste et, avec eux, tout espoir pour Kulwinder d'avoir voix au chapitre sur les questions féminines.

« Les cours commenceront jeudi.

— *Ce* jeudi ?

— Jeudi soir, oui, confirma Kulwinder.

— D'accord. À quelle heure ?

— L'heure qui vous conviendra », couina Kulwinder du ton le plus sec possible, et quand Nikki redressa la tête, visiblement surprise, elle fit mine de ne pas le remarquer.

3

L'allée menant à la maison de son enfance, à Enfield, fleurait fortement les épices. Nikki suivit le parfum jusqu'à la porte, qu'elle ouvrit avec sa propre clé. Au salon, *Minute to Win It* passait à la télévision tandis que sa mère et Mindi s'affairaient dans la cuisine, se hélant l'une l'autre. Son père avait toujours regardé le journal télévisé pendant la préparation du dîner. Sur son fauteuil, quelqu'un avait placé une couverture matelassée et la desserte où il posait autrefois son verre de whisky avait disparu. Ces changements avaient beau être des détails banals, ils criaient son absence. Elle changea de chaîne pour mettre la BBC. Immédiatement, la tête de maman et celle de Mindi apparurent à l'entrée de la cuisine.

« On était en train de regarder, dit la première.

— Désolée », s'excusa Nikki, sans aucune intention de zapper de nouveau.

La voix du présentateur engendra une bouffée de nostalgie : elle avait de nouveau onze ans et regardait le journal avec son père avant le dîner. « Qu'est-ce que tu en penses ? demandait-il. Tu crois que c'est juste ? Que veut dire ce mot selon toi ? » Parfois, quand maman l'appelait pour l'aider à dresser la table, il lui faisait un clin d'œil et répondait tout fort : « Elle est occupée ici. »

« Je peux être utile à quelque chose ? demanda Nikki.

— Fais donc chauffer le dal, il est au frigo », répondit sa mère.

Nikki ouvrit le frigo, mais ne trouva aucune trace formelle de dal, juste une pile d'emballages de glace aux étiquettes passées.

« Il est dans le pot Vanilla Pecan Delight », précisa Mindi.

Nikki prit la boîte et la mit au micro-ondes. Puis elle constata avec horreur par la vitre que les bords du pot fondaient à l'intérieur.

« Il va être bon, le dal », dit-elle en ouvrant la porte pour récupérer le pot.

L'odeur toxique de plastique brûlé envahit la cuisine.

« *Hai*, espèce d'idiote ! la gronda sa mère. Pourquoi tu ne l'as pas versé dans une boîte qui va au micro-ondes ?

— Pourquoi tu ne l'avais pas mis directement dedans ? Les emballages de glace sont trompeurs. »

Suggestion inspirée par des années d'espoirs anéantis après avoir fouillé le frigo en quête d'un dessert pour ne trouver que des blocs de curry congelé.

« Elles font très bien l'affaires ces boîtes, affirma sa mère. Et elles sont gratuites. »

Comme il était impossible de sauver le dal ou l'emballage, Nikki jeta les deux et retourna se poster à l'entrée de la cuisine. Elle se souvenait d'avoir traîné là le soir des funérailles de son père. Leur mère était épuisée – le voyage de retour à Londres avec le corps de papa s'était révélé un cauchemar bureaucratique et logistique –, mais elle avait refusé la proposition d'aide de Nikki et, d'autorité, l'avait mise sur la touche. Nikki l'avait interrogée sur les dernières heures de papa. Elle avait besoin de savoir qu'il n'était pas mort fâché contre elle.

« Il n'a rien dit. Il était endormi, avait dit sa mère.

— Mais avant de s'endormir ? » Peut-être que ses dernières paroles recelaient un soupçon de pardon.

« Je ne m'en souviens pas, avait répondu sa mère, les joues rouges.

— Maman, tu pourrais peut-être essayer de…

— Ne me demande pas ce genre de chose. »

Constatant que le pardon n'était pas d'actualité, Nikki était retournée dans sa chambre et avait recommencé à faire ses valises.

« Tu ne vas quand même pas partir ? » avait demandé Mindi, debout dans l'embrasure de la porte.

Nikki avait jeté un regard aux boîtes qui dépassaient de dessous son lit. Des piles de livres avaient été fourrées dans des sacs recyclables Tesco, et son blouson à capuche, décroché de la patère derrière la porte et roulé pour rentrer dans la valise.

« Je ne peux plus vivre ici. À la seconde où maman apprendra que je travaille dans un pub, on en entendra parler nuit et jour. Ce sera la même dispute encore et toujours. J'ai dû supporter que papa m'ignore. Pas question que je reste ici avec maman qui me fait la tête.

— T'es d'un égoïsme !

— Je suis réaliste, point. »

Mindi avait soupiré.

« Pense à ce que vit maman. Parfois, ça vaut le coup de réfléchir à ce qui vaut mieux pour tout le monde, pas seulement pour soi. »

Finalement, Nikki était restée une semaine supplémentaire. Mais un jour, en revenant des courses, sa mère avait trouvé la chambre vide et un mot sur le lit. *Pardon, maman. Il fallait que je parte.* Sa nouvelle adresse était indiquée en dessous. Elle comptait sur Mindi pour lui expliquer tout le reste. Deux semaines plus tard, elle avait rassemblé le courage nécessaire pour l'appeler et, à sa grande surprise, sa mère avait répondu, mais elle avait parlé sèchement et s'était contentée du minimum (« Comment tu vas, maman ? – Je suis vivante »). Le simple fait qu'elle réponde était pourtant déjà positif. Lors de la conversation téléphonique suivante, sa mère s'était emportée.

« Tu es égoïste, stupide et idiote, avait-elle dit en sanglotant. Tu n'as pas de cœur. »

Chaque mot avait blessé Nikki. Elle avait voulu se défendre, mais est-ce que ce n'était pas la vérité ? Elle les avait quittées au pire moment possible. Stupide, égoïste, sans cœur. Des mots que papa n'avait jamais utilisés pour la décrire. Ensuite, vidée de sa colère, sa mère avait recommencé à lui parler.

La cuisine disparaissait dans un smog fortement chargé d'épices. Le dîner était prêt. Nikki emporta un plat qui débordait de pois chiches et de curry d'épinards.

« Bien, dit Mindi une fois qu'elles furent installées à leur place. Parle-nous de ce travail.

— Je vais aider des femmes à écrire des histoires. Les ateliers ont lieu deux fois par semaine. À la fin du semestre, on aura déjà de quoi envisager un recueil.

— *Aider*. C'est pareil qu'enseigner ? »

Nikki secoua la tête.

« Il ne s'agit pas tant d'enseigner que d'animer l'atelier. »

Sa mère la regardait, perplexe.

« Alors tu assisteras un autre professeur ?

— Non, répondit Nikki que l'impatience gagnait. Trouver son style, ça ne s'apprend pas, en tout cas pas au sens traditionnel. Les gens écrivent et ensuite on les aide. »

Quand elle leva les yeux, elle surprit un échange de sourires narquois.

« C'est beaucoup de travail, ajouta-t-elle.

— Bien, bien, murmura sa mère avant de plier un roti qu'elle poussa dans son assiette, récoltant des pois chiches au passage.

— C'est une super occasion, insista Nikki. Je pourrai aussi faire du travail d'édition et ajouter ça à mon CV.

— Tu veux être professeur ou éditrice ? » demanda Mindi.

Nikki haussa les épaules.

« Il semble que ce soit deux choses très différentes, enseigner ou travailler dans l'édition. Tu aimes écrire aussi. Tu contribueras à ces histoires en tant que rédactrice ?

— Pourquoi faudrait-il le définir ? demanda Nikki. Je ne sais pas ce que je veux être, mais je m'en approche. Ça vous convient ? »

Mindi leva les mains en signe de reddition. « Ça me va. J'essaie seulement d'en savoir plus sur ce que tu veux, c'est tout. Ne sois pas si agressive.

— Je vais aider ces femmes à se prendre en main. »

Sa mère leva alors les yeux et échangea avec Mindi un regard inquiet.

« Vu ! dit Nikki. Qu'est-ce qui ne va pas ?

— Je me trompe ou la majorité de tes étudiantes seront des dames du temple ? dit Mindi.

— Et alors ?

— Alors fais attention. On dirait un cours pour des débutants en écriture, mais si tu crois que tu vas changer leurs vies en exploitant leurs expériences personnelles…

— Le problème avec toi, Mindi…

— Ça suffit », intervint maman. Son regard sévère calma les protestations de Nikki. « Tu viens rarement dîner ici et, à chaque fois, il y a une dispute. Si ce travail te satisfait, alors nous sommes satisfaites. Au moins, ça veut dire que tu n'auras plus à travailler dans cette boîte de nuit.

— Ce pub », corrigea Nikki. Elle avait omis de mentionner qu'elle continuerait de travailler au O'Reilly. Le salaire qu'elle toucherait au centre communautaire ne couvrirait pas entièrement ses frais.

« Tu feras bien attention à toi dans tous tes déplacements. Ce sont des cours du soir ? À quelle heure ils finissent ?

— Maman, il ne m'arrivera rien. C'est à Southall.

— Parce qu'il n'y a pas de crimes à Southall, peut-être ? Je dois être la seule à me souvenir de Karina Kaur. Tu as vu les bandes-annonces pour *Meurtres irrésolus en Grande-Bretagne*, non ? »

Nikki soupira. Typique de sa mère, de remettre sur le tapis un meurtre vieux de quatorze ans, rien que pour avoir raison.

« Ils n'ont jamais trouvé le coupable, continua sa mère. L'assassin est peut-être toujours en cavale, prêt à s'attaquer aux filles pendjabies qui circulent seules le soir. »

Le ton dramatique fit même tiquer Mindi.

« Tu en fais un peu beaucoup !

— Oui, maman. Toutes sortes de filles sont assassinées à Londres, pas seulement des Pendjabies, remarqua Nikki.

— Ce n'est pas drôle. Ce sont les parents qui souffrent quand les enfants partent. »

Après le dîner, les deux sœurs s'attaquèrent à la vaisselle pendant que leur mère se retirait au salon pour regarder la télévision. Elles frottèrent marmites et assiettes en silence, jusqu'à ce que Mindi ouvre la bouche.

« Tante Geeta a recommandé quelques célibataires qui remplissent les critères. Elle m'a donné les adresses mail de trois types qu'elle a sélectionnés.

— Ah. » Nikki ne voyait rien d'autre à répondre. Tante Geeta était une amie de maman. Elle habitait un peu plus haut dans la rue et passait souvent à l'improviste, le sourcil frétillant de tous les secrets qu'elle peinait à garder. « Je ne suis pas commère, je partage, c'est tout », affirmait-elle toujours avant de déballer les ruines de la vie privée des autres.

« J'ai échangé quelques mails avec un type qui a l'air pas mal, continua Mindi.

— Super ! Dans un an tout juste, tu feras la vaisselle dans sa cuisine au lieu de celle-ci.

— La ferme. » L'instant d'après, Mindi ajouta : « Il s'appelle Pravin. Ça te paraît bien comme nom ?

— C'est un nom…

— Il travaille dans la finance. On a bavardé au téléphone une fois.

— Alors je me casse la tête à afficher une annonce sur le panneau du temple et tu recrutes quand même tante Geeta comme marieuse ?

— Je n'ai reçu aucune réponse à l'annonce du temple. Tu es sûre que tu l'as bien mise sur le panneau des mariages ?

— Oui. »

Mindi l'observa attentivement. « Menteuse.

— J'ai fait exactement ce que tu m'as demandé !

— Tu as fait quoi ?

— Je l'ai mise sur le panneau des mariages. Ce n'est peut-être pas l'annonce la plus visible, il y en a tellement et…

— C'est tout toi, marmonna Mindi.

— Quoi ?

— Tu as fait le moins d'efforts possible pour m'aider, bien sûr.

— Je suis allée jusqu'au temple à Southall. Si c'est pas un effort, ça ! répliqua Nikki, cinglante.

— Tu viens de te faire engager là-bas. Comment ça se fait ? Tu vois, ce n'est pas un problème d'aller à Southall si ça te profite à *toi*.

— Il ne s'agit pas de moi. Je vais aider des femmes. »

Mindi s'étrangla de rire. « Aider ? Nikki, on dirait une de tes… » Elle fit un geste de la main comme pour réveiller le mot d'un coup de baguette magique. « Tes causes.

— En quoi est-ce mal de défendre une cause ? Je me soucie d'aider les femmes à raconter leurs histoires. C'est un passe-temps bien plus valable que rédiger une petite annonce pour trouver un mari.

— Tu suis tes prétendues passions sans considérer les conséquences pour autrui, voilà ce que tu fais. »

Encore cette accusation… Il valait mieux être un dangereux criminel poursuivi par la justice qu'une Indienne qui avait fait du tort à sa famille. Dans le cas d'un véritable crime, au moins la peine avait-elle une durée précise, ce n'était pas comme cette éternelle culpabilisation familiale.

« Comment l'arrêt de mes études a pu avoir des conséquences sur la vie d'autres personnes ? C'était ma décision. Bien sûr, papa ne pouvait plus dire à sa famille en Inde que j'allais devenir avocate. La belle affaire ! Ça ne valait pas le coup d'être malheureuse seulement pour qu'il puisse fanfaronner.

— Il ne s'agissait pas de fanfaronner. Il s'agissait de remplir ses devoirs.

— On croirait déjà entendre une femme au foyer indienne.

— Tu as des devoirs envers papa. Lui qui te soutenait avec tant de dévouement – tous ces débats scolaires, tous ces concours d'éloquence. Il t'intégrait dans les conversations politiques avec ses amis et ne t'empêchait pas de te disputer avec maman s'il pensait que tu avais raison. Il avait tellement foi en toi. »

Il y avait dans la voix de Mindi quelque chose comme une blessure. Papa et maman l'avaient emmenée en Inde avant ses examens, prenant toutes les mesures spirituelles possibles pour garantir qu'elle ferait médecine. Après que les résultats eurent désigné l'école d'infirmières comme meilleur choix, la déception de leur père avait été évidente et, avec un enthousiasme renouvelé, il avait reporté son attention sur Nikki.

« Il était fier de toi aussi, tu sais, assura Nikki. Il regrettait que je ne sois pas plus pragmatique, que je ne sois pas comme toi. »

Parce qu'il avait été comparé à son frère toute sa vie, papa avait pris soin de ne pas reproduire la même chose avec ses filles, mais après que Nikki eut abandonné l'université, toute équité avait disparu : « Regarde Mindi. Elle travaille dur. Elle veut un avenir stable. Pourquoi tu ne fais pas comme elle ? »

Nikki sentit monter une soudaine irritation envers lui. « Tu sais, papa se contredisait tout le temps. Une minute il disait : “Suis tes rêves, c’est pour ça qu’on est venus en Angleterre”, et, la suivante, il m’imposait un métier. Il pensait que je rêvais de la même chose que lui.

— Il croyait que tu avais le potentiel pour une carrière dans le droit. Tu as eu l’occasion de réussir professionnellement. Qu’est-ce que tu fais maintenant ?

— J’étudie différentes possibilités, répondit Nikki.

— À l’heure qu’il est, tu pourrais être salariée.

— Je me préoccupe moins de l’argent et des choses matérielles que toi. C’est bien de ça qu’il s’agit avec ce mariage arrangé, non ? Dans un pub, tu n’es pas sûre de rencontrer un jeune cadre avec un gros salaire, mais en filtrant les profils de quelques médecins et ingénieurs indiens, tu peux te concentrer illico sur leurs revenus et les choisir en conséquence. »

Mindi ferma le robinet et fixa sa sœur d’un air furieux.

« Ne me fais pas passer pour quelqu’un d’intéressé alors que je veux seulement soutenir maman. Il faut bien songer aux dépenses. Toi, tu es partie, tu ne te rends pas compte.

— J’ai déménagé de l’autre côté de Londres. C’est quand même pas comme si j’avais abandonné ma famille. C’est ce que font les jeunes femmes en Grande-Bretagne ! On quitte le nid. On devient indépendantes. C’est notre culture.

— Tu crois que maman ne s'inquiète pas pour les questions d'argent ? Tu crois qu'elle n'a pas envie de quitter son travail à la mairie et de prendre sa retraite rapidement pour profiter de la vie ? Je suis la seule à cotiser ici. Il y a des réparations à prévoir, des factures inattendues qui tombent, et l'entretien de la voiture laisse à désirer. Penses-y la prochaine fois que tu feras un beau discours sur l'indépendance. »

Nikki sentit la culpabilité lui tordre les tripes.

« Je pensais que papa avait des économies.

— Il en avait, mais une partie était immobilisée dans les stock-options de sa société. Elle ne s'est pas vraiment remise de la crise financière. Et il a contracté ce prêt pour rénover la salle de bains des invités, tu te rappelles ? Maman a dû différer les versements et, aujourd'hui, le taux d'intérêt a quasiment doublé. Du coup, elle a dû reporter tous les autres travaux de la maison, ceux qu'elle pensait voir finis aujourd'hui. Les rideaux, le placard à chaussures encastré, le plan de travail de la cuisine. Elle s'inquiète de la manière dont la famille de mon futur mari va juger notre maison ; sans parler de ce qu'elle dirait si elle n'avait pas les moyens d'offrir une dot ou une fête fastueuse.

— Min, j'en avais aucune idée…

— Je lui ai dit que je ne choisirais certainement pas un futur mari avec une famille superficielle et elle m'a répondu : “Alors tu ne trouveras peut-être pas de garçon pendjabi à épouser." Elle plaisantait, bien sûr. »

Mindi sourit, mais elle n'était pas sereine.

« Je pourrais vous aider, proposa Nikki.

— Il faut te soucier de tes propres dépenses.

— Avec ce nouveau travail, je pourrais envoyer un peu d'argent chaque quinzaine. » Nikki hésita en mesurant ce à quoi elle venait de s'engager. Ce revenu supplémentaire était censé grossir ses économies, pour qu'elle ait de quoi voir venir quand O'Reilly ferait faillite. Elle aurait besoin d'argent pour louer un appartement, revenir à la maison serait bien trop humiliant. « Ce sera pas beaucoup », ajouta-t-elle.

Mindi sembla contente.

« C'est le geste qui compte. J'avoue que je ne m'attendais pas à ça de ta part. C'est très responsable. Merci. »

Dans l'autre pièce, leur mère avait monté le volume de sa série et les violons stridents d'une chanson en hindi coulaient à flots dans la maison. Mindi rouvrit le robinet. Nikki resta debout à côté de sa sœur qui lavait les assiettes, ses mouvements vigoureux envoyant des gouttes d'eau savonneuse dans l'air. Quand elles atterrissaient sur le plan de travail, Nikki les essuyait avec ses doigts.

« Prends un torchon, dit Mindi. Tu laisses des traces. » Nikki s'exécuta.

« Alors, tu rencontres Pravin quand ?

— Vendredi.

— Maman doit être folle de joie, j'imagine. »

Mindi haussa les épaules. Elle scruta leur mère par la porte de la cuisine et baissa la voix.

« Elle l'est, mais… J'ai parlé avec Pravin au téléphone hier soir.

— Et ?

— Il m'a demandé si je voulais travailler après le mariage.

— Putain, je rêve ! s'exclama Nikki en laissant tomber un torchon sur le plan de travail et en se tournant vers sa sœur. Tu lui as répondu quoi ?

— J'ai dit que oui. Il n'avait pas l'air aux anges.

— Tu vas le voir quand même ?

— On ne sait pas tant qu'on n'a pas rencontré quelqu'un en face à face, non ?

— Si je m'en tiens aux annonces du temple, jamais je n'adresserais la parole à un seul de ces hommes, affirma Nikki.

— Mais c'est toi. Toi et ton féminisme. » D'un petit mouvement de poignet, Mindi balaya Nikki et tout ce qu'elle incarnait.

Plutôt que s'engager dans une autre dispute, Nikki termina sa part d'assiettes sans piper mot. Quand elle se faufila en catimini dans le jardin pour fumer sa cigarette d'après le repas, elle put à nouveau respirer normalement.

Le jour suivant, Nikki arriva tôt au centre communautaire pour préparer la salle de cours. La pièce était de taille aussi modeste que le bureau de Kulwinder Kaur. Deux rangées de bureaux et de chaises face à un tableau noir. Elle disposa les sièges en U – d'après Olive, ça faciliterait la discussion. Un frisson la traversa quand elle s'imagina la classe pleine de femmes écrivant leurs biographies.

Pour le premier cours, elle avait préparé un exercice en guise d'introduction. Il s'agissait d'écrire une scène complète en dix phrases simples. Ensuite, en revenant sur chaque phrase, on ajouterait un détail – dialogue ou description, par exemple.

À 19 h 15, elle avait longuement arpenté la classe et erré par deux fois dans l'entrée déserte. Elle retourna à l'intérieur et essuya le tableau pour la cinquième fois. Elle fixa les chaises vides. Tout ça n'était peut-être qu'une belle farce.

Comme elle commençait à remettre les tables en place, elle entendit des pas résonner, lourds et sourds. Soudain, il lui vint à l'esprit qu'elle était toute seule dans cet immeuble délabré et elle tira une chaise devant elle, au cas où.

La porte de la salle était percée d'une petite fenêtre, où elle vit apparaître une tête couverte d'un foulard. Sûrement une mamie perdue. Nikki ne comprit que c'était l'une de ses étudiantes que lorsque la femme entra et s'assit.

« Vous venez pour l'atelier d'écriture ? demanda-t-elle en pendjabi.

— Oui », acquiesça l'autre en hochant la tête.

Vous parlez anglais ? Poser la question lui semblait terriblement impoli, aussi Nikki dit seulement :

« Apparemment, vous êtes ma seule étudiante ce soir. On va commencer. » Elle se tourna vers le tableau, mais la femme intervint : « Non, non, les autres arrivent. »

Et tout un groupe débarqua vingt-cinq minutes plus tard, les femmes prenant place aussitôt sans la moindre excuse pour leur manque de ponctualité.

Nikki s'éclaircit la voix.

« Le cours commence à 19 heures précises. »

Les femmes levèrent les yeux, surprises. Âgées pour la plupart, elles n'avaient de toute évidence pas l'habitude d'être réprimandées par une jeune femme. Nikki fit machine arrière.

« Si cet horaire ne correspond pas à ceux des bus, je suis sûre qu'on pourra s'arranger pour commencer plutôt à 19 h 30. »

Il y eut quelques hochements de tête et un murmure d'approbation général.

« Présentons-nous rapidement. Je commence. Je m'appelle Nikki. J'aime bien écrire et je me réjouis de vous apprendre, à vous toutes, à écrire aussi. »

Elle encouragea la première arrivée d'un signe de tête.

« Preetam Kaur. »

Comme les autres, elle portait un *salwaar-kameez* blanc qui indiquait son statut de veuve. Un foulard de dentelle blanche masquait ses cheveux et une canne ornée de motifs de lavande reposait à ses pieds.

« Alors, pourquoi vous êtes-vous inscrite à ce cours, Preetam ? »

Celle-ci grimaça en entendant son nom et les autres semblèrent stupéfaites aussi.

« Appelez-moi Bibi Preetam, jeune femme, dit-elle avec raideur. Ou “ma tante”. Ou Preetam-ji.

— Bien sûr. Je suis désolée », s'excusa Nikki.

C'étaient ses étudiantes, mais elles étaient aussi des aînées pendjabies et elle devait s'adresser à elles de façon convenable.

Preetam accepta ses excuses d'un hochement de tête.

« Je veux apprendre à écrire, dit-elle. J'aimerais pouvoir envoyer des lettres sur Internet à mes petits-enfants au Canada. »

Étrange. Elle semblait penser que le cours porterait aussi sur la rédaction de lettres et de mails. Nikki fit un signe à la suivante.

« Tarampal Kaur. Je veux écrire », dit simplement celle-ci.

Elle avait de petites lèvres si pincées qu'on avait peine à croire qu'elle puisse même parler. Elle était vêtue de blanc elle aussi, mais il n'y avait guère de rides sur son visage. Nikki lui donna la petite quarantaine.

La voisine de Tarampal semblait bien plus jeune que les autres, avec ses mèches brun-roux et son rouge à lèvres rose assorti à son sac à main. Les couleurs tranchaient avec le crème uni de sa tunique. Elle se présenta en anglais, avec seulement un léger accent indien.

« Je m'appelle Sheena Kaur. Je lis et écris le pendjabi et l'anglais, mais je veux apprendre à écrire mieux. Et si jamais vous m'appelez Bibi ou ma tante, j'en mourrais parce que je ne dois pas avoir plus de dix ou quinze ans de plus que vous. »

Nikki sourit.

« Ravie de vous connaître, Sheena ! »

La femme suivante était grande, mince, avec sur le menton un énorme grain de beauté d'où sortaient des poils fins.

« Arvinder Kaur. Je veux apprendre à tout écrire. Histoires, lettres, tout.

— Manjeet Kaur, dit une autre femme sans qu'on l'y incite, avec un grand sourire. Est-ce que vous nous apprendrez aussi à tenir une petite comptabilité ?

— Non.

— J'aimerais écrire et aussi apprendre à faire les factures. Il y en a tellement. »

Les autres femmes murmurèrent, elles étaient bien d'accord. Tellement de factures !

Nikki leva la main pour imposer le silence.

« Je ne connais rien de rien à la comptabilité. Je suis là pour diriger un atelier d'écriture, pour recueillir le fruit de plusieurs voix qui collaborent. »

Les femmes la fixèrent d'un air ébahi.

« Il me vient à l'esprit que certaines d'entre vous peuvent manquer d'assurance pour écrire en anglais. Qui est de celles-là ? »

Elle leva la main pour indiquer qu'elles devaient faire de même. Toutes les veuves, à part Sheena, l'imitèrent.

« Ce n'est pas grave, reprit-elle. En fait, si vous préférez écrire vos histoires en pendjabi, je peux m'adapter. De toute façon, on perd des choses en traduisant. »

Les regards scrutateurs la mirent mal à l'aise. Finalement, Arvinder leva la main.

« Excusez-moi, Nikki, mais comment est-on censées écrire des histoires ?

— Bonne question ! »

Elle se tourna vers le bureau et prit sa pile de feuilles volantes.

« Je sais qu'on a perdu du temps aujourd'hui, mais ça peut être très bien pour commencer. »

Elle fit passer les papiers et explicita les instructions. Les femmes fouillèrent dans leurs sacs pour sortir crayons et stylos.

Nikki se tourna vers le tableau pour écrire quelques notes essentielles en vue de la leçon suivante.

« Le prochain cours aura lieu mardi entre 19 h 30 et 21 heures. Soyez ponctuelles. » Elle l'écrivit en pendjabi pour montrer qu'elle était plutôt prévenante et souple. Quand elle se retourna, s'attendant à voir les femmes courbées sur leurs feuilles à griffonner frénétiquement, elle les trouva immobiles. Manjeet et Preetam tapotaient leur crayon contre leurs tables et se regardaient. Tarampal semblait tout simplement furieuse.

« Que se passe-t-il ? »

Silence.

« Pourquoi personne n'écrit ? »

Silence, encore, puis Tarampal prit la parole.

« Comment on est censées écrire ?

— C'est-à-dire ?

— Comment on est censées écrire ? répéta Tarampal. Vous ne nous avez pas encore appris !

— J'essaie de vous apprendre à écrire, mais il faut bien commencer quelque part, n'est-ce pas ? Je sais que c'est difficile, mais pour que je vous aide à rédiger vos histoires, il faut que vous ayez commencé. Ne serait-ce que quelques phrases… »

Sa voix faiblit lorsqu'elle regarda Preetam. Cette façon de se cramponner à son crayon lui rappelait le temps où elle était à la crèche. Les choses lui apparurent clairement tandis qu'Arvinder commençait à ranger ses affaires.

« Vous le saviez », attaqua Nikki dès que Kulwinder répondit au téléphone. Elle ne se soucia pas d'un *sat sri akal* préalable, elle ne présenterait pas ses respects à cette aînée conspiratrice.

« Quoi donc ? demanda Kulwinder.

— Ces femmes ne savent pas écrire.

— Bien sûr. Vous êtes censée leur apprendre.

— Elles. Ne. Savent. Pas. Écrire. » Nikki voulait que ses mots secouent les dehors calmes de Kulwinder. « Vous m'avez piégée. Je pensais que j'enseignerais dans un atelier d'écriture, pas que je donnerais un cours d'alphabétisation à des adultes. Elles ne sont même pas capables d'épeler leurs noms.

— Vous êtes censée leur apprendre, répéta Kulwinder. Vous aviez dit que vous vouliez enseigner l'écriture.

— L'écriture créative. Le récit. Pas l'alphabet !

— Alors apprenez-leur à écrire, et ensuite elles pourront rédiger toutes les histoires qu'elles voudront.

— Vous avez une idée du temps que ça va prendre ?

— Il y a deux cours par semaine.

— Il faudra bien plus qu'un cours bihebdomadaire. Vous le savez.

— Ce sont des femmes très capables.

— Vous plaisantez.

— Écrire des histoires n'était pas inné chez vous, n'est-ce pas ? Vous n'avez pas commencé par apprendre l'alphabet, vous ? Est-ce que ce n'était pas la chose la plus simple que vous ayez eue à apprendre ? »

Il y avait du mépris dans sa voix.

« Écoutez. Vous voulez prouver que vous avez raison – c'est clair. Je suis moderne et je crois que je peux faire tout ce que je veux. Eh bien oui, je le peux. »

Nikki s'apprêtait à présenter sa démission, mais les mots restèrent bloqués dans sa gorge. Elle réfléchit ; un sentiment d'inquiétude familier lui noua l'estomac. Abandonner ce travail signifierait qu'elle ne pourrait pas aider financièrement Mindi et leur mère. Pire encore, celles-ci sauraient qu'elle avait jeté l'éponge après seulement un cours et cela ne ferait que les conforter dans leur opinion – Nikki ne finissait jamais rien, elle n'avait pas de but dans la vie et fuyait les responsabilités. Elle pensa à ce pub au bord du gouffre et vit Sam, emberlificoté dans ses tickets de caisse, lui annonçant, contrit, qu'il se séparait d'elle.

« L'offre d'emploi était mensongère. Je pourrais le signaler », finit-elle par dire.

Kulwinder répondit par un éclat de rire, comme si elle mesurait la vanité de la menace. « Le signaler à qui ? » la défia-t-elle. Elle attendit la réponse, mais Nikki n'en avait pas. Le message était clair : Nikki marchait sur ses plates-bandes et elle devrait désormais suivre ses règles à elle.

*

En hiver, la nuit tombait tôt et les ombres et les feux de circulation floutaient les rues. Kulwinder rentra chez elle à pied en repensant à sa journée. Elle n'était pas fière d'avoir trompé Nikki, mais plus elle songeait à leur conversation, plus elle se rappelait à quel point Nikki l'irritait. Cette condescendance lui avait tapé sur les nerfs. *Comment osez-vous me demander de donner des cours à ces idiotes ?* C'était plus ou moins ce qu'elle avait insinué.

Sa maison en brique, sur deux étages, était située au bout d'Ansell Road. Depuis la fenêtre de sa chambre, lorsque le ciel était dégagé, on voyait l'extrémité dorée du magnifique dôme du gurdwara. Les voisins de droite étaient un jeune couple avec deux petits enfants qui s'asseyaient sous le porche et gloussaient ensemble jusqu'au retour de leur père. À gauche, vivait un couple avec un adolescent. Ils avaient un gros chien, qui hurlait chaque matin pendant des heures après leur départ. Kulwinder avait coutume de passer tous ces détails en revue à propos de ses voisins, l'essentiel étant d'éviter de penser à la maison d'en face.

« Je suis rentrée », annonça-t-elle. Elle se tut et attendit que Sarab réponde. Elle était chagrinée les fois où elle le trouvait plongé dans le silence, fixant les pages des journaux pendjabis qu'il n'avait pas ouverts. « Sarab ? » appela-t-elle au pied de l'escalier. Il grogna une réponse. Elle posa ses affaires et alla à la cuisine pour commencer le dîner. Du coin de l'œil, elle vérifia qu'il avait bien tiré les rideaux du salon. Ce matin, il avait suggéré de les ouvrir pour mieux lire son journal. « Non, s'il te plaît, avait insisté Kulwinder. L'éclat du soleil me donne la migraine. » Tous deux savaient que c'était le numéro 16, et non le pâle soleil anglais, qui la dérangeait.

Kulwinder disposa les assiettes, apporta le plat de dal et sortit les achards du frigo. Rien n'avait été plus rassurant, durant toutes ces années passées en Angleterre, que la simplicité du repas pendjabi. Sarab s'assit et ils mangèrent silencieusement, puis il alluma la télévision et elle fit la vaisselle. Maya l'aidait autrefois, mais un jour elle avait demandé : « Pourquoi papa ne se met pas à la cuisine et à la vaisselle ? » De telles questions avaient traversé l'esprit de Kulwinder quand elle était plus jeune, mais elle aurait été battue si elle avait suggéré que son père et ses frères puissent s'occuper des tâches ménagères. Elle avait sèchement pris Maya par le bras et l'avait conduite dans la cuisine.

Après avoir terminé ses corvées domestiques, Kulwinder alla s'asseoir près de Sarab. Le son de la télévision était bas. Il s'agissait d'une émission anglaise, ça n'avait donc aucune importance qu'ils ne puissent pas entendre car les choses qui amusaient les Anglais ne faisaient pas du tout rire Kulwinder.

Elle se tourna vers lui et entama une conversation.

« Il s'est passé une chose bizarre aujourd'hui, dit-elle. Un petit malentendu à propos d'un de mes cours communautaires. »

Elle s'arrêta un instant. *Mes cours communautaires.* C'était bon de l'entendre prononcé à voix haute.

« La fille que j'ai engagée pour assurer ce cours pensait qu'elle apprendrait aux femmes à écrire leurs mémoires, mais celles qui se sont inscrites ne savent même pas écrire. J'avais mis une annonce pour des cours d'écriture littéraire et, quand les femmes ont commencé à s'inscrire, j'ai compris qu'elles ne sauraient même pas épeler leurs noms, mais qu'est-ce que je pouvais faire ? Les refuser ? Ce n'était pas possible. Je suis ici pour aider les femmes de notre communauté, quand même. »

C'était partiellement vrai. Elle était restée vague avec ces femmes à propos de ce qu'elles apprendraient en cours. « Écrire, lire, ce genre de choses », avait-elle dit en distribuant les formulaires d'inscription.

Sarab hocha la tête, mais ses yeux n'exprimaient rien. Il fixait l'écran. Kulwinder jeta un œil à l'horloge : il lui restait plusieurs heures à tuer avant d'avoir envie de dormir et le crachin avait faibli.

« Ça te dit, une petite marche ? » demanda-t-elle. Il était si peu naturel de le lui demander ainsi, alors que, autrefois, les promenades du soir, après le dîner, étaient un rituel. « C'est bon pour la digestion », ajouta-t-elle.

Sur l'instant, elle se sentit bête d'essayer de le convaincre, mais aujourd'hui, elle tenait vraiment à profiter de sa compagnie. Sa discussion avec Nikki lui avait rappelé les disputes qu'elle avait parfois avec Maya.

Sans même la regarder, Sarab lança : « Vas-y, toi. »

Kulwinder remonta Ansell Road et tourna dans une grande rue bordée d'une petite rangée de boutiques éclairées au néon. Dans le magasin de robes de mariée de Shanti, un groupe de jeunes femmes essayaient des bracelets, elles tendaient leurs poignets pour en exposer les sequins à la lumière. Le propriétaire du magasin voisin de masala raccompagnait patiemment des clients vers la sortie, un couple anglais qui paraissait très content de ses fioles de poudre rouge et jaune. Des adolescents en doudounes noires grouillaient sur les terrains vagues alentour, des mots et des rires fusant çà et là. *Ouais ! Ah ah ! Tête de nœud !*

Kulwinder adressa quelques bonjours à des femmes pendjabies qui passaient, mais la plupart du temps elle regardait loin devant. Avant la mort de Maya, elle bavardait avec les dames et ses promenades tenaient plutôt d'une longue visite de courtoisie. Si les maris étaient là, ils formaient un autre groupe avec Sarab. Puis ils rentraient en comparant les histoires qu'on leur avait racontées, et elle s'apercevait souvent qu'hommes et femmes livraient les mêmes informations – qui se mariait avec qui, la hausse des prix de la nourriture et de l'essence, un scandale dans la communauté. Maintenant, elle préférait ne pas s'arrêter. C'était inutile – de temps en temps seulement, des gens s'approchaient pour présenter leurs condoléances, mais la plupart se contentaient de détourner le regard. Sarab et elle n'étaient plus des leurs, comme les veuves et les divorcées, et tous ces parents honteux qu'ils avaient craint de devenir.

Elle s'arrêta à un feu, dépassa l'angle et trouva un banc où s'asseoir. Une odeur sucrée de *jalebi* émanait d'un chariot à proximité. Elle trouva ses pieds rêches comme du papier de verre lorsqu'elle prit ses talons dans ses mains pour les masser. Elle pensa à Nikki. Cette fille n'était manifestement pas d'ici, sinon elle n'aurait pas été si irrespectueuse. Ses parents étaient probablement des citadins, de Delhi ou Bombay, et ils devaient snober les Pendjabis qui avaient échoué à Southall. Elle savait ce que le reste de Londres pensait de Southall – elle entendait encore les commentaires qui avaient accompagné leur décision de quitter Croydon pour vivre ici. *Des villageois qui construisent un nouveau Pendjab en plein Londres – ils laissent vraiment entrer toutes sortes de gens dans ce pays, de nos jours.* « C'est la meilleure décision qu'on ait prise », avait déclaré Sarab en ouvrant leur dernier carton. Kulwinder était d'accord, les commodités alentour faisaient presque exploser son cœur de bonheur – le marché aux épices, le cinéma de Bollywood, les gurdwaras, les vendeurs de samoussas de la rue principale. Maya regardait tout cela avec méfiance, mais elle s'adapterait, ils en étaient convaincus. Un jour, elle aussi voudrait élever ses enfants ici.

Des larmes commençaient à lui brouiller la vue quand un bus s'arrêta devant elle. La porte s'ouvrit. Le chauffeur la regarda avec l'air d'attendre quelque chose. Kulwinder secoua la tête et lui fit signe de continuer. Un sanglot s'échappa de sa gorge, étouffé par le grondement du moteur. Pourquoi fallait-il qu'elle se torture constamment ? Parfois, elle se laissait aller et imaginait de petits moments de la vie de Maya – des choses banales comme payer des courses au magasin ou changer les piles d'une télécommande. Plus les détails étaient ténus, plus le coup était rude : Maya ne ferait plus jamais ces choses. Son histoire à elle était terminée.

L'air semblait plus froid maintenant qu'elle ne marchait plus. Elle s'essuya les yeux et prit quelques longues respirations. Quand elle sentit ses forces revenues, elle se leva et prit la direction de sa maison. En traversant Queen Mary Road, elle avisa un agent de police et s'arrêta net. Que faire ? Tourner les talons et faire marche arrière ? Continuer d'avancer ? Indécise, elle resta plantée au milieu de la route jusqu'à ce que le feu des piétons passe au rouge. Les voitures se mirent à klaxonner, ce qui fut pire encore car les gens s'arrêtaient et la regardaient. Comprenant la cause du vacarme, le policier se précipita pour empêcher les voitures d'avancer et lui fit signe de traverser.

« Tout va bien ? demanda-t-il quand elle passa à côté de lui.

— Oui. »

Elle restait à distance et évitait de le regarder dans les yeux. Des curieux avaient émergé des boutiques et formaient une petite foule sur le trottoir. Elle aurait tant voulu les chasser : *Occupez-vous de vos affaires !*

« Vous êtes sortie faire un petit tour ?

— Oui, pour marcher un peu.

— C'est un bon exercice. »

Elle hocha la tête, parfaitement consciente des regards fixés sur elle. Elle tenta rapidement de voir qui l'observait. Contrairement à Maya, Kulwinder n'avait jamais pensé que Southall était un foyer de potins. La plupart des gens échangeaient de simples observations inoffensives. Seulement, elle ne pouvait pas se permettre d'être vue en train de parler à la police. Quelqu'un pourrait rapporter la scène par hasard à un ami ou une épouse, qui pourrait en parler à quelqu'un d'autre et…

« Vous êtes sûre que ça va ? demanda encore le policier qui la scrutait.

— Très bien, je vous remercie, répondit-elle avant d'ajouter : Du tonnerre !

— À l'avenir, soyez prudente quand vous traversez. Les jeunes roulent à toute vitesse sur Broadway et parfois ils tournent dans les avenues adjacentes sans prévenir.

— Comptez sur moi. Merci. »

Un couple de quinquagénaires approchait. Elle ne pouvait pas les reconnaître à cette distance, mais ils voyaient forcément qu'elle parlait à un policier et s'ils la connaissaient, ils se demanderaient : « Encore en train de faire des ennuis ? »

« Soyez prudente ! » cria de nouveau le policier tandis qu'elle se hâtait vers chez elle.

Sarab était à l'étage quand elle rentra. Elle rangea ses chaussures dans le petit halo de lumière qu'il avait laissé pour elle dans l'entrée. Puis elle chercha d'autres choses à ranger – les coussins du canapé avaient certainement besoin d'être tapotés et Sarab avait peut-être laissé un verre dans l'évier. Ces tâches l'apaisaient. Quand elle eut fini, elle mesura combien elle s'était montrée paranoïaque. Quel était le risque d'être remarquée ? Southall n'était pas si petit, après tout, même si on en avait parfois l'impression. Impossible de prédire sur qui elle tomberait. Elle évitait déjà une des rues principales parce qu'on l'y avait vue entrer chez un avocat (elle n'aurait pas dû se donner cette peine de toute façon, car tout ce que débitait cet homme, au rythme d'une mitraillette, était synonyme d'honoraires, et sans la moindre garantie). Si elle commençait à changer de direction chaque fois qu'elle croisait quelqu'un qu'elle préférait ne pas voir, autant passer tout son temps dans son salon, rideaux tirés.

Mais plus tard ce soir-là, alors que Sarab ronflait légèrement et que Kulwinder ne trouvait pas le sommeil, elle vit l'écran de son portable s'éclairer. Numéro inconnu. Au bout du fil, une voix qu'elle ne connaissait que trop bien. « T'as parlé à un policier aujourd'hui. Quelqu'un t'a vue. Si jamais tu recommences, gare à toi. » Kulwinder tenta de se justifier, mais comme toujours, l'interlocuteur raccrocha avant qu'elle ait pu parler.

4

« Il n'y a pas un homme digne de ce nom à Londres, fit remarquer Olive. Pas un seul. » Elle embrassait la foule du regard, perchée derrière son bar, pendant que Nikki nettoyait le comptoir en maudissant les braillards qui venaient de passer une heure à beugler des chants de supporters et lui faire de gros clins d'œil.

« Il y en a plein, assura Nikki.

— Plein de ratés, oui, renchérit Olive. À moins que tu veuilles que je sorte avec "Steve au grand-père raciste".

— Je préfère encore te savoir seule pour le restant de tes jours ! » Steve était un habitué du pub qui faisait précéder tous ses commentaires sectaires d'un « Comme disait mon grand-père… ». Il voyait là un moyen infaillible de se défendre de toute accusation de racisme. « Comme disait mon grand-père, avait-il un jour lancé à Nikki, ta couleur de peau, là, c'est naturel ou c'est parce que tu rouilles ? Bien sûr, jamais je dirais ça.

Mais mon grand-père disait “paki” pour “kaki” parce qu’il pensait sincèrement que le nom de la couleur venait de leur couleur de peau. Il était terrible, mon grand-père. »

« Celui-là est pas mal », fit Nikki en indiquant de la tête un homme de grande taille qui rejoignait un groupe à une table d’angle. Il s’assit et tapota l’épaule d’un de ses amis. Olive tendit le cou pour mieux voir.

« Pas mal du tout, nota-t-elle. On dirait un peu Lars. Tu te souviens de lui ?

— Laaarrrs, plutôt, non ? Il a dû nous répéter une centaine de fois comment le prononcer correctement. »

Il s’agissait d’un étudiant suédois que la famille d’Olive avait hébergé à l’occasion d’un échange scolaire quand ils étaient en première.

« Cette année-là, j’ai dû faire tous mes devoirs chez toi. » Les devoirs était la seule raison valable aux yeux de ses parents pour la laisser passer autant de soirées chez Olive.

« Avec ma chance, ce mec est déjà pris.

— Je vais mener ma petite enquête », promit Nikki. Elle servit les différentes tables et s’approcha de lui avec décontraction. « Vous désirez quelque chose ? »

Alors qu’il passait sa commande, elle remarqua l’alliance qui brillait à son doigt.

« Désolée », dit-elle une fois revenue près d’Olive.

Elle servit un verre à son amie, offert par la maison, et puisque son service était terminé, la rejoignit de l'autre côté du bar. Olive soupira.

« Je devrais peut-être tenter le mariage arrangé. Comment s'est passé le rendez-vous de ta sœur, l'autre soir ?

— Un désastre. Le mec a parlé de lui tout le temps, ensuite il a fait un scandale parce qu'on leur avait servi de l'eau sans rondelle de citron. Je crois qu'il voulait prouver à Mindi qu'il était habitué à un certain standing.

— Dommage.

— C'est plutôt un soulagement. Je m'inquiétais à l'idée qu'elle se mette avec le premier célibataire pendjabi venu, mais elle m'a raconté qu'elle avait conclu la soirée par un "Non, merci", poli et ferme.

— Tu as peut-être plus d'influence sur Mindi qu'elle ne le pense.

— C'est aussi ce que je croyais, mais tante Geeta, qui avait parlé de ce jeune homme délicat, a ignoré maman au marché l'autre jour. Mindi s'en est beaucoup voulu et l'a appelée pour s'excuser. À force de la culpabiliser, tante Geeta a même réussi à l'inscrire au Pendjabi Speed Dating. C'est vraiment pas son truc, mais elle joue le jeu.

— Oh, on ne peut pas savoir qui elle va rencontrer, ni quand. Elle a toutes ses chances au speed dating. Quinze hommes en une soirée ? Je signe ! Ça pourrait être très rigolo. Au moins, elle est allée au feu. Je suis loin d'en faire autant.

— Pour moi, ça ressemble à un cauchemar. Ces quinze Pendjabis cherchent une femme. Quand Mindi s'est inscrite, elle a dû indiquer aux organisateurs sa caste et ses préférences alimentaires, et évaluer sa piété sur une échelle de un à dix. »

Olive rit.

« Je serais à moins trois dans n'importe quelle religion. Je ferais une très mauvaise candidate.

— Moi aussi ! Mindi se situe autour de six ou sept, mais je crois qu'elle n'hésiterait pas à gonfler sa note si ça faisait plaisir à l'homme de sa vie. Je me demande si elle ne fait pas ça uniquement pour des gens comme tante Geeta.

— Enfin, de toute façon, c'est le cadet de tes soucis pour le moment. Tu dois alphabétiser des mamies demain. »

Nikki grogna.

« Par quoi je commence ?

— J'ai plein de livres d'alphabétisation que je peux te prêter.

— Pour des enfants de sixième ! Ces femmes partent de rien.

— Tu es en train de me dire qu'elles ne savent pas lire un panneau de signalisation ? Le bandeau en bas de l'écran pendant les infos ? Comment ont-elles fait pour vivre tout ce temps en Angleterre ?

— J'imagine qu'elles ont toujours compté sur l'aide de leurs maris. Pour le reste, il leur suffisait de parler pendjabi.

— Mais ta mère n'a jamais été très dépendante de ton père.

— Mes parents se sont rencontrés à l'université de New Delhi et maman gagnait déjà sa vie. Ces femmes ont grandi dans des villages. La plupart ne savent même pas épeler leurs noms en pendjabi, alors en anglais…

— Je ne pourrais jamais vivre comme ça, dit Olive en prenant une gorgée de sa pinte.

— Tu te souviens de ces cahiers d'écriture qu'on avait quand on était petites ? Pour apprendre à faire des majuscules et écrire en attaché ? demanda Nikki.

— Ceux où on s'entraînait à écrire entre deux lignes ?

— Oui. Ils seraient très utiles !

— On en trouve sur Internet, assura Olive. Les éditeurs scolaires ont un bon catalogue. Je peux chercher pour toi.

— En attendant, il me faut quand même quelque chose pour mon cours de demain.

— Essaie un des magasins caritatifs de King Street. »

Après avoir fermé le bar, Nikki resta boire quelques verres, puis Olive et elle sortirent en trébuchant sur la chaussée luisante, bras dessus bras dessous comme des écolières. Nikki tapa un texto pour Mindi.

Salut, sœurette ! T'as trouvé l'homme de tes rêves ? Il amidonne lui-même son turban et il coiffe sa moustache ou ce sera l'un de tes DEVOIRS ?

Elle gloussa et appuya sur envoyer.

Nikki se réveilla dans l'après-midi du lendemain, l'esprit encore embrumé. Elle saisit son téléphone. Mindi avait répondu :

Alors, Nik', on boit un p'tit verre un soir de semaine ? Apparemment oui, pour envoyer des textos à une heure pareille…

Nikki essuya ses yeux embués et tapa :

T'es coincée comme c'est pas permis.

Quelques secondes plus tard, elle reçut :

Et tu viens sûrement de te réveiller. Commence par balayer devant ta porte. Et comporte-toi en adulte, Nikki.

Nikki jeta le téléphone dans son sac. Elle fut deux fois plus longue que d'habitude pour sortir de son lit, sa tête lui paraissait peser des tonnes. Le crissement du robinet de la douche et la piqûre de l'eau sur sa peau la firent grimacer. Après s'être habillée, elle sortit et remonta la rue jusqu'à la boutique Oxfam. L'odeur de moisi des vieux manteaux en laine lui chatouilla le nez dès l'entrée. Elle trouva les vieux cahiers d'école et les fiches d'exercices sur une étagère basse, sous les rangées de romans grand public qu'elle achetait régulièrement. Elle finit par se réveiller tout à fait. Le réconfort familier des livres contribuait à dissiper sa gueule de bois.

En farfouillant dans la boutique, elle trouva aussi un Scrabble. Il manquait quelques lettres, mais il serait quand même utile pour enseigner l'alphabet. Elle retourna vers l'étagère des livres pour voir si elle pouvait se trouver une lecture intéressante et, tandis qu'elle fouillait, un titre happa son regard : *Beatrix Potter : Letters.* Elle avait un exemplaire de ce livre à la maison, mais le volume qui l'accompagnait, *Journal et dessins de Beatrix Potter*, était difficile à trouver. Elle était tombée sur un exemplaire une fois, chez un vendeur de livres d'occasion de New Delhi lors de son voyage pré-examens avec ses parents. Elle avait voulu l'acheter mais cela avait déclenché une dispute. Elle refoula ce souvenir et s'intéressa à l'étagère adjacente. Un autre titre attira son attention. *Velours rouge : Histoires émoustillantes pour femmes.* Elle prit le livre, le feuilleta, et certains passages lui sautèrent aux yeux :

« Il la déshabilla lentement avec les yeux, puis adroitement avec les mains. »

« Delia se prélassait, nue, sous le soleil d'été, dans l'intimité de son jardin, mais, quelque part, Hunter l'observait. »

« "Je ne suis pas venue pour te voir", dit-elle avec dédain. Elle tourna les talons pour quitter le bureau et vit que son membre viril bombait son pantalon. Il voulait la voir. »

Un sourire aux lèvres, elle apporta les livres à la caisse. En quittant la boutique, elle réfléchit à la dédicace qu'elle écrirait dans *Velours rouge*.

« Chère Mindi, je ne suis peut-être pas aussi adulte que toi, mais je m'y connais un peu mieux en ce qui concerne certains rituels adultes. Voici un guide pour toi et l'Homme de ta vie. »

Nikki porta le sac de livres jusqu'à la salle de classe et le posa sur le bureau. Une feuille de papier avait été scotchée dessus : « Nikki, ne dérangez pas les tables et les chaises dans cette classe. Kulwinder. » Les tables avaient retrouvé leurs rangs bien réguliers d'origine. Un grognement sourd lui rappela qu'elle n'avait pas encore mangé, mais avant de se diriger vers le langar, elle prit le temps de redisposer les tables en U.

L'odeur du dal et celle des jalebis sucrés se mélangeaient dans l'air où résonnaient le cliquetis des ustensiles et les voix. Elle prit son plateau et fit la queue pour qu'on lui serve un roti, du riz, du dal et du yaourt. Alors qu'elle s'asseyait près d'une rangée de femmes âgées, un souvenir lui revint. Elle avait treize ans et elle allait prier avec ses parents au petit gurdwara d'Enfield. Elle avait eu besoin d'aller chercher quelque chose dans la voiture et s'était approchée de son père – assis avec d'autres hommes – pour lui demander les clés. Tout le monde s'était retourné et l'avait fixée tandis qu'elle franchissait la frontière invisible entre les sexes, même si ces règles n'existaient pas au langar. Qu'est-ce que Mindi voyait donc dans ce monde qui ne s'y trouvait pourtant pas ? Toutes les femmes semblaient finir de la même façon – lasses et nerveuses. Nikki les regardait arriver à la queue leu leu dans l'entrée, ajustant leurs foulards, s'arrêtant sans arrêt pour une salutation obligatoire à un autre membre de la communauté. Dans le groupe à côté d'elle, chaque arrivée déclenchait une vague de cancans. Ces femmes connaissaient les histoires de chacune dans les moindres détails.

« La femme de Chacko – elle vient de se faire opérer, la pauvre, elle ne marchera pas avant un moment. Son fils aîné s'occupe d'elle. Tu vois duquel je parle ? Elle en a deux. C'est celui qui a repris le magasin d'électronique de son oncle. Il se débrouille très bien. Je l'ai vu la pousser en fauteuil roulant au parc l'autre jour. »

« C'est bien la plus jeune fille de Nishu là-bas, non ? Elles ont toutes un front très haut. Il paraît qu'il y a eu une inondation terrible chez eux l'an dernier. Ils ont dû changer toute la moquette et jeter plein de meubles. Quel gâchis ! Ils venaient d'acheter un nouveau salon, à peine six mois avant. »

« C'est Dalvinder ? Je croyais qu'elle était à Bristol pour voir sa cousine. »

Nikki peinait à suivre ce flux tendu d'informations et de détails. Une femme s'avança à grands pas dans le hall, qu'elle reconnut tout de suite. Kulwinder. Il y eut un léger bruissement dans le petit groupe à côté, puis les voix baissèrent.

« Regardez-moi celle-là, elle marche comme un grand patron. »

« Elle s'y croit tellement, ces derniers temps », dit une quinquagénaire dont le très raide dupatta vert était tiré si bas qu'il masquait presque son visage.

« Ces derniers temps ? Elle a toujours joué les grandes dames. Je ne sais pas ce qui l'autorise à se conduire comme ça. »

Nikki ne fut pas surprise qu'elles n'apprécient pas Kulwinder. Elle écouta attentivement.

« Ah non ! » intervint une femme ridée, plus âgée. Elle remonta la monture métallique de ses lunettes sur l'arête de son nez. « Elle en a vu de rudes. On devrait faire preuve de compassion.

— J'ai essayé, mais elle n'a pas voulu de ma pitié. Elle a été carrément impolie avec moi, dit Dupatta vert.

— Buppy Kaur a eu les mêmes problèmes, mais elle, au moins, elle est reconnaissante quand on lui présente nos condoléances. Avec Kulwinder, c'est autre chose. Je l'ai croisée dans le quartier l'autre jour. Je lui ai fait signe et elle a tourné la tête, puis elle a continué de marcher. Comment se montrer gentille avec quelqu'un comme ça ?

— Les problèmes de Buppy Kaur étaient similaires, mais pas rigoureusement, dit la femme aux lunettes. Sa fille a fugué avec un garçon de Trinidad. Elle est toujours vivante. La fille de Kulwinder, elle, est morte. »

Nikki releva brusquement la tête, surprise. Les femmes remarquèrent son mouvement, mais continuèrent de parler.

« La mort, c'est la mort, acquiesça quelqu'un d'autre. C'est bien pire.

— N'importe quoi, se moqua Dupatta vert. La mort, c'est bien mieux que la vie si la fille n'a plus d'honneur. Les jeunes générations ont parfois besoin qu'on le leur rappelle. »

Étrangement, Nikki eut l'impression que ces mots lui étaient destinés. Elle leva les yeux vers la femme qui venait de parler et croisa son regard, plein de défi. Les autres murmuraient leur acquiescement. Nikki avala sa bouchée avec peine. Elle prit un peu d'eau et garda la tête basse.

La femme aux lunettes échangea un regard avec elle.

« Hai, elles ne sont pas toutes si terribles. Il y a plein de filles respectables à Southall. Tout dépend de l'éducation qu'elles ont reçue, non ? fit-elle avec un hochement de tête presque imperceptible vers Nikki.

— Cette génération est égoïste. Si Maya avait réfléchi à ce qu'elle faisait à sa famille, rien de tout ça ne serait arrivé, continua Dupatta vert. Et n'oubliez pas les dégâts qu'elle a causés chez Tarampal. Elle aurait pu tout détruire. »

Les autres femmes semblaient maintenant mal à l'aise. Comme Nikki, elles baissaient la tête et se concentraient sur leur repas. Dans le silence soudain, le cœur de Nikki se mit à battre plus vite. Tarampal ? Elle se demanda si elles faisaient référence à la Tarampal des cours d'écriture. Elle invita silencieusement Dupatta vert à en dire plus mais, faute d'un public attentif, cette dernière se fit muette elle aussi.

Nikki était plongée dans ses pensées lorsqu'elle revint dans le bâtiment du centre communautaire qui abritait la salle de cours. Cette femme au langar semblait si sûre d'elle quand elle parlait de la mort et de l'honneur. Elle avait du mal à imaginer la progéniture de Kulwinder impliquée dans un dangereux acte de rébellion, comme les femmes l'avaient laissé entendre. Cela dit, Kulwinder était tellement rigide que sa fille s'était peut-être révoltée.

Un rire retentit dans le couloir, interrompant ses pensées. Étrange. Il n'y avait aucun autre cours au même moment. Tandis qu'elle s'acheminait vers la classe, le bruit se fit plus fort et elle entendit une voix claire.

« "Il pose la main sur sa cuisse tandis qu'elle conduit la voiture, et sa main s'approche de son entrejambe. Incapable de se concentrer sur la conduite, elle lui dit : 'Laisse-moi trouver une ruelle secondaire.' Il lui répond : 'Pourquoi attendre ?'" »

Nikki s'arrêta net devant la porte. C'était la voix de Sheena. Une autre femme l'interpella.

« Pourquoi est-il si impatient ? Il peut donc pas laisser son machin dans son pantalon jusqu'à ce qu'ils se trouvent une impasse ? Elle devrait le punir en tournant sur un parking jusqu'à que son petit ballon se dégonfle. »

Il y eut une vague de rires et Nikki ouvrit brusquement.

Sheena était assise au premier rang, un livre ouvert dans les mains, les femmes groupées autour d'elle. Quand elles virent Nikki, elles détalèrent jusqu'à leurs places. Le visage de Sheena changea de couleur.

« Désolée, dit-elle. On a vu que vous nous aviez acheté des livres. Je ne faisais que traduire une histoire…, dit-elle en se hâtant de rejoindre les autres.

— Ce livre m'appartient. Il n'est évidemment pas destiné à l'une d'entre vous », expliqua Nikki une fois qu'elle eut retrouvé son calme.

Elle plongea la main dans le sac et en tira les cahiers d'exercices.

« Ceux-là, en revanche, sont pour vous. »

Elle les jeta sur la table d'un air las. Les femmes restaient silencieuses.

« Pourquoi êtes-vous venues si tôt ?

— Vous aviez dit 19 heures, expliqua Arvinder.

— J'ai dit 19 h 30, puisque l'horaire vous convenait mieux », réfuta Nikki.

Les femmes se tournèrent vers Manjeet d'un air accusateur.

« Je me rappelle qu'elle a dit 19 heures la semaine dernière, insista cette dernière. J'en suis sûre.

— Monte le volume de ton sonotone, la prochaine fois, répliqua Arvinder.

— Pas la peine, dit Manjeet en repoussant son foulard derrière son oreille pour montrer le sonotone à la classe. Il n'y a jamais eu de pile dedans !

— Pourquoi vous portez un sonotone si vous n'en avez pas besoin ? » demanda Nikki.

Manjeet baissa la tête, gênée.

« Pour parfaire la panoplie de la veuve, lui apprit Sheena.

— Ah ! »

Elle attendit une explication supplémentaire, mais Manjeet se contenta de hocher la tête et de regarder ses mains.

« Excusez-moi, Nikki, l'appela Preetam. Est-ce qu'on peut avancer l'heure du cours à 19 heures ? »

Nikki soupira. « Je croyais que 19 h 30 cadrait mieux avec votre horaire de bus.

— C'est vrai, mais si on finit plus tôt, on rentrera à une heure plus décente.

— Trente minutes, ça ne change pas grand-chose, si ? intervint Sheena.

— Pour Anya et Kapil, si. Et pour Rajiv et Priyaani ? »

Nikki pensa que c'était ses petits-enfants, mais les autres femmes émirent ensuite un grognement collectif.

« Tu parles d'une idiote ! Un jour ils sont amoureux, le lendemain elle confie à ses domestiques qu'elle veut épouser quelqu'un d'autre, dit Sheena. Ne changez pas l'heure, Nikki. Preetam passe son temps devant les séries télé.

— Pas du tout !

— Alors tu gâches de l'électricité, gronda Arvinder.

— Tu sais à combien s'élevait notre facture du mois dernier ? rétorqua Preetam en haussant les épaules.

— Parce que toi oui, peut-être ? marmonna Arvinder. Tu gâches tout parce que t'as toujours eu tout ce que tu voulais.

— Vous vivez sous le même toit ? » demanda Nikki.

Elle remarqua une ressemblance. Les deux femmes avaient la peau claire, les mêmes lèvres fines et des yeux d'un étonnant gris marron.

« Sœurs ?

— Mère et fille, rectifia Arvinder. Dix-sept ans nous séparent, mais c'est gentil de penser que je suis si jeune.

— Ou que Preetam est si vieille, dit Sheena en riant.

— Vous avez toujours habité ensemble ? »

Nikki ne pouvait concevoir un monde où elle vivrait avec une vieille dame. Il y avait de quoi y laisser sa santé mentale.

« Seulement depuis que mon mari est mort, expliqua Preetam. Ça fait combien de temps ? Hai ! cria-t-elle soudain. Trois mois. »

Elle se tamponna le coin des yeux avec son dupatta.

« Ça suffit, le mélodrame ! déclara Arvinder. Ça fait trois ans.

— C'est pourtant tout frais, gémit Preetam. Ça fait si longtemps ?

— Tu sais très bien que oui. Je ne sais pas d'où te vient l'idée que les veuves doivent pleurer et se frapper la poitrine à chaque fois qu'on parle de leurs maris, ce n'est pas nécessaire.

— Ça lui vient des mélos du soir, dit Sheena.

— Voilà ! Raison de plus pour arrêter un peu avec la télé, renchérit Arvinder.

— Je trouve ça très touchant, dit Manjeet. Je voudrais être triste comme ça moi aussi. Tu t'es évanouie à ses obsèques ?

— Deux fois, répondit Preetam, non sans fierté. Et je les ai suppliés de ne pas l'incinérer.

— Je m'en souviens, dit Sheena. Tu as fait un de ces tapages avant de t'évanouir ! Ensuite tu es revenue à toi et ça a recommencé de plus belle. »

Elle roula des yeux en direction de Nikki.

« On est obligées, vous savez, sinon les gens vous accusent d'avoir un cœur de pierre.

— Je sais », dit Nikki.

Après la mort de son père, tante Geeta était venue leur rendre visite, de petits ruisseaux de mascara coulant sur ses joues. Elle voulait pleurer avec leur mère et elle était surprise que celle-ci garde les yeux secs et préfère s'épancher dans son coin. Quand elle avait remarqué une marmite de curry en train de mijoter sur le feu, elle s'était indignée. « Tu manges ? Je n'ai rien mangé à la mort de mon mari. Mes fils ont dû me faire avaler quelque chose de force. » Se sentant bousculée, la mère de Nikki avait attendu que tante Geeta ait tourné les talons pour engloutir le curry.

« Vous avez de la chance de pouvoir pleurer comme ça, affirma Manjeet. Les femmes comme moi n'ont pas droit aux obsèques ou à quelque cérémonie que ce soit.

— Allons, Manjeet, tu ne vas pas te mettre à faire semblant toi aussi. Les femmes qui te ressemblent, il n'y en a pas. Des hommes comme lui, par contre, il y en a, dit Arvinder.

— Je ne comprends pas, intervint Nikki.

— Est-ce qu'on va se mettre au travail ou c'est encore un cours d'introduction ? les interrompit Tarampal, l'air désapprobateur.

— Il nous reste moins d'une heure maintenant, constata Nikki en distribuant les cahiers. Il y a des exercices d'alphabétisation dedans. »

Elle donna à Sheena une fiche d'exercices sur la rédaction de courriers qu'elle avait trouvée sur Internet et imprimée.

Le reste du cours passa lentement, en silence, les visages tendus par la concentration. Certaines semblaient fatiguées après quelques tentatives et posaient leurs crayons. Nikki aurait voulu en savoir plus sur les veuves, mais la présence de Tarampal la maintenait nerveusement à l'ouvrage. Dès que l'horloge indiqua 20 h 30, elle les libéra. Elles sortirent en file indienne dans le silence, après avoir remis leurs manuels sur la table. Sheena passa sans piper mot, la fiche bien serrée dans sa main.

Le cours suivant eut lieu un jeudi. Toutes les participantes étaient déjà assises quand Nikki arriva avec un tableau alphabétique trouvé dans un autre magasin caritatif.

« A comme âne », commença-t-elle. Elles répétèrent « âne » après elle. « B comme ballon. C comme canard. »

Quand elles arrivèrent à M, le chœur avait faibli. Nikki soupira et reposa le tableau.

« Je n'ai pas d'autre moyen de vous apprendre à écrire, dit-elle. Il faut qu'on passe par les bases.

— Mes petits-enfants utilisent ces manuels et ces tableaux, grimaça Preetam. C'est insultant.

— Je ne vois pas comment faire autrement.

— C'est vous le professeur. Vous ne savez pas apprendre à écrire à des adultes ?

— Je pensais qu'on écrirait des histoires. »

Elle reprit le tableau et les lettres. À Z comme zoo, le chœur avait retrouvé de l'entrain. Il y avait une lueur d'espoir – au moins, elles essayaient.

« Bien. Maintenant, passons à quelques exercices pour apprendre à former des mots », proposa Nikki.

Elle feuilleta le cahier d'exercices et copia quelques mots au tableau. Elle entendit dans son dos des chuchotements pressants, mais quand elle se retourna les femmes se turent.

« La meilleure façon d'apprendre à épeler un mot est d'abord de le prononcer à voix haute. On va commencer par le mot "coq". Qui veut répéter après moi ? Coq ! »

Une main se leva.

« Oui, allez-y, Bibi Preetam.

— Quel genre d'histoires vous nous apprendrez à écrire ? »

Nikki soupira. « Il faudra beaucoup de temps avant qu'on s'attaque à ça, mesdames. C'est très difficile, sauf si vous comprenez comment se prononcent les mots et comment fonctionne la grammaire.

— Mais Sheena sait lire et écrire en anglais.

— Et je suis sûre que ça lui a demandé beaucoup d'entraînement, n'est-ce pas, Sheena ? Quand avez-vous appris ?

— J'ai appris à l'école. Ma famille est arrivée en Grande-Bretagne quand j'avais quatorze ans.

— Ce n'est pas ce que je voulais dire, expliqua Preetam. Je disais que si on racontait nos histoires à Sheena, elle pourrait les écrire. »

L'intéressée semblait ravie.

« Bien volontiers ! dit-elle.

— Ensuite, on pourrait se donner des conseils pour améliorer nos histoires.

— Mais comment apprendrez-vous à écrire dans ce cas ? demanda Nikki. C'est pour cette raison que vous vous êtes inscrites à ces cours, non ? »

Les femmes échangèrent des regards.

« On s'est inscrites parce qu'on voulait passer le temps, avoua Manjeet. Que ce soit pour écrire ou raconter des histoires, ça n'a pas d'importance. Ce qui compte, c'est qu'on s'occupe. »

Elle avait l'air particulièrement triste en disant ça, mais elle s'empressa de sourire et de baisser les yeux.

« Je préférerais raconter des histoires, dit Arvinder. J'ai survécu tout ce temps sans lire ni écrire. Pourquoi j'en aurais besoin aujourd'hui ? »

Voilà qui était catégorique. De toute évidence, l'apprentissage assommant de l'écriture décourageait ces femmes, il fallait les motiver pour qu'elles continuent. D'un autre côté, raconter des histoires était beaucoup plus amusant.

Du fond de la classe, Tarampal intervint :

« Cette idée ne me plaît pas. Je suis là pour apprendre à écrire. »

Elle croisa les bras sur sa poitrine.

« Tu n'as qu'à remplir ton livre de coloriage alphabet », marmonna Arvinder.

Seule Nikki l'entendit.

« Voilà ce que je vous propose, reprit Nikki. À chaque leçon, on fera un peu d'écriture et un peu de lecture ; ensuite, si vous le voulez, Sheena et moi pourrons transcrire vos histoires pour les partager avec la classe. Une nouvelle histoire par cours.

— On peut commencer aujourd'hui ? » demanda Preetam.

Nikki regarda l'horloge.

« Finissons d'abord avec les voyelles et ensuite, oui, on pourra essayer. »

Certaines connaissaient A E I O U, mais d'autres, comme Tarampal, avaient encore du mal. Tout le monde maugréa car elle retardait toujours la classe quand Nikki posait des questions. « Le A et le E se prononcent pareil », insistait-elle. Alors, en désespoir de cause, Nikki laissa Sheena commencer la transcription avec les autres pendant qu'elle-même travaillait avec Tarampal.

« L'anglais est une langue très bête, dit celle-ci. Rien n'est logique.

— Vous vous énervez parce que c'est nouveau. Ce sera bientôt plus facile, assura Nikki.

— Nouveau ? Je vis à Londres depuis plus de vingt ans. »

Ce fut un petit choc de voir que ces femmes savaient si peu de choses alors qu'elles avaient vécu ici plus longtemps qu'elle-même n'était en vie. Tarampal surprit son expression et hocha la tête.

« À votre avis, pourquoi je n'ai pas appris l'anglais ? À cause des Anglais ! dit-elle triomphalement. Ils ne m'ont pas suffisamment bien disposée envers leur pays ou leurs coutumes. Aujourd'hui, je trouve leur langue hostile, avec tous ces sons en ahh-oooh. »

Au fond de la classe, il y eut un gloussement et un cri perçant. Sheena était courbée sur sa feuille, griffonnant à toute vitesse tandis qu'Arvinder murmurait à son oreille. Nikki reporta son attention sur Tarampal et prononça soigneusement plusieurs mots contenant des voyelles jusqu'à ce que son élève admette qu'elle entendait bien des différences, même infimes. Quand elles eurent terminé, le cours aussi touchait à sa fin, mais les femmes ne bougeaient pas du fond de la salle. Sheena continuait d'écrire, s'arrêtant parfois pour chercher le mot juste ou reposer son poignet. Il était 21 heures.

« Le cours est fini ! » lança Nikki.

Personne ne sembla l'entendre. Elles continuèrent de bavarder et Sheena, de transcrire consciencieusement. Tarampal traversa la pièce avec son sac, jeta aux autres un regard méprisant et grommela un « au revoir » pour Nikki.

Nikki sentit son moral remonter, porté par les femmes et leur capacité de concentration renouvelée. Elles n'apprendraient pas à lire de cette façon, mais, de toute évidence, elles avaient hâte de raconter leurs propres histoires. Quand elle s'approcha, le groupe se tut. Elles rougissaient. Certaines se cachaient le visage. Sheena se détourna en disant :

« C'est une surprise. Vous ne pouvez pas encore lire. On n'a pas fini, de toute façon.

— Il est temps de fermer boutique. Et vous allez rater votre bus. »

À contrecœur, toutes se levèrent, ramassèrent leurs affaires et s'en allèrent sans cesser leurs messes basses. Puis Nikki remit les tables à leurs places habituelles, comme le lui avait demandé Kulwinder.

La salle de classe du centre communautaire était toujours allumée. Kulwinder vit la fenêtre briller tandis qu'elle sortait du temple. Elle ralentit et hésita. Nikki avait probablement négligé d'éteindre et, si elle ne montait pas elle-même, Gurtaj Singh jugerait que les cours pour femmes coûtaient trop cher en électricité. Mais elle se sentait mal à l'aise à l'idée d'entrer dans ce bâtiment vide. L'appel téléphonique de l'autre soir envahissait son esprit dès qu'elle se trouvait seule. Avant cela, il y avait eu deux autres avertissements – un appel reçu quelques heures seulement avant qu'elle ne revienne de sa première visite au commissariat, et un autre après sa dernière visite. Les deux fois, la police ne l'avait pas vraiment aidée, mais la personne qui appelait ne relâchait pas sa surveillance pour autant.

Elle décida de ne pas se soucier de la lumière et avança d'un bon pas vers l'arrêt de bus. Les femmes du cours d'écriture étaient là, en petit comité. Kulwinder les énuméra silencieusement. Arvinder Kaur – si grande qu'elle devait se courber comme une girafe pour écouter les autres. Sa fille Preetam, ajustant sans cesse le dupatta blanc en dentelle sur sa tête, si précieuse et vaniteuse comparée à sa mère. En retrait, Manjeet Kaur ne communiquait que par des hochements de tête furtifs et des sourires. Elle ne vit pas Sheena Kaur, probablement rentrée chez elle comme un éclair dans sa petite voiture rouge. Tarampal Kaur n'était pas là non plus, et c'était un soulagement.

Les femmes l'accueillirent avec des sourires furtifs. Elles pourraient peut-être lui expliquer pourquoi la classe restait allumée. Nikki était-elle à l'intérieur en train de prendre du bon temps avec un amoureux ? Il était déjà arrivé que les jeunes du quartier utilisent des salles libres pour faire des cochonneries. Mais dans ce cas, on éteignait les lumières, n'est-ce pas ? Encore que la façon dont cette nouvelle génération prenait du plaisir restait bien mystérieuse !

« *Sat sri akal* », dit-elle à la cantonade en joignant les mains. Toutes lui rendirent son salut dans un murmure. Dans le halo du réverbère, elles semblaient penaudes, comme si on les avait surprises en train de voler.

« Comment ça va, mesdames ?

— Très bien, merci, répondit Preetam Kaur.

— Les cours d'écriture vous plaisent ?

— Oui. » C'était un chœur bien préparé. Kulwinder les observa d'un air soupçonneux.

« Vous apprenez beaucoup de choses ? »

Les femmes échangèrent un rapide regard complice, puis Arvinder répondit : « Oh oui ! On a beaucoup appris aujourd'hui. »

Elles souriaient largement. Kulwinder pensa les interroger plus avant. Elles avaient peut-être besoin qu'on leur rappelle que leurs nouveaux acquis devaient tout à l'intelligente initiative qu'elle avait eue. *Je me suis sacrifiée pour toi*, disait-elle à Maya, parfois avec fierté et parfois avec frustration. Les femmes désespéraient de revenir à leur conversation et cela lui rappela Maya et ses amies, blotties les unes contre les autres, qui bavardaient en gloussant à intervalles réguliers. « Qu'y avait-il de si drôle ? » demandait Kulwinder plus tard, sachant que la question à elle seule suffisait pour que Maya se mette à rire. Kulwinder ne pouvait alors s'empêcher de l'accompagner. Le souvenir s'accompagna d'une vive douleur, comme un coup de poignard dans le ventre. Elle aurait tant donné pour voir sa fille sourire à nouveau. Elle prit congé et continua son trajet. Elle n'avait jamais été proche de ces femmes et savait qu'elles s'étaient inscrites à ses cours faute d'avoir mieux à faire. En commun avec elles, elle avait le deuil, mais perdre un enfant était différent. Personne ne connaissait cette douleur, mélange de rage, de culpabilité et de profonde tristesse que Kulwinder portait en elle chaque jour.

Cette grande avenue regorgeait de coins sombres, de haies et de voitures garées derrière lesquelles un assaillant pouvait aisément se cacher. Elle chercha son téléphone avec l'idée de demander à Sarab de venir la chercher, mais rester plantée là à l'attendre semblait tout aussi risqué. Le carrefour de Queen Mary Road était en vue et elle avança, consciente que son cœur commençait à tambouriner. Après qu'on lui avait raccroché au nez la veille au soir, elle s'était assise dans son lit, sensible aux moindres craquements et changements dans la maison. Elle avait fini par glisser dans le sommeil, mais ce matin, épuisée et seule, elle s'était sentie inexplicablement furieuse, cette fois contre Maya, à cause de qui elle endurait tout cela.

Les rires explosèrent comme des pétards dans l'air. Kulwinder se retourna vivement. C'était de nouveau les femmes. Manjeet lui fit signe, mais elle feignit de ne pas voir. Elle tendit le cou comme si elle regardait quelque chose sur le bâtiment. À cette distance, la lueur à la fenêtre lui rappela des flammes. Elle tourna le dos et marcha si vite qu'elle courait presque.

5

Dans un coin du parking, Nikki avait trouvé un endroit où elle pouvait fumer tranquille avant le cours. De là, le temple était totalement invisible. Elle prit une cigarette dans son paquet et l'alluma. La soirée de la veille chez O'Reilly lui avait paru plus longue que d'habitude et, à son grand étonnement, elle attendait avec impatience le cours d'écriture.

Après sa cigarette, elle pénétra dans le bâtiment du centre communautaire et tomba nez à nez avec Kulwinder Kaur dans la cage d'escalier.

« Ah, bonjour », dit-elle.

Kulwinder fronça le nez. « Vous avez fumé. Je le sens sur vous.

— J'étais debout près de fumeurs et…

— Ces excuses marchent peut-être avec votre mère, mais pas avec moi.

— Je ne crois pas que le fait que je fume ou non vous regarde », déclara Nikki en redressant les épaules.

Il y avait de la colère dans le regard de Kulwinder.

« Le comportement des professeurs me regarde. Les femmes se tournent vers vous pour être conseillées. Comment pourraient-elles respecter quelque instruction que ce soit venant de la bouche d'une fumeuse ?

— Je fais tout ce qu'on attend de moi en classe. »

Et tout en parlant, Nikki décida de rallonger la leçon de grammaire du jour, au cas où Kulwinder ferait une inspection.

« Espérons-le », répliqua Kulwinder.

Nikki réussit tant bien que mal à se faufiler et monta l'escalier. Lorsqu'elle arriva dans la salle, toutes les femmes étaient déjà assises. Tarampal avait choisi une place à distance respectable des autres.

« Nikki ! s'écria Sheena. J'ai une histoire écrite. C'est un travail collectif.

— Merveilleux !

— Tu peux la lire à voix haute devant la classe ? demanda Preetam.

— Je crois que c'est Nikki qui devrait la lire, dit Sheena.

— Dans une minute. Je dois préparer des exercices pour Bibi Tarampal.

— Ne vous embêtez pas pour moi, lança Tarampal avec dédain. Je travaillerai sur mon cahier A-B-C.

— À quoi bon ? demanda Arvinder. Ne fais pas ta rabat-joie !

— Bientôt je saurai écrire et tu seras encore illettrée. »

Nikki tira une chaise à côté de Tarampal et chercha la page consacrée aux voyelles de liaison et aux consonnes. Pour chaque mot simple, le cahier présentait une illustration. Coq, bol, pot.

« Je ne connais pas toutes ces lettres, se plaignit Tarampal. Vous ne me les avez pas toutes apprises.

— Étudiez celles que vous connaissez, proposa doucement Nikki. On travaillera sur les autres ensemble. »

Quand elle s'empara de l'histoire pour la lire, tous les regards se braquèrent sur elle pour ne plus la lâcher. Son pendjabi était plus rouillé qu'elle ne le pensait et la graphie hâtive de Sheena ne ressemblait que de très loin aux mots soigneusement imprimés des livres où elle l'avait appris.

« Je ne sais pas si j'arriverai à lire ça », dit-elle en examinant la page.

Sheena bondit de sa chaise.

« Alors je le fais ? » Et elle prit le feuillet des mains de Nikki.

Les autres femmes se calèrent dans leurs chaises, le visage comme agrandi par l'attente. En les regardant, Nikki eut la terrible impression que quelqu'un voulait lui faire une blague.

Sheena commença sa lecture.

« C'est l'histoire d'un homme et d'une femme qui faisaient un tour en voiture. L'homme était grand et beau, et la femme était son épouse. Ils n'avaient pas d'enfants et donc énormément de temps libre. »

Elle s'arrêta pour ménager un effet et jeta un coup d'œil à Nikki avant de continuer.

« Un jour, ils roulaient le long d'une route peu fréquentée et ils n'avaient plus beaucoup d'essence. Il faisait nuit et ils eurent peur. Il faisait froid aussi, alors l'homme arrêta la voiture et serra la femme dans ses bras pour qu'elle cesse de trembler. En réalité, elle faisait semblant de trembler. Ce qu'elle voulait, c'était sentir le corps de l'homme contre elle. Bien qu'elle l'ait déjà senti de nombreuses fois, elle voulait être près de lui dans cette voiture sombre.

Il commença à se prendre pour un vrai héros car il protégeait son épouse. Il fit descendre ses mains jusqu'à son derrière et l'empoigna. Elle se pencha plus près de lui. Puis elle lui donna un baiser. Elle aussi fit descendre ses mains… »

« Bien, ça suffit », la coupa Nikki.

Elle reprit la feuille et demanda à Sheena de s'asseoir. Toutes les femmes gloussaient, sauf Tarampal qui enfouissait le visage dans son manuel. Nikki parcourut rapidement le texte. Une phrase attira son attention : *Son organe palpitant était de la couleur et de la taille d'une aubergine, et tandis qu'elle le saisissait dans ses mains et le guidait vers sa bouche, il devint si excité que ses genoux commencèrent à trembler*. Nikki eut un hoquet de surprise et laissa tomber la feuille sur la table.

Les femmes riaient maintenant aux éclats et leurs voix commençaient à résonner dans le couloir. Elles atteignirent la porte de Kulwinder Kaur, qui dressa l'oreille, mais le bruit cessa presque aussitôt.

« Qu'est-ce qui se passe ? demanda Sheena.

— Ce n'est pas exactement le genre d'histoires auxquelles je pensais.

— Vous ne devez pas être si surprise, vous lisez ce genre d'histoires aussi, nota Manjeet. Vous nous avez acheté un livre où il n'y a que ça.

— J'ai acheté ce livre pour faire une blague à ma sœur. » Cela dit, *Velours rouge* était graduellement passé du sac du magasin caritatif à la table de chevet de Nikki, et elle n'avait nullement l'intention de l'en ôter.

« Je ne comprends pas la blague. Vous étiez censée lui acheter un autre livre ? demanda Preetam.

— Elle est un peu coincée, expliqua Nikki. Je me suis dit que ces histoires lui rappelleraient qu'elle pouvait se détendre un peu, voilà tout. »

Est-ce que les veuves souriaient bien d'un air narquois ? Elles semblaient la défier.

« Je pense qu'on en a fini pour aujourd'hui avec les histoires. »

Il y eut quelques grognements quand elle sortit le tableau alphabétique.

« Nous allons revoir les consonnes.

— Oh non, pas ce truc-là ! s'écria Arvinder. A comme ananas, B comme ballon… Ne me traitez pas comme une enfant, Nikki.

— En fait, A est une voyelle. Vous vous rappelez ? Pouvez-vous me citer d'autres voyelles ? »

Arvinder se renfrogna, imitée par les autres veuves.

« Allons, mesdames, c'est important.

— La dernière fois, vous avez dit qu'on apprendrait à raconter des histoires pendant les cours, protesta Preetam.

— Exact. Je n'aurais probablement pas dû dire ça. Le fait est que j'ai été engagée pour vous apprendre à écrire. Je me dois d'honorer cette promesse. »

Une fois de plus, elle jeta un œil aux pages sur le bureau. Si Kulwinder en entendait parler, elle l'accuserait d'entraîner délibérément les femmes sur une mauvaise pente.

« Pourquoi vous n'aimez pas l'histoire de Sheena ? demanda Preetam. Je croyais que les filles modernes se vantaient d'être ouvertes d'esprit.

— Elle ne l'aime pas parce qu'elle est comme tout le monde, dit Arvinder. Tous ces gens qui disent : “Ne vous occupez pas de ces veuves. Sans leurs maris, elles comptent pour du beurre.”

— Ce n’est pas du tout comme ça que je vous vois », protesta Nikki, même si Arvinder n’était pas loin du compte. Elle s’était certainement attendue à ce que ces veuves soient plus impressionnables.

« En Inde, nous serions invisibles, reprit Arvinder. J’imagine qu’être en Angleterre ne change rien. Vous devez nous juger mal de parler de ces choses parce qu’on ne devrait pas y penser.

— Je ne dis pas que c’était mal, simplement inattendu.

— Pourquoi ? la défia Sheena. Parce que nos maris sont décédés ? Je vais vous dire, Nikki, nous avons une grande expérience du désir.

— On en parle tout le temps aussi, dit Manjeet. Les gens se disent qu’on occupe nos soirées à échanger des potins, mais ça va un moment, non ? Discuter de ce qui nous manque est bien plus amusant.

— Ou de ce qu’on n’a jamais connu », ironisa Arvinder.

Cette fois, la cascade de rires vint troubler la concentration de Kulwinder pile au moment où elle allait résoudre une rangée de son sudoku.

« Moins fort ! implora Nikki.

— Allez, on va bien s’amuser, insista Preetam. Il y a une histoire qui mijote dans ma tête. Une fin plus satisfaisante à ma série télé préférée.

— Kapil et Anya finissent par se mettre ensemble ? demanda Manjeet.

— Et comment !

— Quand je suis au lit le soir et que j'ai du mal à dormir, ce sont des histoires d'amour que je me raconte, déclara Manjeet. C'est mieux que de compter les moutons ou de prendre un cachet. Ça m'aide à me détendre.

— J'en suis sûre, dit Sheena en levant un sourcil, provoquant l'hilarité générale.

— Même Tarampal a des histoires, j'en suis sûre, dit Arvinder.

— Laissez-moi en dehors de ça », répliqua l'intéressée.

Soudain, la porte de la classe s'ouvrit à la volée sur Kulwinder, les bras croisés sur la poitrine.

« Qu'est-ce qui se passe, ici ? J'entends le brouhaha depuis mon bureau. »

Preetam Kaur finit par répondre :

« Pardon. On riait parce que je n'arrivais pas à prononcer un mot.

— Oui, renchérit Arvinder. Nikki a dit ce mot anglais qui signifie "aubergine", mais on était incapables de le prononcer. »

De nouveau, elles rirent sottement. Nikki hocha la tête et sourit à Kulwinder comme pour signifier : « Que voulez-vous ! » Elle posa la main à plat sur le texte.

Par chance, Tarampal était assise tout près de la porte. Son cahier grand ouvert reflétait le plus grand sérieux. Nikki espérait seulement qu'elle ne les dénoncerait pas. Kulwinder semblait furieuse.

« J'aimerais vous dire deux mots, lui lança-t-elle.

— Bien sûr. Sheena, pouvez-vous écrire l'alphabet au tableau ? Je vous interrogerai toutes à mon retour. »

Elle fit les gros yeux à Sheena et suivit Kulwinder à l'extérieur.

« Je vous ai engagée pour enseigner à ces femmes, pas pour que vous blaguiez ensemble. Je ne sais pas ce qu'elles font, mais elles ne donnent pas l'impression d'apprendre quelque chose. »

Par la fenêtre, Nikki les voyait toutes regarder le tableau tandis que Sheena traçait consciencieusement les lettres. Tarampal était courbée sur sa table, appuyant très fort sur son crayon et levant les yeux pour vérifier la rondeur de son D par rapport à celui que Sheena avait inscrit.

« Personne n'a jamais dit qu'apprendre ne pouvait pas être amusant, fit remarquer Nikki.

— Ce travail nécessite un certain degré de respect et de professionnalisme. On peut clairement s'interroger sur votre définition du respect puisque vous fumez dans l'enceinte du temple. Et j'ai de sérieux doutes quant à vos qualités professionnelles.

— Je gère parfaitement ce travail. Je fais exactement ce que vous m'avez demandé.

— Si c'était le cas, je n'aurais pas à vous rappeler à l'ordre. Vous vous rendez bien compte, j'imagine, qu'au premier faux pas ces cours peuvent s'arrêter ? Nous avons encore très peu de participantes.

— Écoutez, Kulwinder, je comprends que vous vouliez que ces cours se déroulent bien, mais je ne savais pas que je serais sous constante surveillance. Les femmes apprennent. Restez à l'écart et laissez-moi faire mon travail. »

Une ombre menaçante passa sur le visage de Kulwinder. Elle pinça les lèvres.

« Il me semble que vous oubliez quelque chose de très important, dit-elle, sa voix se faisant soudain basse et ferme. C'est moi qui vous dirige, moi qui vous ai engagée. Vous devriez me remercier de vous avoir engagée alors que vos seules compétences consistaient à remplir des verres. Vous devriez me remercier d'être venue vous rappeler qu'il fallait rester concentrée. Vous devriez me remercier de vous en tirer avec un simple avertissement. Je ne suis pas venue pour discuter. Je suis venue pour vous rappeler vos *responsabilités*, ce dont vous paraissez vous moquer singulièrement. Compris ? »

Nikki avait la gorge nouée.

« Je comprends. »

Kulwinder la regarda avec impatience.

« Et merci. » Des larmes de honte lui brûlaient les yeux.

Elle attendit quelques instants avant de retourner dans la classe. Les regards tournés vers elle étaient pleins d'attente. Même Tarampal avait levé le nez de son cahier.

« On se remet au travail », dit-elle en clignant furieusement les paupières.

Heureusement, il n'y eut aucune objection. Arvinder, Tarampal, Preetam et Manjeet acceptèrent un exercice sur les consonnes. Sheena s'appliqua à rédiger un discours convaincant. Pendant qu'elles travaillaient, Nikki se remémora l'humiliante confrontation. Kulwinder avait probablement l'habitude de réprimander tout le monde, mais ses mots durs avaient touché la corde sensible. *Vos seules compétences consistaient à remplir des verres. Vos responsabilités, dont vous paraissez vous moquer singulièrement.* Elle essayait de réorienter son groupe vers l'alphabétisation pour éviter les ennuis, mais Kulwinder reconnaissait-elle ses efforts ? Qu'elle agisse honorablement ne comptait pas. C'était encore mal.

Perdue dans ses pensées, elle ne vit pas le temps passer. Même ses disputes avec sa mère ne la laissaient pas aussi désemparée. Si Kulwinder se comportait ainsi en tant que patronne, il était assez facile d'imaginer quelle mère elle avait été pour sa fille rebelle. Nikki jeta un œil à l'horloge.

« Tout le monde a fini ? »

Les femmes hochèrent la tête. Nikki ramassa les fiches d'exercices sur les consonnes. L'écriture d'Arvinder tremblait tellement que ses H passaient pour des M, mais elle avait persisté jusqu'au Z et barré sa ligne comme un éclair. La graphie de Preetam était plus précise, mais elle n'était arrivée qu'au J. Manjeet avait totalement ignoré les consonnes, choisissant d'écrire AEIOU en haut de la page, comme si elle révisait ce qu'elle avait appris auparavant.

Y avait-il autre chose à faire que leur donner plus d'exercices, plus de choses à apprendre par cœur ? Cette séance d'alphabétisation semblait aussi peu inspirante que les autres tâches monotones qui meublaient leurs journées. Si elle continuait sur cette voie, personne ne viendrait plus. Le groupe s'impatientait déjà. En parcourant leurs exercices, elle se mit à réfléchir. Elle avait été engagée pour enseigner l'anglais, certes, mais n'avait-elle pas aussi signé pour aider ces femmes à gagner en indépendance ? Si les veuves voulaient raconter des histoires érotiques, de quel droit les censurer ?

« Vous avez toutes travaillé très dur aujourd'hui, dit-elle. Ces exercices vous ont plu ? » Elle rendit sa feuille à chacune puis sourit. « Je pense que vos histoires vous plairaient plus. »

Les femmes échangèrent des regards joyeux. Seule Tarampal se renfrogna.

« Je promets de continuer à vous apprendre à lire et à écrire, lui assura Nikki. Mais je veux que les autres se sentent libres d'apporter leurs propres histoires. En revanche, à partir de maintenant, il faudra être très discrètes.

— À mardi alors ! lança Sheena en se dirigeant vers la porte.

— À bientôt, répondit Nikki. Oh, et si vous voyez Bibi Kulwinder, n'oubliez pas de la remercier. » *Et de l'envoyer se faire foutre*, pensa-t-elle.

Le mardi suivant, Nikki prit soin de garder un peu de temps pour le rapide « rituel de neutralisation d'odeur » qu'elle avait développé jusqu'à la perfection, adolescente. Avant la cigarette, se faire un chignon et ôter son blouson pour éviter les odeurs de tabac résiduelles. Après, une dose de menthe extra-fraîche et un jet de parfum extra-fort.

Elle en était au bain de parfum quand un visage apparut, avant de disparaître aussitôt. « Pardon », dit l'homme à qui appartenait le visage. Elle l'avait à peine aperçu, mais assez pour noter qu'il était mignon. Un moment plus tard, lorsqu'elle sortit de son recoin, elle le vit qui attendait, appuyé contre le mur.

« Je vous laisse la place, dit-elle.

— Merci. J'avais besoin de passer un coup de téléphone.

— Pas de problème. Moi aussi.

— Non, vous étiez en train de fumer. Ce n'est pas très bon pour la santé, dit-il en allumant une cigarette. Vous ne devriez pas.

— Vous non plus.

— C'est vrai. C'est moi ou elles sont encore meilleures quand on se cache ?

— Bien meilleures », approuva Nikki.

Adolescente, elle fumait dans le parc derrière chez elle, ce qui occasionnait une montée d'adrénaline chaque fois que la silhouette de sa mère ou de son père passait derrière la fenêtre.

« Surtout quand vos parents sont à portée de vue.

— Vous ne vous êtes jamais fait prendre ?

— Non. Et vous ?

— Oh si ! Et ça a bardé. »

Nikki l'observait pendant qu'il tirait une longue bouffée de sa cigarette, le regard perdu au loin. Il jouait les hommes mystérieux. Cette attitude lui parut ringarde, mais étonnamment, ça lui plaisait aussi.

« Je m'appelle Nikki, dit-elle.

— Jason. »

Elle leva un sourcil. « Un nom américain pour un garçon pendjabi ?

— Qui a dit que j'étais américain ?

— Canadien ? demanda Nikki, sûre de détecter un accent.

— Américain. Et pendjabi. Et sikh, évidemment, déclara Jason en désignant le temple du doigt. Et vous ?

— Britannique, pendjabie et sikhe. »

Cela faisait longtemps que Nikki se reconnaissait dans cette trinité. Elle se demandait si les veuves la voyaient également ainsi, et dans quelles proportions.

« Alors, c'est quoi votre vrai nom ?

— Jason Singh Bhamra. » Il la regarda du coin de l'œil. « Vous avez l'air surprise.

— J'étais sûre que c'était une version anglicisée de quelque chose.

— Mes parents m'ont donné un nom que les Américains pouvaient prononcer aussi. Ils ont été avant-gardistes, pour ça. Comme vous, j'imagine.

— Oh non ! C'est simplement que je n'utilise jamais mon nom complet. Il ne figure que sur mon certificat de naissance. Personne ne l'emploie.

— Il commence par un N ?

— Vous ne trouverez pas.

— Navinder.

— Non. »

Nikki regrettait son mensonge. Mais la vérité semblait beaucoup moins intéressante : « Nikki » signifiait petit et, comme elle était la cadette, ses parents avaient trouvé cela pertinent.

« Najpal.

— En fait…

— Naginder, Navdeep, Narinder, Neelam, Naushil, Navjhot.

— Aucun de ceux-là. Je plaisantais. Mon vrai nom est Nikki. »

Jason lui sourit et tira une autre bouffée.

« J'ai raté le coche. J'allais vous dire que si je tombais juste, vous me donneriez votre numéro de téléphone. »

Aïe, aïe, aïe. De plus en plus ringard.

« Franchement, je doute qu'aucun homme soit jamais parvenu à ses fins en draguant les filles dans des recoins sombres. »

Jason tendit vers elle son paquet de cigarettes ouvert.

« Une autre ?

— Non, merci.

— Votre numéro de téléphone ? »

Elle secoua la tête. C'était instinctif. Elle ne connaissait pas ce Jason Bhamra. Elle lui jeta un nouveau regard en coin et remarqua la légère fossette sur son menton. Il était *très* mignon.

« Question de principe, expliqua-t-elle en espérant toutefois qu'il le lui redemanderait. On est au temple.

— Oh non… Vous avez des principes.

— Quelques-uns. J'envisage d'ajouter “interdiction de fumer” à ma liste, mais c'est difficile.

— Presque impossible, acquiesça Jason. Il y a quelques années, j'ai essayé d'arrêter et, finalement, j'ai préféré renoncer à boire à la place. Je pensais que je gagnerais des points en éliminant un vice.

— Vous ne buvez pas ?

— J'ai tenu une semaine. »

Ça fit rire Nikki. Et elle vit là une occasion.

« Vous êtes déjà allé au pub O'Reilly, à Shepherd's Bush ?

— Non. Mais je suis déjà allé au pub sur Southall Broadway. Vous saviez qu'on pouvait régler en roupies là-bas ?

— Ça ne sert pas à grand-chose quand on est payé en livres sterling.

— Exact. Et ce pub, le O'Reilly…

— Pas besoin de roupies. J'y suis presque chaque soir. Pour le travail, pas parce que je suis alcoolique. »

Le sourire de Jason était gratifiant.

« Alors vous y serez cette semaine ?

— Presque chaque soir, dit-elle en s'éloignant, consciente qu'il la suivait des yeux.

— Nikki ! » cria-t-il.

Elle se retourna.

« C'est le diminutif de Nicole ?

— Non, Nikki, tout simplement. » Elle retint son sourire jusqu'à ce qu'il ne puisse plus la voir. Cette rencontre faisait courir un frisson sur sa peau, comme si elle marchait dans une légère brume.

« J'ai l'histoire de Manjeet, annonça Sheena dès que Nikki fut entrée dans la classe, en lui tendant trois pages couvertes d'un gribouillage dense. Celle qu'elle se raconte avant de se coucher.

— Elle est très bien, jugea Preetam. Manjeet m'en a parlé au marché, l'autre jour. »

D'un geste de la main, Manjeet repoussa l'éloge, embarrassée.

« "*L'Observation*, lut Nikki. Le grain de beauté plat et sombre sur le… de Sonya", dit-elle en plissant les yeux.

— Sunita, corrigea Manjeet. Le menton de Sunita.

— Désolée. »

Nikki suivit du doigt les lettres en gurmukhi, comme si le geste pouvait les rendre plus claires.

« "Le grain de beauté plat et sombre sur le menton de Sunita ressemblait à un caleçon. Elle était sèche de caractère, comme un chat…" »

Ce n'était pas ça.

« Hai ! dit Preetam d'un air affligé. Qu'est-ce que vous faites à son histoire ?

— Je bataille pour la lire !

— Laisse-la tranquille. On ne peut pas s'attendre à ce qu'elle lise le gurmukhi aussi facilement. Elle ne vient pas d'Inde, dit Sheena.

— Je le parle mieux que je ne le lis, admit Nikki.

— Votre grammaire pendjabie est totalement incorrecte, dit Preetam en grimaçant. L'autre jour, quand on répétait "A pour âne", vous avez traduit âne par le féminin *kohti* au lieu de *kohta*. Ce qui était insultant. Et vous n'arrêtiez pas de répéter – *kohti, kohti*.

— C'était comme si vous nous traitiez d'ânesses, précisa Sheena en anglais.

— Je suis désolée. Sheena, vous pouvez vous relire ? »

Sheena regarda les pages et haussa les épaules. « J'ai dû écrire vite. »

Manjeet leva la main timidement.

« Je crois que j'ai mémorisé mon histoire, après l'avoir répétée toutes ces soirées.

— Alors allez-y. »

Manjeet prit une grande respiration et se redressa.

L'Observation

Le grain de beauté plat et sombre sur le menton de Sunita ressemblait à une tache. Enfant, on l'avait conduite chez une diseuse de bonne aventure qui lui avait prédit que ce grain de beauté serait un fardeau. « Un gros grain de beauté, c'est comme un œil en trop. Elle aura une imagination débridée et sera très difficile pour tout. »

La diseuse de bonne aventure avait raison. Sunita était souvent perdue dans ses rêves et prompte à juger les gens. Quand elle atteignit la majorité, sa mère, Dalpreet, pensa qu'elle accroîtrait ses chances de mariage si elle pouvait choisir entre deux maris. Elle organisa un rendez-vous avec la première famille, les Dhaliwal, qui verrait Sunita un mardi. La seconde famille, les Randhawa, la verrait le mercredi. Au dernier moment, à cause d'un retard de leur train, les Dhaliwal expliquèrent qu'ils ne pourraient être là que le mercredi eux aussi. La mère de Sunita paniqua.

Elle ne pouvait pas les éconduire. D'un autre côté, il était aussi impoli de modifier le rendez-vous avec l'autre famille.

Sunita était au courant du problème car elle avait entendu sa mère se livrer à une voisine digne de confiance. « Si ma fille était plus désirable, j'aurais peut-être davantage de marge de négociation. Mais avec ce grain de beauté hideux, Sunita n'est pas de premier choix. Quoi qu'il en soit, il ne faut pas que ces deux familles se rencontrent. Je n'ai pas d'autre solution. »

Bien que les mots de sa mère l'aient piquée au vif, Sunita comprit qu'elle tenait là quelque chose. Le grain de beauté était très laid. Il avait fait d'elle la cible des insultes d'enfants cruels à l'école et détourné de ses jolis traits les soupirants potentiels. Sunita dépensait tout son argent de poche dans des crèmes coûteuses pour estomper le grain de beauté, en vain. Son seul espoir était d'épouser un homme assez riche pour payer une opération qui l'enlèverait totalement. Elle était donc impatiente de rencontrer de nombreux soupirants. Mais plutôt que de remettre son destin aux mains de ces familles, elle eut une idée.

« Mère, dit-elle, nous pouvons recevoir les deux familles en même temps en les tenant à l'écart l'une de l'autre. Les Randhawa resteraient au salon et les Dhaliwal, dans la cuisine. Pendant que tu t'occuperais d'une famille, je verserais le thé pour l'autre. Ensuite on inverserait. »

C'était un plan insensé, mais il pouvait marcher. Ils étaient propriétaires terriens et avaient une maison spacieuse. Les tables de la cuisine aussi bien que du salon pouvaient recevoir de nombreux invités. Dalpreet accepta, faute de meilleure solution. Elle désespérait de plus en plus de marier sa fille. Un proverbe disait qu'une femme sans mari était comme un arc sans flèches. Dalpreet approuvait, mais elle croyait aussi qu'être un homme sans femme se révélait encore plus problématique. Leur voisin, par exemple. Il grisonnait, alors qu'il était toujours célibataire. Certaines personnes l'appelaient « le Professeur » parce qu'il passait son temps à lire des livres, mais la mère de Sunita le pensait fou. Un après-midi, alors que Sunita suspendait du linge à la corde, Dalpreet le surprit en train de la regarder depuis la fenêtre à l'étage. Quand Sunita serait mariée, il jugerait certainement indécent de regarder ainsi.

Le jour dit arriva. Dalpreet donna à sa fille des instructions strictes pour qu'elle masque son grain de beauté avec une poudre coûteuse assortie à sa peau couleur sable. À quoi bon ? se demanda brièvement Sunita. Il faudra bien qu'il me voie telle que je suis, finalement. Elle fit néanmoins disparaître le grain de beauté.

Depuis la fenêtre de sa chambre, Sunita vit les Dhaliwal pénétrer dans la maison. Elle surprit un regard de leur fils. Il avait de larges épaules et une fine barbe. Puis elle s'aperçut que sa voix était si haut perchée qu'on aurait dit celle de sa mère. En préparant le thé, elle entendit les Randhawa qui entraient par la porte de devant. Elle pénétra dans le salon avec un plateau de bonbons et regarda le fils à la dérobée. Ses yeux étaient plus ou moins gris marron, mais ses maigres épaules disparaissaient complètement sous sa chemise. Ce n'était pas le soupirant viril qu'elle avait espéré. Sunita prit congé des Randhawa avec des excuses polies et retourna en cuisine.

« Qu'est-ce que tu en penses ? lui demanda sa mère lorsqu'elles se croisèrent dans le couloir. Lequel tu préfères ? »

Sunita eut de la peine pour sa mère. Une simple observation ne révélerait pas ce qu'elle tenait le plus à savoir sur ces hommes. Occupée à courir entre les deux familles, elle n'avait pas eu le temps de penser à ce qu'elle ressentirait en pressant sa chair nue contre le corps de ses prétendants. Dans son imagination, ces rencontres étaient totalement différentes. Les hommes se tenaient debout devant elle, poitrine et jambes nues, muscles bombés. Elle leur donnait des occasions de l'impressionner – en posant leurs lèvres chaudes sur les siennes. En la titillant de leurs doigts fermes et experts. C'était ce qu'elle imaginait faire chaque nuit avec le voisin – le Professeur. Elle savait qu'il la regardait et cela ne faisait qu'accroître son désir pour lui.

« Ils sont bien tous les deux, dit-elle à sa mère.

— Bien ? répéta Dalpreet. Mais encore ? Lequel tu préfères ? »

Sunita ne sut que répondre. Sa mère interpréta son silence comme de la timidité et la laissa tranquille. Sunita retourna en cuisine auprès des Dhaliwal. Elle s'assit à côté de son soupirant et regarda sagement par terre. Si la famille était gentille, elle leur fournirait des occasions pour mieux s'observer. Par exemple en détournant volontairement leur attention ou en engageant une conversation animée pendant laquelle les jeunes gens pourraient se regarder les yeux dans les yeux. Sunita attendit ce moment, mais il n'arriva jamais. Mme Dhaliwal ne se montra guère bavarde et, assise à côté de son fils, elle se collait tellement contre lui que Sunita se demanda si elle lui donnait encore le sein et lui lavait aussi le derrière.

Sunita s'attarda encore quelques instants avant de retourner auprès des Randhawa. Elle fixa le carrelage et se mit à rêver du fils Dhaliwal. « Embrassez-moi », disait-elle, et elle l'attirait vers le terrain luxuriant qui bordait la demeure familiale. Elle s'allongeait dans l'herbe haute et humait la terre odorante, fraîchement retournée. Il s'allongeait sur elle et glissait doucement la langue dans sa bouche. Ses mains vagabondaient depuis sa taille vers sa poitrine, qu'il saisissait et pressait délicatement. Dans un bruit sec, son corsage s'entrouvrait et voilà qu'il prenait ses mamelons dans sa bouche. Un filet de sueur coulait dans le sillon entre ses seins et il le léchait. Elle soupirait et tressaillait au contact de son membre dur et bombé contre le coussin velouté entre ses jambes...

« Héhéhéhéhé ! »

Le rire hideux du prétendant Dhaliwal venait de briser le rêve éveillé de Sunita. Quelqu'un avait raconté une blague. Tout le monde riait, mais cet homme était le plus bruyant. Son sourire révélait de grandes dents. Sunita ne pouvait imaginer de tendres baisers avec une bouche pareille.

« Je n'épouserai pas cet âne, dit-elle à sa mère dans le couloir.

— Bien, répondit Dalpreet d'un air soulagé. Les Randhawa proposent une dot plus intéressante de toute façon. » Et elle poussa sa fille dans le salon.

Sunita s'assit devant les Randhawa, avec un intérêt renouvelé maintenant qu'elle avait éliminé le fils Dhaliwal.

La silhouette haute et maigre du prétendant Randhawa demeurait gênante, mais ses yeux gris pouvaient évoquer les flaques de pluie immobiles sur les trottoirs qui miroitaient à la lumière. Elle s'imagina tenant leur premier-né entre ses mains et plongeant dans ces yeux. Bien sûr, il y avait d'abord l'acte à l'origine du bébé. Une fois encore, elle succomba à son imagination. Cette fois, la scène se déroulait dans leur suite nuptiale. Elle était drapée dans une robe rouge ornée de joyaux et il la déshabillait lentement. À chaque fois qu'il découvrait un pan de sa peau, il s'arrêtait pour s'émerveiller. Enfin nue, elle le laissait s'agenouiller devant elle pour lui ôter ses chaussures. Puis il la soulevait dans les airs et l'allongeait doucement sur le lit. Ses doigts dessinaient des cercles taquins à l'intérieur de ses cuisses tandis qu'il l'embrassait avec fougue.

Le rêve s'arrêta là. C'était déjà très improbable. Jamais ce garçon osseux et gauche n'aurait eu la force de soulever Sunita et la porter au lit. Ses doigts raides se planteraient dans sa chair comme des baguettes – elle le devinait à la façon fébrile et rapide dont il trempait les biscuits dans son thé. Il ne devait pas avoir non plus la moindre idée de comment caresser une femme. Il la pincerait et la tordrait comme s'il réglait une radio.

« Aucun de ces hommes n'est pour moi, déclara-t-elle après le départ des deux familles. Je ne les épouserai pas. »

C'était tout aussi bien. Aucune des deux familles ne voulut d'elle. Les Dhaliwal l'avaient trouvée vaniteuse. « Elle a passé plus de temps à regarder ses orteils vernis que les beaux-parents qui la recueilleraient. Une ingrate », avait dit Mme Dhaliwal, vexée. Les Randhawa avaient entendu les commentaires de Dalpreet sur la dot et s'en offusquaient. Ils avaient pris le regard lascif de Sunita pour de la cupidité, ignorant qu'elle tentait réellement de faire apparaître un rêve avec leur fils.

Dalpreet pleura et se tourmenta. « Mais qu'est-ce que je vais faire ? geignait-elle, tapotant le coin de ses yeux avec son dupatta. Le sort m'a affligé d'une fille difficile à satisfaire. Jamais elle ne se mariera. »

Impuissante à rassurer sa mère, Sunita grimpa sur le toit de sa maison et plongea son regard dans le ciel. Là-haut, quelque part, il y avait un mari pour elle. Pas un garçon. Non, un homme. Elle se reposa, allongée sur le dos. Faire cela était assez osé. Quiconque regardait par sa fenêtre pouvait voir cette fille seule allongée dans le noir, défiant le monde de la rejoindre. Une brise s'exhalait des champs qui faisait voler l'ourlet de sa tunique en coton, comme une paupière qui cligne. Elle écarta les bras et tendit le bout des doigts le plus loin possible. Ce n'était cependant pas suffisant. Lors de ces séjours sur le toit, Sunita voulait s'étendre sur le monde entier.

Une présence hérissa sa nuque. Elle se redressa, regarda alentour et remarqua une chambre éclairée dans la maison voisine. Une ombre passa devant la fenêtre. Le cœur de Sunita fit un bond. Elle avait remarqué le Professeur dès son emménagement – il avait été marié, disait la rumeur, mais vivait aujourd'hui en célibataire dans la maison de sa sœur –, cependant elle n'avait jamais pu soutenir son regard suffisamment longtemps sans éveiller les soupçons de sa mère. Elle sentait intuitivement, à sa foulée longue et assurée, qu'il était un homme d'expérience.

En attendant que le Professeur repasse devant la fenêtre, Sunita défit la chaste natte que sa mère lui faisait porter. Elle passa les doigts dans sa chevelure pour qu'elle retombe librement sur ses épaules. Elle regrettait de ne pas avoir de kôhl pour ses yeux. Elle se mordit les lèvres et se pinça les joues pour leur donner des couleurs.

Le Professeur revint à la fenêtre et cette fois il s'attarda. « Comment êtes-vous montée là-haut ? » demanda-t-il. Sa voix grave remua quelque chose en Sunita.

« Ce n'était pas si difficile, dit-elle.

— Ça a l'air dangereux. Vous n'avez pas peur ? »

Elle secoua la tête, faisant danser ses cheveux. Il l'observait. Enhardie par son intérêt, elle sourit. « Je n'ai peur de rien. » Son cœur tambourinait dans sa poitrine.

Il lui rendit son sourire et sortit par la fenêtre. En quelques brefs mouvements, il fut sur le toit avec elle. Il était tout en muscles mais ses pas étaient légers et silencieux. Une brise traversa le village et fit frissonner Sunita. Sans un mot, il l'attira vers son corps chaud et solide. Son odeur était enivrante.

Sunita s'allongea de nouveau et ferma les yeux. Le Professeur roula vers elle et glissa ses mains sous sa tunique. Ses doigts caressèrent adroitement ses mamelons durs. Il savait y faire. Sunita se cabra et leva les bras pour le laisser ôter son corsage. Ses mains ne revinrent pas à ses seins. À la place, il les caressa lentement de la langue. Les intenses picotements de plaisir la firent haleter. Elle ne sentait plus que cette bouche chaude et humide sur sa peau – le reste de son corps avait complètement fondu. Quand il commença à tirer sur les cordons de son salwaar, elle ouvrit grand les jambes. Surpris, il leva les yeux. Sans doute n'avait-il jamais rencontré une jeune femme aussi effrontée. Alors que Sunita commençait à regretter de s'être montrée aussi ardente, le Professeur pressa sa bouche contre l'intimité qui palpitait entre ses jambes. Sa langue experte en parcourut les plis chauds et humides, puis se posa sur le nœud frissonnant qui lui donnait le plus de plaisir. Quelque chose monta en elle – une tension grandissante qui lui coupait le souffle. Le poids dans sa poitrine la rendit nerveuse. Elle voulut se redresser, mais aussi que l'escalade continue. Jamais elle n'avait expérimenté deux forces aussi contradictoires dans son propre corps. Ses cuisses tremblaient malgré la chaleur dans son ventre. Ses orteils se recroquevillaient alors que ses épaules étaient relâchées. Elle avait l'impression d'être plongée dans une rivière si froide qu'elle brûlait.

Finalement, il arriva ce qui devait arriver. Un jaillissement libératoire qui se répandit dans tout son corps et relâcha jusqu'au moindre de ses muscles. Elle gémit alors, agrippée aux cheveux du Professeur. Il la regarda et, pour la première fois, elle se sentit timide. Elle détourna le visage dans les ombres de la nuit. Des secondes ou des heures passèrent – elle ne savait pas, le temps n'étant qu'une illusion une fois la nuit tombée.

Elle finit par se retourner. Le Professeur avait disparu. Elle se redressa, désorientée. Son salwar était bien serré contre sa poitrine et elle portait sa tunique. Tout cela avait-il été le fruit de son imagination ? Impossible. Ces *impressions de plaisir étaient trop pénétrantes. Elle se pencha en avant sur le toit et regarda chez le voisin. La fenêtre de sa chambre était fermée et les rideaux tirés.*

Sunita refusait d'éprouver du chagrin. La fertilité de son imagination était peut-être si grande qu'elle avait adjuré ce rêve de devenir réalité, ne serait-ce qu'un instant, mais cela signifiait qu'il pouvait se reproduire. En descendant du toit, elle pensa aux hommes qu'elle avait éconduits cet après-midi, assis avec leur famille et complotant leur prochain mariage. Ses doigts cherchèrent son grain de beauté. La sueur avait effacé la poudre correctrice. Depuis le début, tout le monde avait tort, décida-t-elle. Être capable de voir le monde comme elle le faisait ne portait malheur en aucune façon.

Les femmes étaient captivées, penchées au bord de leurs chaises pour mieux entendre. Manjeet s'était tenue bien droite pendant toute la lecture, les yeux fermés, à la dérive dans le monde de Sunita.

« Excusez-moi, murmura-t-elle en se reprenant. Je m'emballe.

— Ne vous excusez pas, dit Nikki. C'était beau. Il y a dans votre histoire des détails formidables.

— Tout provient de l'imagination de Sunita, pas de la mienne, répondit Manjeet.

— Ce n'est pas toi, Sunita ? demanda Preetam. Tu as aussi un grain de beauté…

— Celui de Sunita est une marque de beauté, dit Manjeet. Le mien n'est que… »

Elle haussa les épaules, les mains sur le menton pour couvrir le grain de beauté.

« Il est beau, Bibi Manjeet, dit Nikki. Tout comme celui de Sunita. »

Manjeet grimaça. Ses joues rougirent.

« S'il vous plaît, il est inutile de dire ce genre de chose. Ma mère s'inquiétait beaucoup à cause de mon grain de beauté. Elle pensait qu'il portait malheur et que je ne trouverais jamais de mari.

— Ta mère avait beaucoup de soucis, tu ne pensais qu'à coucher avec des hommes ! lança Tarampal.

— Personne ne t'oblige à écouter, répliqua Arvinder. Si tu te concentrais sur ta leçon, tu ne prêterais pas attention à nous. »

Tarampal rougit. Difficile de dire si c'était d'embarras ou de colère.

« Apparemment, votre mère se trompait, dit Nikki. Vous avez trouvé un mari.

— Oui, mais je n'ai pas su le garder, n'est-ce pas ?

— Écoute, Manjeet, dit Arvinder fermement. Je te l'ai dit, il ne faut plus penser à ça.

— Pourquoi pas ? demanda Manjeet, les larmes aux yeux.

— Quoi qu'il ait pu se passer, je suis certaine que vous n'êtes pour rien dans la mort de votre mari, reprit Nikki.

— Il n'est pas mort, lui répondit Manjeet après un rire bref. Il est même très vivant puisqu'il est parti avec l'infirmière qui l'a soigné après sa crise cardiaque.

— Oh ! »

Pauvre Manjeet. Tout s'expliquait, maintenant – « l'apparence de veuve » dont parlait Sheena. Manjeet s'habillait ainsi parce que c'était plus acceptable que d'être séparée de son mari.

« Je suis vraiment désolée.

— Tout le monde dit ça et s'excuse, mais c'est lui qui a fait quelque chose de mal.

— Exact. Lui et sa petite coureuse d'infirmière, dit Arvinder. Pas toi. »

Manjeet secoua la tête et s'essuya le nez.

« Si c'était à refaire, je ressemblerais davantage à Sunita, dit-elle. Elle sait ce qu'elle veut. Cette infirmière aussi. Elle savait ce qu'elle voulait et elle l'a pris.

— Hai ! dit Preetam en se tapotant les yeux avec son dupatta. C'est tragique.

— N'en rajoute pas, siffla Sheena. Nikki, dites quelque chose. »

Sauf que Nikki ne savait pas quoi dire. Elle repensa aux détails de l'histoire de Manjeet et se représenta Sunita allongée sur le toit, à planifier le reste de sa vie.

« Ce que l'histoire de Bibi Manjeet a souligné, je crois, c'est qu'il y a une différence entre être courageuse et être *malveillante* », dit-elle.

Sheena traduisit rapidement le mot en pendjabi.

« Le courage de Sunita est admirable, mais prendre le mari d'une autre, c'est être avide et nuisible.

— Tu es courageuse toi aussi, Manjeet, dit Sheena. Tu n'aurais pas raconté cette histoire, sinon.

— J'ai trop peur de raconter aux gens ce qu'il a fait. C'est lâche, non ? Je prétends qu'il est mort au cours d'un voyage en Inde pour que personne ne pose de questions. Je suis même allée chez mon fils aîné au Canada un certain temps pour que les gens pensent que je lui rendais les derniers hommages.

— C'est arrivé quand ? demanda Nikki.

— L'été dernier.

— C'est encore très frais.

— C'est à eux qu'il faut dire ça. Ils ont acheté une maison ensemble, expliqua Manjeet. Cette infirmière vient aussi d'un village indien, mais elle est d'une autre génération. Ces filles savent faire tout ce que les hommes veulent avant le mariage.

— De mon temps, on se fiait seulement à ce que disaient nos sœurs et cousines mariées », nota Arvinder.

Nikki se représentait parfaitement la chose – une jeune et rougissante Arvinder entourée de parentes en sari, gloussant et distribuant des paroles de sagesse les unes après les autres. Et cette scène avait quelque chose d'enviable. Impossible de s'imaginer partager un tel moment avant le mariage de Mindi. « Ça a l'air sympa, dit-elle. Vous vous serriez les coudes.

— C'était bien utile ! déclara Preetam. Comme le jour où ma cousine Diljeet m'a conseillé : "Prends du beurre clarifié pour graisser tout ça."

— C'est *moi* qui t'ai appris ça, corrigea Arvinder. Il est vieux comme le monde, ce truc. »

Sheena éclata de rire et s'écria :

« Regardez la tête de Nikki ! »

En effet, elle ne savait plus où se mettre. Elle revoyait sa mère en train d'étaler un morceau de *ghee* dans un *tava*, où il fondait instantanément. Le ghee prenait maintenant des connotations tout à fait différentes.

« C'est vrai, se rappela Preetam. Diljeet recommandait d'être discrète et de toujours mettre de côté un peu de ghee dans un petit récipient quand on cuisinait, sans que la belle-mère le voie. Ç'aurait été un sacré défi d'introduire un gros pot dans la chambre à coucher sans se faire attraper par un membre de la famille.

— Il n'existe pas des pots plus petits pour la cuisine ? demanda Nikki.

— Chez Costco, ils le vendent en gros. Pourquoi gâcher son argent en achetant des mini-pots ?

— On m'a donné un conseil utile pour satisfaire mon mari s'il a envie pendant que j'ai mes règles, dit Manjeet. Vous le laissez mettre son truc dans votre aisselle, ensuite vous faites ça. » Et elle fit tourner son bras comme une manivelle.

« Tu n'as pas fait ça ? s'exclama Sheena.

— Oh si ! Et il aimait bien. Il disait que ça lui faisait le même effet que mes parties intimes – poilues et chaudes. »

Jamais Nikki n'avait lutté si fort pour garder son sérieux. Elle croisa le regard de Sheena, qui avait mis les deux mains sur sa bouche : le rire ondulait jusque dans ses manches.

« Quantité de femmes ne savaient même pas ce qu'on attendait d'elles jusqu'à leur nuit de noces, reprit Preetam. Pas moi, Dieu merci, mais vous imaginez la surprise ?

— Ne me remercie pas, surtout ! s'exclama Arvinder. Je t'ai dit tout ce que tu devais savoir.

— Vraiment ? intervint Nikki. C'est très progressiste de votre part. »

Arvinder avait sans doute largement dépassé les quatre-vingts ans. Nikki avait du mal à imaginer quelqu'un de la génération de sa mère expliquer que les enfants ne naissent pas dans les choux. Une fois de plus, elle avait sous-estimé cette femme, et Manjeet par la même occasion, avec ses méthodes originales pour satisfaire son mari.

« *Hanh*, je trouvais que c'était important. J'ignorais tout du vrai plaisir avant qu'on m'offre un de ces appareils électriques pour masser les épaules. Croyez-moi, ils font des merveilles sur beaucoup d'autres parties du corps. »

Les femmes rirent. Nikki voulut les rappeler au silence, mais un coup d'œil au visage de Manjeet l'arrêta net : les marques de tristesse autour de ses yeux avaient cedé leur place aux rides profondes du rire. Elle regardait ses compagnes avec gratitude, son austère dupatta blanc glissant sur ses épaules où elle le laissa reposer.

6

Kulwinder lorgnait les formulaires en essayant de se concentrer. Les éclats de voix des femmes l'avaient dérangée une nouvelle fois et elle avait été tentée de débouler dans la classe comme une tornade, mais le calme était vite revenu. À présent, c'était le silence qui l'empêchait de réfléchir. Sans distraction, elle ne pouvait plus se défiler devant ces nouveaux mots anglais. Les formulaires du visa de tourisme qu'elle remplissait pour son voyage annuel en Inde présentaient une série supplémentaire de questions complexes et de déclarations concernant la sécurité nationale. Pourquoi diable un Indien avait-il besoin d'un visa pour entrer en Inde ? Et ce vocabulaire compliqué… Elle n'avait pas manqué de le faire remarquer à l'agence de voyages Lucky Star, qui lui avait patiemment rappelé qu'elle était citoyenne britannique, depuis deux décennies.

« Officiellement, vous n'êtes pas indienne », avait dit l'agent, ce qui, pour Kulwinder, n'expliquait rien du tout.

Ses fidèles lunettes à double foyer étaient restées à la maison et elle décida qu'elle ne pouvait remplir ces formulaires sans elles. Comme le dernier bus était déjà passé, elle sortit du bâtiment et coupa par le parking, laissant le temple derrière elle. Il ne resta bientôt plus qu'elle et les maisons aux volets clos. Elle marchait rapidement, fixant les lumières au loin.

Alors qu'elle tournait dans sa rue, des pas nerveux retentirent derrière elle. Sa maison en ligne de mire, elle accéléra. La personne derrière l'imita. Un frisson la parcourut. Ce n'était plus qu'une question de secondes avant qu'on la rattrape. Elle fit volte-face et cria : « Quand allez-vous me fiche la paix ? »

L'autre fit un pas en arrière et le cœur de Kulwinder continua de battre à tout rompre quand elle s'aperçut qu'il s'agissait de Tarampal Kaur.

« Il faut que je vous parle.

— De quoi ? demanda Kulwinder.

— D'un dilemme que j'ai. Mais je ne sais pas comment vous allez réagir. »

Tarampal avait l'air nerveuse, serrant et desserrant les mains comme si elle y retenait quelque chose qu'elle ne devait pas laisser échapper. Kulwinder ne se sentait pas prête à avoir cette conversation au beau milieu de la rue. Elle s'était si souvent efforcée de ne pas ressasser le lien entre Maya et Tarampal qu'elle était incapable de mettre un nom devant l'autre.

« C'est le cours d'écriture…, lâcha finalement Tarampal. Les autres femmes ne travaillent pas.

— Oh ! » Elle avait laissé échapper un soupir, comme si on venait de la pincer. Le soulagement et la déception se mêlaient dans sa voix quand elle murmura. « Le cours… » Bien sûr, il n'était pas question de Maya. À quoi s'attendait-elle ? Les larmes lui montèrent aux yeux et elle se félicita de pouvoir les cacher grâce à l'obscurité.

« Je poursuis l'écriture et les exercices, dit Tarampal. Mais les autres ne sont là que pour… faire les imbéciles. »

Ainsi, Tarampal se sentait exclue du groupe qui tissait des liens d'amitié. Mais pourquoi venait-elle la voir avec ses petits griefs au lieu de se débrouiller toute seule ? « Il faut que vous leur parliez. À elles ou au professeur », conseilla Kulwinder.

Tarampal croisa les bras sur sa poitrine. « Je pourrais me plaindre des cours, vous savez. Je pourrais dire à Gurtaj Singh qu'ils ne sont pas très productifs. Je ne le fais pas parce que je ne veux pas vous causer d'ennuis.

— Il est bien trop tard pour ça. » Les mots avaient fusé sans qu'elle y ait réfléchi.

Tarampal sembla blessée. « J'espère sincèrement que vous et moi pourrons redevenir amies. »

Jamais, pensa Kulwinder, mais elle prit garde à ne rien laisser paraître. Tarampal se moquait bien de l'amitié. Elle voulait seulement garder Kulwinder à l'œil. Il n'aurait pas été surprenant que son inscription aux cours ne s'explique que par cette motivation.

Le silence ne dura qu'un instant, mais le temps semblait toujours se dilater quand d'aventure elle rencontrait Tarampal. Il serait sans doute plus facile de lui dire la vérité : *J'ai abandonné. Je ne peux rien prouver – c'est ce que la police et les avocats m'ont dit. Maintenant je ne peux même pas me promener tranquillement sans recevoir des menaces téléphoniques dans la foulée.* Mais elle ne pouvait se laisser aller. De temps en temps, elle ouvrait son agenda Barclays, revivait les détails, laissait monter l'espoir qu'elle avait simplement raté quelque chose, comme pour reconquérir le passé.

Elle refusait de croire à ce que disait la police. Ça ne pouvait pas être si simple. C'était sa Maya ! Une semaine à peine avant sa mort, Maya avait eu une promotion au travail. Elle avait acheté des places de concert. Probablement réservé des livres à la bibliothèque, prévu des sorties avec des amis, trouvé une recette qu'elle était impatiente d'essayer. La dernière fois que Kulwinder l'avait vue, elle jouait avec le chien de la voisine, qui errait dans son allée. Il l'avait presque fait tomber à la renverse en essayant de lui lécher le visage et Kulwinder avait hurlé de peur, mais Maya avait trouvé ça très drôle et enfoui son visage dans le pelage en disant qu'il était un bon chien. Comment pouvait-on croire qu'elle s'apprêtait à commettre un acte aussi épouvantable ? Et s'il n'y avait rien de suspect autour de la mort de Maya comme le prétendait la police, pourquoi ces menaces ? Ils disposaient de témoignages confirmant que Maya était bel et bien perturbée et se sentait coupable. « Il est compréhensible de vouloir plus de réponses quand on éprouve du chagrin », avait dit l'avocat avant de l'avertir qu'il lui faudrait facturer de nombreuses heures de recherches pour accumuler suffisamment d'éléments. Alors que d'inévitables doutes s'insinuaient dans son esprit, Kulwinder se souvint de ceci : Dieu avait tout vu. Sarab disait toujours que, tout bien considéré, il n'y avait que ça qui comptait.

« Merci, Tarampal, mais ces derniers temps je préfère la compagnie de mon mari, dit-elle. Passez une bonne soirée. » *Dieu voit tout*, pensa-t-elle pour se donner la force de s'éloigner. Une fois arrivée, elle enfouit son visage dans un coussin du canapé et sanglota sous les yeux perdus de Sarab.

*

Le tuyau gargouillait si fort qu'on aurait dit un moteur. Avant de partir pour le pub, Nikki l'ajouta à la longue liste des choses à réparer, avec la mystérieuse poche d'humidité au plafond et un signal wifi si faible qu'on devait brandir l'ordinateur portable au-dessus de l'évier pour obtenir une connexion. Les points les plus récents s'agglutinaient au bas de la page, écrits en tout petit. Elle s'était promis de parler de ces problèmes à Sam O'Reilly quand elle n'aurait plus de place, mais après cette rencontre gênante l'an dernier, elle évitait de lui demander quoi que ce soit.

Ç'avait commencé le plus innocemment du monde, lorsque Nikki avait proposé de faire des heures sup. Sam lui avait demandé si elle économisait pour des vacances. « Non, je veux des places pour la comédie musicale *Mary Poppins.* » Ç'avait été son film préféré, enfant. À l'âge de sept ans, elle avait suivi une femme sortant d'une boutique uniquement parce qu'elle avait un grand parapluie et portait une jupe ample. « J'étais convaincue qu'elle volerait dans les airs pour atterrir sur l'une des cheminées. Je voulais lui dire où se trouvait notre maison. »

Les yeux de Sam pétillaient joyeusement. Son visage, habituellement las, rajeunissait de dix ans quand il souriait. Nikki le lui avait fait remarquer en plaisantant. Garry, l'un des deux employés de cuisine russes, passait justement par là et les avait dévisagés tour à tour. Plus tard, on l'avait entendu ricaner avec Viktor, son collègue. Le lendemain, quand Nikki était arrivée au travail, Sam lui avait tendu deux places pour *Mary Poppins*. « Si tu veux bien venir avec moi vendredi… »

Nikki avait regardé les billets en rougissant méchamment. Avait-il pensé qu'elle flirtait ? Demander des heures sup et parler de la comédie musicale n'étaient certainement pas des appels du pied, mais Sam l'avait manifestement pris comme ça. « Je ne peux pas accepter, avait-elle réussi à dire. Je ne crois pas que ce serait très convenable. »

Il avait compris tout de suite. Ses lèvres, que l'audace de son geste avait presque fait grimacer, dessinaient maintenant un grand sourire. « Oh, mais bien sûr », avait-il répondu, cachant son embarras sous un débordement d'activité soudain, il avait passé la main dans ses cheveux avant de s'attaquer au tri des verres derrière le comptoir. Garry et Viktor n'avaient plus cessé de faire des remarques en russe chaque fois qu'elle était dans les parages, et Sanja, une barmaid, avait confirmé qu'il y était question de prestations sexuelles en échange d'une promotion rapide. *Ce que c'est déprimant*, avait pensé Nikki – quitte à être accusée de coucher pour réussir, elle aurait préféré que l'enjeu ne soit pas un pub décrépit de Shepherd's Bush.

Nikki plia sa liste et la rangea. À côté des trajets bi-hebdomadaires jusqu'à Southall, les trente secondes qui la séparaient du O'Reilly étaient bénies. Et puis il y avait toujours du monde à la soirée quiz, ce serait une nuit chargée et fatigante. À l'intérieur du pub, un groupe d'hommes s'entassait déjà autour de la télévision, quelques habitués traînaient et Sanja frottait vigoureusement une table, fidèle à elle-même, comme pour la punir de quelque chose. L'autre barmaid, Grace, était là, elle aussi. Grace demandait souvent des nouvelles de la mère de Nikki comme si elles étaient de vieilles amies. Elle était aussi facilement émue par les histoires personnelles des concurrents de *Britain's Got Talent*. Un jour, elle était arrivée au boulot épuisée et le visage tout gonflé parce qu'un petit garçon magicien, brutalisé par ses camarades de classe, n'avait pas été sélectionné.

« Nikki ! Comment va ta mère, ma cocotte ?

— Elle va bien !

— Pas de refroidissement ? »

Aux yeux de Grace, étrangement, la régulation de la température de la mère de Nikki revêtait la plus haute importance. Elle la regardait avec une inquiétude sincère. « Sa maison est très bien isolée, assura Nikki.

— J'imagine qu'il y fait moins chaud qu'au Bangladesh ! » s'écria Steve au grand-père raciste.

Nikki chercha une repartie cinglante, mais tout ce qu'elle trouva à dire fut : « Je suis née en

Angleterre, espèce de peigne-cul. » Steve sourit comme s'il venait de recevoir un compliment.

À son grand soulagement, elle vit Olive se faufiler entre les tables. Elle lui servit une bière et annonça : « J'ai un cadeau pour toi. » Elle sortit un dossier de son sac.

« C'est ce que je pense ?

— Oui. Il est écrit en anglais. » C'était le récit de Sheena Kaur.

L'Hôtel des cocotiers

Le plus difficile dans l'organisation du mariage fut de décider où partir en lune de miel. Pendant plusieurs semaines, Kirpal et Neena comparèrent différentes destinations et choisirent finalement une station balnéaire appelée Le Cocotier. Les images de mer bleue à perte de vue et de sable blanc séduisaient Kirpal et la phrase d'accroche de l'hôtel : « Il faut tout essayer » convainquit Neena. Ce serait son unique lune de miel et elle était décidée à en profiter au maximum. Elle voulait essayer la plongée avec tuba, la plongée avec bouteille, et au moins une fois tout ce que proposait l'hôtel.

Quand ils arrivèrent sur place, ils s'assurèrent qu'il y avait un lit king size, comme promis. Le réceptionniste leur donna une liste de restaurants et leur expliqua où trouver la piscine, mais, avec un sourire à sa femme, Kirpal dit : « Je crois qu'on passera l'essentiel de notre temps dans notre chambre. » Les joues de Neena rougirent tandis que, plus bas, un incendie se déclarait. Elle brûlait d'impatience d'être seule avec lui. Depuis des mois qu'elle avait réservé cette lune de miel, elle regardait discrètement dans la brochure la photo de l'immense lit king size constellé de pétales de roses. Elle s'était imaginée tomber sur le lit avec lui, leurs membres en sueur enchevêtrés, ses gémissements. Après, ce ne serait plus possible. Quand ils seraient rentrés dans la maison familiale, seule une fine paroi les séparerait de la chambre de ses nouveaux beaux-parents. Ils devraient étouffer les bruits de leurs plaisirs sensuels.

Kirpal sourit et Neena se demanda s'il pensait la même chose. Puis, quand il tendit le bras pour prendre les valises, son sourire s'éclipsa et un éclair de douleur passa sur son visage. « Qu'est-ce qui se passe ? » demanda-t-elle. « Mon dos, dit-il avec une grimace. J'avais des douleurs épouvantables avant le mariage et, avec tous ces préparatifs, je n'ai pas eu le temps d'aller voir le médecin. Je crois que les festivités n'ont rien arrangé. » Neena tenta de masquer sa déception. Ça signifiait, bien évidemment, qu'ils ne pourraient pas faire l'amour lors de leurs premières vacances ensemble. Alors quand ?

Un chasseur monta leurs bagages dans la chambre et reçut un généreux pourboire. Il leur souhaita un bon séjour, puis s'éclipsa. Il ne resta que Neena et Kirpal, seuls et enfin réunis, mais incapables d'exprimer leur amour. Kirpal tripota la fermeture Éclair de sa valise, puis s'assit sur le lit. Il s'allongea lentement, jusqu'à être complètement à l'horizontale. S'ensuivit un long soupir de soulagement. « J'aimerais juste me reposer un moment », dit-il. Il ferma les yeux, son visage se tordait encore légèrement dans un spasme de douleur résiduelle. Neena mesura à quel point il souffrait. Peut-être pouvait-elle faire quelque chose pour le soulager ?

Elle s'allongea à côté de lui. Son corps était chaud et ferme, sa respiration douce. Ses yeux restaient fermés, comme s'il était endormi, mais quand elle effleura sa joue de ses lèvres, il remua. Elle suçota doucement le lobe de son oreille. Elle n'avait aucune idée de ce qu'elle était censée faire, mais son mari semblait y prendre un grand plaisir. Comment imaginer que c'était une mauvaise idée ? De petits grognements s'échappaient maintenant de ses lèvres et, tandis qu'elle embrassait son cou et sa poitrine, elle sentit son souffle devenir plus profond, plus rapide. Elle s'arrêta là, réfléchissant aux choix possibles. On l'avait prévenue avant le mariage : ce qu'un couple faisait lors de la première nuit donnait le ton pour le reste de leurs vies. Il avait mal au dos – oui, c'était un problème pour le moment, mais s'ils étaient amenés à vieillir ensemble, il y aurait bien d'autres maux qui les cloueraient au lit, l'un des deux ou les deux. Que feraient-ils alors ? Elle aimait son nouveau mari et elle profitait pleinement de ce moment, mais il fallait qu'il sache qu'il avait aussi des devoirs envers elle. Elle se retourna et se retrouva face à ses pieds. Déconcerté, Kirpal commença à protester. « Pourquoi tu t'es arrêtée ? » Mais déjà, elle posait les lèvres sur son précieux organe. Lequel devint aussitôt dur comme de la pierre. Elle commença à bouger les lèvres et le sentit se tendre sous elle. Elle prit soin de ne pas peser sur lui à cause de sa douleur – à califourchon sur lui, elle cambra légèrement les reins, offrant ses parties intimes à sa vue pleine et entière. Il n'avait plus qu'à pencher *légèrement la tête pour que sa langue puisse chatouiller le bourgeon mûr qui palpitait entre les jambes de Neena.*

« Ouah ! s'exclama Olive en levant les yeux. Je ne m'attendais pas à ça. Je pensais à des trucs un peu fleur bleue, pour vieilles. Mais elles sont particulièrement délurées.

— Sheena n'est pas vraiment vieille. Je pense qu'elle est au milieu de la trentaine. Son mari est mort d'un cancer il y a quelques années », expliqua Nikki. Que Sheena préfère la compagnie de femmes plus âgées et conservatrices était d'ailleurs un mystère.

« Ce n'est pas tout. » Nikki tourna les pages et pointa du doigt un paragraphe.

« Ne me mords pas là », la prévint-il. Elle lui obéit, mais alors que sa bouche commençait à fatiguer, elle laissa ses dents effleurer sa peau et sentit l'extase trépider dans leurs deux corps comme un choc électrique. Kirpal émit un grondement qui indiquait à la fois la douleur et le plaisir.

« Elle a un don pour l'écriture », remarqua Olive.

Nikki tourna encore une page. « Il y a un rebondissement. Elle commence à baiser avec le garçon d'étage. »

Neena se mit à quatre pattes et lui, debout derrière elle, ficha ses doigts entre ses lèvres mouillées. Elle ondula des hanches dans l'attente de son grand membre dur. D'ordinaire, Ramesh était trop occupé à soulever des bagages pour prêter un tant soit peu attention aux clientes, mais il l'avait vue descendre de la navette de l'aéroport plus tôt ce matin-là. Le vent avait soulevé sa jupe et laissé entrevoir sa culotte en dentelle rouge, laquelle gisait maintenant, tire-bouchonnée, près de la colonne du lit. Et dire qu'il était en train de la pénétrer, là, maintenant. Elle geignit : « Oui, oui, oh que c'est bon. » Ramesh leva les yeux, conscient qu'il faisait l'amour à la femme d'un autre homme.

« Allez, Neena, dit Olive. Il faut tout essayer, c'est sûr…

— Mais son mari regarde, et ça lui plaît. »

Ramesh fixait Kirpal, assis dans le fauteuil dans l'angle de la pièce. Agrippé à sa propre virilité, il regardait sa femme gémir de plaisir pendant que Ramesh glissait en elle, encore et encore.

« Les autres histoires sont aussi osées ? demanda Olive.

— Plus ou moins.

— Espiègles et cochonnes ! Qui les lit, à part toi et les veuves ?

— Personne, pour l'instant. Mais ça pourrait changer. Je me dis qu'une fois qu'on aura assez d'histoires, on pourrait essayer de les publier.

— Hum, je ne sais pas. Celles-là sont très personnelles. Te les faire lire leur semble peut-être acceptable, mais les rendre publiques, c'est une autre affaire.

— Ces femmes sont bien plus effrontées que je ne le pensais. Je vois bien Arvinder participer aux meetings des Fem Fighters. Ou Preetam donner une lecture enflammée. »

Olive pencha la tête et sourit. C'était ce regard tu-vas-vite-en-besogne auquel Nikki était habituée. Sauf que, d'habitude, c'était Mindi qui le lui adressait. « On peut au moins y travailler », dit-elle.

Soudain, un cri retentit dans la cuisine. Nikki poussa la porte et vit Sam qui sautait à cloche-pied, serrant les doigts de sa main gauche dans la droite. « Que s'est-il passé ?

— J'ai été aspergé d'eau bouillante. Le voyant lumineux sur le lave-vaisselle est cassé. »

Sanja fit un pas en avant et ouvrit la porte du lave-vaisselle en détournant le visage. Un vilain nuage de vapeur roula dans l'air. Elle prit les assiettes avec précaution et commença à les empiler sur le plan de travail. Sam marmonna quelque chose et sortit de la cuisine, Nikki sur ses talons. Les ricanements des cuistots l'arrêtèrent tout net. Elle n'avait pas besoin de s'assurer que Sam allait bien. C'était le cas. Elle reprit sa place au bar. « Quelle bande d'idiots, grommela-t-elle.

— Qui ? demanda Olive.

— Ces types derrière.

— T'inquiète pas. Ils sont juste jaloux.

— Probablement. Mais parfois je comprends pourquoi ils ont cette idée – Sam m'a engagée alors que je n'avais aucune expérience. Il y a de quoi s'étonner, non ? »

Olive haussa les épaules. « Il a vu ton potentiel. Il a peut-être aussi été attiré par toi, mais quand il a tenté sa chance ça faisait déjà des lustres que tu avais commencé à travailler et tu as dit non. Il ne te traite pas différemment depuis.

— Si, à vrai dire. Avant je pouvais discuter et rigoler avec lui, mais depuis je suis mal à l'aise. C'est la faute de Garry et Viktor. » Secrètement, elle s'en voulait à elle aussi. Pourquoi avait-il fallu qu'elle complimente Sam ?

« Remets-les à leur place », conseilla Olive.

Sauf qu'ils pourraient lui répondre qu'elle l'avait bien cherché et alors, comment les convaincre ? « Après tout, c'est pas si grave. Suffit de les ignorer », conclut-elle.

Olive leva un sourcil, mais ne dit rien. Les portes s'ouvrirent d'un coup et un jeune homme apparut. Nikki n'eut pas le temps de dissimuler son plaisir. Olive suivit son regard : Jason approchait du bar.

« Qui c'est ?

— Le mec que j'ai rencontré l'autre jour, marmonna Nikki, la bouche s'enroulant en un sourire, tandis qu'elle s'affairait à astiquer le plan de travail déjà étincelant. Hé, salut…, lança-t-elle d'un air décontracté.

— Le pub O'Reilly…, commença-t-il. Il y en a dix-sept. C'est mon quatrième essai.

— J'avais dit sur Shepherd's Bush, non ? »

Jason réfléchit. « Possible, oui. Ça m'a échappé.

— Elle ne vous a pas donné l'adresse ? Je m'appelle Olive. Je suis la dame de compagnie de Nikki.

— Enchanté, dit Jason. C'est très embarrassant, mais il faut que j'aille aux toilettes avant de commander quoi que ce soit. »

Nikki lui indiqua les toilettes du doigt. « Il est mignon, commenta Olive une fois que Jason fut hors de portée de voix.

— Tu trouves ? Je ne sais pas…

— Mon cul, oui ! J'ai vu ton regard quand il est entré. Comment vous vous êtes connus ?

— Au temple, figure-toi. On prenait tous les deux notre pause clope au même endroit. Je n'ai pas eu l'occasion de lui demander ce qu'il faisait là-bas.

— Il priait, peut-être ?

— J'ai plutôt l'impression que cet endroit est un club de rencontres géant ! Les gens viennent présenter leurs respects pendant deux minutes, puis ils rejoignent leurs amis au langar pour dîner à l'œil et faire les commères. Pour la majorité des jeunes, ce n'est pas vraiment un lieu de culte.

— Dans ce cas, il était peut-être venu retrouver des amis.

— Ah, soupira Nikki. C'est un problème. Je ne sors pas avec des mecs qui traînent au temple. Franchement, ils vivent dans une grande ville géniale, ils ont le monde à leur porte et ils choisissent de passer leur temps au gurdwara ? »

Olive lui lança un regard entendu. « Tu recommences.

— Quoi ?

— À tout critiquer. Donne-lui une chance, à ce garçon. Il a écumé tous les pubs O'Reilly de Londres pour te trouver. C'est quand même chouette, non ?

— Peut-être un peu trop chouette.

— Nikki…, gémit Olive.

— Bon, d'accord. Je résiste un peu. Je ne sais pas pourquoi.

— J'ai une théorie.

— Ne me dis pas que j'ai des problèmes à régler avec mon père, la prévint Nikki. Tu m'as déjà fait le coup, et je me suis juste sentie bien nulle après.

— Pas ton père : ta mère. Jason est le genre de garçon qu'elle voudrait te voir fréquenter. Un gentil Pendjabi. » Il y avait dans le sourire d'Olive quelque chose de retors.

« Bon Dieu, Olive. Imagine qu'il soit venu au temple pour consulter les annonces matrimoniales ! Imagine qu'il ait vu celle de Mindi ! C'est pratiquement de l'inceste. »

Olive lui fit signe de se taire car Jason revenait. Un silence gênant s'installa. La voix de l'animateur du quiz retentissait, tonitruante, dans le pub.

Quelle est la deuxième ville la plus peuplée du Mexique ? Trois points pour la deuxième ville la plus peuplée du Mexique.

« Guadalajara, dit Jason avant de se tourner vers Nikki. Je peux avoir une Guinness, s'il te plaît ?

— Euh oui, tout de suite ! »

Olive étudiait Jason sous toutes les coutures.

« Jason, je peux vous poser une question, juste pour clarifier quelque chose ?

— Bien sûr.

— Que faisiez-vous au temple le jour où vous avez rencontré Nikki ? »

Nikki se figea, le verre à la main. « Olive !

— Commençons par écarter cette question, d'accord ? Ensuite je vous laisse tranquilles.

— Excuse mon amie, dit Nikki.

— Laisse donc parler cet homme ! » protesta Olive.

Jason s'éclaircit la voix. « J'étais venu pour remercier des gens.

— Ah bon ? » demanda Nikki.

Jason hocha la tête. « Il y a deux ans, on a diagnostiqué à ma mère un cancer du sein et les médecins viennent de lui annoncer une rémission. Il s'en est fallu d'un rien, alors je voulais parler à Dieu, qu'il sache que je lui suis reconnaissant. »

Olive sourit à son amie puis s'éclipsa, emportant son verre pour aller se fondre dans la foule des clients. « Navrée pour ta mère, dit Nikki. Ç'a dû être difficile.

— Oui, mais elle va mieux maintenant. Je dois reconnaître que je ne me tourne pas souvent vers la religion, ni vers le temple, mais il y a là-bas quelque chose d'apaisant et de familier.

— Mon père est mort il y a deux ans. Crise cardiaque, déclara Nikki.

— Je suis désolé.

— Merci. C'est arrivé soudainement. Dans son sommeil. »

Pourquoi lui racontait-elle ça ? Elle rougit et se félicita du faible éclairage au pub. « Tu as de la famille à Londres, sinon ? demanda-t-elle.

— Un oncle éloigné et une tante. Ils vivent près du temple à Southall. Chaque fois que je leur rends visite, ils insistent pour que j'emménage avec eux. Ma tante s'inquiète beaucoup du fait que je n'aie personne pour me faire à manger.

— Les parents sont comme ça. Ma mère prédisait toujours des choses horribles aux filles qui vivent seules. L'inanition figurait en bonne place après le viol et l'assassinat.

— Je dois reconnaître que ça m'a fait très plaisir de manger au langar. Je ne me rendais pas compte à quel point le dal et le roti maison me manquaient.

— À moi aussi, ça me manque, admit Nikki. Bizarrement, je ne me suis jamais vraiment posé la question quand je vivais à la maison. Mais aujourd'hui je sais que si j'appelais ma mère pour lui demander de me faire un dal de lentilles, elle s'en servirait comme moyen de pression. J'ai essayé d'en cuisiner une fois en me disant que ça ne devait pas être sorcier, j'ai acheté des lentilles au supermarché, je les ai fait bouillir et j'ai ajouté du curry au mélange d'épices. J'ai dû mettre trop de curcuma – de toute façon, c'était l'un des défauts de ma recette – car le plat était jaune fluo et totalement immangeable. À la fin, comme je voulais juste que ça *ressemble* à du dal, j'ai jeté du café instantané dedans pour le foncer.

— Rassure-moi, tu ne l'as pas mangé… ?

— Je l'ai jeté dans la rue. Le lendemain matin, mon patron Sam est arrivé en pestant parce que quelqu'un avait vomi juste à côté du pub, mais c'était juste le "dal latte à la Nikki" ! »

C'était agréable de discuter avec Jason, le temps passait extrêmement vite. Quand il lui demanda ce qu'elle faisait au temple ce jour-là, elle se dirigea vers un groupe de clients qui venaient d'entrer dans le bar et prit leurs commandes. La diversion lui permit de gagner un peu de temps et d'adapter sa réponse.

« Je donne un cours d'écriture, d'alphabétisation pour adultes. » Elle décida que ce serait sa réponse standard pour tout le monde, hormis Olive. C'était plus sûr.

Son amie revenait justement vers eux.

« Jason, votre réponse à la question sur le Mexique était bonne. Guadalajara. »

Sa voix était légèrement plus haut perchée que d'ordinaire.

« Ohé ! Olive l'éméchée, blagua Nikki. Enseigner à de vilains ados avec une gueule de bois, ça doit être épouvantable. »

Olive l'ignora. « Nikki, tu as entendu ce que je viens de dire ? Jason est très intelligent. Vous êtes mignons tous les deux. Mindi et toi devriez organiser un double mariage pendjabi.

— Mindi est ma sœur, expliqua Nikki. Et tais-toi un peu, Olive.

— Mindi cherche un mari, continua son amie. Tu penses à quelqu'un, Jason ? Un ami ? Un frère ?

— J'ai un frère, mais il n'a que vingt et un ans. Il est célèbre, par contre, si ça peut avoir de l'importance.

— Célèbre pour quoi ? demanda Nikki.

— Est-ce que tu as entendu parler du site internet Hipster ou Harvinder ?

— Oui, répondit Nikki en même temps qu'Olive disait le contraire, l'obligeant à expliquer : C'est un site internet où les gens peuvent déposer des photos d'eux portant des barbes à la mode et les visiteurs les notent selon leur degré de ressemblance avec un type sikh appelé Harvinder. Il a une barbe dingue.

— Mon frère a étudié un an en Inde, il s'est lié d'amitié avec le fameux Harvinder lors d'un trek dans un minuscule village. Ils en sont venus à parler de l'importance de la barbe dans l'identité et la culture sikhes et comment celle-ci est récemment devenue très à la mode dans le monde occidental, et voilà, l'idée du site internet était née.

— C'est ton frère qui a créé Hipster ou Harvinder ? Trop cool !

— Oui. Il est aussi rentré d'Inde avec une grande barbe. Il voulait que je m'en laisse pousser une, mais j'avais l'air d'un hobbit.

— Tu es trop grand pour être un hobbit, répliqua gentiment Olive.

— Merci.

— Est-ce que, par hasard, tu aurais un ami qu'on pourrait mettre en ménage avec la sœur de Nikki ? Un ami de grande taille ?

— Je ne crois pas vraiment à ces trucs de mariage arrangé à l'indienne.

— Pourquoi pas ? demanda Olive.

— Trop de pression. Tout le monde prend ça tellement à cœur – amis, parents, etc. Ils commencent à mettre des limites partout, comme si toute relation entre une femme et un homme devait conduire à un mariage. C'est stressant.

— Exactement ! approuva Nikki. Imagine-toi sortir avec quelqu'un que ta mère aurait choisi pour toi. D'emblée, ça rebute.

— Ensuite, si ça ne colle pas, il faut fournir des tas d'explications.

— Et croiser des gens qu'on a pas envie de voir.

— Mélodrame garanti ! » renchérit Jason.

Après avoir observé l'échange comme si elle regardait un match de tennis, Olive les laissa discrètement sur un clin d'œil à Nikki.

*

Une pluie violente frappait les fenêtres du bus. Les passagers sortirent en hâte et coururent vers le temple, pelotonnés les uns contre les autres. Nikki attrappa la capuche de son imperméable, le vent lui mordait les joues. La veille, après la fermeture du pub et une dernière cigarette partagée, Jason et elle avaient décidé d'arrêter de fumer.

« On pourra s'entraider, avait-il dit. Ça implique évidemment que tu me donnes ton numéro de téléphone. Pour évaluer nos progrès et échanger quelques encouragements. »

Une fois sous la large marquise du temple, elle eut très envie de fumer. Elle longea le bâtiment, coupa par le parking et, enfin, se réfugia dans l'impasse. Ça valait bien une cigarette. Elle tira une longue bouffée en se demandant si elle serait capable d'arrêter, mais avoir un prétexte pour parler à Jason était plutôt tentant.

Plongée dans ses pensées, elle finit sa cigarette et se dirigea vers le temple. Derrière elle, une voix bourrue la héla. « Excusez-moi ! »

Elle se retourna sur un jeune homme corpulent vêtu d'une chemise à carreaux, les boutons du haut ouverts laissant entrevoir les poils frisés de son torse.

« C'est ici, le temple ? » Quelque chose dans sa voix laissait entendre qu'il s'agissait plus d'une affirmation que d'une question.

« Oui, vous êtes perdu ? » dit-elle en croisant son regard.

Il la toisa avec dédain.

« Vous devriez avoir la tête couverte, dit-il.

— Je ne suis pas encore dans le temple », répliqua Nikki.

L'homme fit un pas en avant. Son regard était dur. L'estomac de Nikki se contracta. Elle jeta un regard alentour et nota avec soulagement que toute une famille se regroupait à l'entrée du temple.

L'homme la suivait des yeux.

« Couvrez votre tête en présence de Dieu », finit-il par dire entre ses dents, et il s'éloigna avec raideur, la laissant abasourdie.

Toutes les femmes étaient déjà dans la classe, plongées dans leur conversation, et Nikki ne fit d'abord rien pour les interrompre. La rencontre avec cet homme la perturbait encore. Jamais elle ne se serait attendue à une telle colère, simplement parce qu'elle allait tête nue dans le parc du temple. Qui était-il pour lui parler de la sorte ?

Tarampal Kaur, qui lui emboîtait le pas, prit place tout au fond de la pièce. Elle aligna soigneusement ses crayons, puis leva les yeux avec l'air d'attendre quelque chose. « J'arrive tout de suite », lui dit Nikki. Alors les autres femmes s'aperçurent de sa présence.

« On a parlé de nos histoires pendant tout le trajet en bus, annonça Manjeet.

— Dans le bus ? Les autres passagers auraient pu entendre, non ? s'inquiéta Tarampal.

— Personne ne cherche à écouter ce que dit une vieille dame. Ça fait partie du brouhaha général. Ils doivent penser qu'on parle de nos douleurs de genou et des préparatifs de nos obsèques, répondit Arvinder.

— Vous pourriez au moins essayer d'être discrètes, dit Tarampal.

— Être discrète ne mène à rien, intervint Preetam. Pas plus que jouer la sainte-nitouche et faire semblant de ne pas vouloir.

— Et ne jamais en parler après…, se désola Manjeet. Moi, je voulais toujours savoir : est-ce qu'il a trouvé ça bon ? Est-ce qu'il pourrait essayer de durer plus longtemps la prochaine fois ?

— Et, si possible, enrichir son répertoire parce que souvent, on a eu droit à quelque chose du genre…, ajouta Arvinder avant de se lancer dans un mime, tendant les bras pour presser deux seins imaginaires, puis se balançant rapidement d'avant en arrière. Et hop, c'était fini ! » Les femmes hurlèrent de rire et applaudirent la reconstitution.

« Tu vas te faire attraper, toi, à parler de ces choses-là, la prévint Tarampal. Et ensuite ? »

Les femmes se turent et échangèrent des regards. « On se débrouillera, si jamais ça arrive, finit par déclarer Sheena. Comme disait Arvinder, personne ne nous écoute.

— Allez, Tarampal, dit Manjeet en souriant nerveusement. On peut bien rire un peu.

— Tu prends de gros risques. Si tu te fais attraper, ce ne sera pas mon problème. »

À l'évidence, Manjeet se sentait désemparée. Arvinder tendit la main et lui serra le bras pour la réconforter. « La seule possibilité pour qu'on nous découvre, ce serait une dénonciation, assura-t-elle. Tu projettes de nous dénoncer ? Si tu oses faire ça, Tarampal, on pourra toutes témoigner de ta présence dans cette classe.

— Et alors ? »

Preetam se leva et se dirigea lentement vers Tarampal, adoptant soudain la démarche d'une matrone dans un mélodrame – grande et puissante, le menton en avant.

« On dira que c'est toi qui as commencé et qu'ensuite tu t'es retournée contre nous parce qu'on n'aimait pas une de tes histoires. C'est la parole de quatre femmes contre une. Et les gens croiront tous Nikki parce qu'elle est diplômée en droit.

— Pardon, mais je ne suis pas diplômée en droit et, par ailleurs, il y a sûrement plus judicieux…

— Vous n'avez aucune vergogne, toutes ! lança Tarampal avant de sortir en trombe.

— Tarampal, s'il vous plaît ! » cria Nikki en la suivant.

L'autre s'arrêta dans le couloir, serra son sac contre sa poitrine à s'en faire blanchir les jointures. « Avant d'aller nous dénoncer à Kulwinder, s'il vous plaît…

— Je n'ai pas l'intention de retourner voir Kulwinder. J'ai essayé. Elle n'a rien voulu entendre.

— Oh, lâcha Nikki, hésitant entre se fâcher et se réjouir que Kulwinder ait pris son parti. Alors de qui avez-vous si peur ? »

Tarampal ne répondit pas. Elle jeta un regard à la classe, derrière la petite fenêtre de la porte. « Vous avez vu comment elles se sont liguées contre moi ? Je les connais depuis des années et elles m'ont tourné le dos d'un coup. Comment pouvez-vous les croire dignes de confiance ?

— Elles voulaient juste se protéger, expliqua Nikki.

— Vous en êtes sûre ?

— Oui. »

Mais un certain malaise l'envahit. Les veuves bavardaient entre elles, leurs voix métalliques à peine audibles. Elle ne savait rien de leur monde.

« Pourquoi ne pas retourner en classe, Tarampal ? On peut trouver une solution.

— Je refuse d'être associée à ce cours. Ces femmes n'ont aucune intégrité. Elles se fichent de la réputation de feu leurs maris mais moi, je dois préserver celle des Kemal Singh. Faites-moi plaisir, jetez ma fiche d'inscription. Je ne veux pas être impliquée dans ces histoires », conclut-elle avant de s'en aller.

« On devrait lui demander de revenir, disait Manjeet quand Nikki revint dans la classe. Vous savez de quoi elle est capable.

— Manjeet, est-ce qu'on ne t'a pas soutenue quand Tarampal a découvert que ton mari te quittait ? Elle t'a laissée tranquille quand elle a compris qu'elle ne faisait pas le poids, rappela Preetam.

— Que voulez-vous dire ? demanda Nikki. Qu'est-ce que Tarampal allait faire ?

— Rien, maintenant, déclara Arvinder, l'air très sûre d'elle. Ne t'inquiéte pas, Manjeet.

— Hai, mais son bus vient de passer ! Elle va devoir attendre vingt minutes pour le prochain, maintenant », se désola Manjeet.

Par la fenêtre, Nikki vit Tarampal émerger du bâtiment et se diriger à vive allure vers la rue. Une BMW argentée ralentit à côté d'elle. Tarampal échangea quelques mots avec le chauffeur, puis monta à bord.

« Elle vient de monter dans la voiture de quelqu'un, dit-elle. Il n'y a pas de danger ? »

Les autres haussèrent les épaules. « Qu'est-ce qu'un homme dangereux ferait à de vieilles dames comme nous ? demanda Arvinder.

— Tarampal est à peine plus âgée que moi, répliqua Sheena, sur la défensive. Elle a la quarantaine. »

Cela n'aurait pas dû surprendre Nikki. La douceur du visage de Tarampal contrastait avec le morne habit de veuve dans lequel elle se drapait. Cette démarche voûtée, ce soupir lorsqu'elle s'asseyait à son bureau n'étaient que des postures censées représenter le personnage de la veuve desséchée et lasse. « C'est convenable de sauter à bord de la voiture de quelqu'un et de se faire ramener chez soi, ici ? s'enquit Nikki.

— Ce n'est peut-être pas tout à fait un inconnu. Les gens me proposent tout le temps de me ramener du marché. Il suffit juste qu'ils disent de qui ils sont le fils ou la fille, lui apprit Arvinder.

— Si c'était une BMW argentée, alors ce devait être Sandeep, le petit-fils de Resham Kaur », ajouta Sheena.

Le nom de Sandeep arracha un grognement à Preetam. « Ce garçon qui se croit trop bien pour n'importe quelle fille de la communauté. Il a même éconduit la petite-nièce de Puran Kaur, celle qui vient d'Amérique. Vous vous souvenez d'elle ? Elle était venue pour un mariage. Une peau comme du lait et des yeux d'un vert…

— Resham dit que c'étaient des lentilles de contact.

— Hai, Manjeet, tu crois tout ce qu'on te dit. Bien sûr que Resham va répandre des rumeurs sur la fille et prétendre qu'elle n'était pas assez bien pour son précieux garçon, reprit Sheena. C'est une mère indienne à l'ancienne, totalement dingue de ses fils. Quand son cadet s'est marié, elle a dormi dans leur lit un mois durant, entre sa femme et lui, pour les empêcher d'avoir des relations.

— Il lui a fallu un mois pour demander à sa mère de quitter son lit ? Quelle mauviette ! déclara Preetam. Si ç'avait été moi, j'aurais fait semblant de hurler dans mon sommeil chaque nuit jusqu'à ce qu'elle en ait assez et nous laisse seuls. J'aurais dit : "Tu choisis ! C'est ta mère ou moi !" Et il m'aurait choisie, moi.

— Ma belle-mère a fait la même chose, raconta Arvinder. Pas le soir des noces, mais combien de fois je l'ai trouvée à ronfler tranquillement entre nous ! Je demandais à mon mari : "Ce bruit ne te dérange pas ?" Il répondait : "Du bruit ? Quel bruit ? C'est ma mère."

— Pourquoi Tarampal doit-elle maintenir la réputation de son mari puisqu'il est mort ?

demanda Nikki qui n'arrivait pas à se concentrer sur autre chose.

— Kemal Singh était un grand religieux, lui expliqua Manjeet. Il prédisait l'avenir et faisait des prières spéciales. Certains lui rendent encore hommage aujourd'hui. Elle demeure une épouse dévouée en perpétuant sa réputation. »

Arvinder renifla. « Une épouse dévouée ? Elle a mieux à faire de son temps.

— Il faut bien préserver sa réputation, non ? Elle en dépend. Je ne serais pas surprise si elle venait frapper à toutes les portes ce soir avec une prière spéciale.

— Je lui montrerais ça et elle partirait dans la seconde », répliqua Arvinder en ouvrant ses mains.

Ce devait être une de leurs blagues à propos des lignes de la main d'Arvinder, supposa Nikki.

Sheena leva les yeux. « Nikki, ne vous préoccupez pas trop d'elle. Tant que les hommes n'ont pas vent de ces histoires, on ne risque rien. »

Nikki pensait au langar et à la frontière stricte qui courait comme un champ magnétique invisible entre hommes et femmes.

« J'imagine que ce ne sera pas un problème, nota-t-elle. Aucune de vous ne bavarde vraiment avec les hommes, n'est-ce pas ?

— Bien sûr que non. On est des veuves. On n'a plus de contact avec les hommes. C'est interdit, dit Preetam.

— Ce qui n'est pas plus mal, ajouta Arvinder.

— Parle pour toi, répliqua Sheena. Je n'ai pas eu autant de bonnes années avec mon mari que toi avec le tien.

— De bonnes années ? Entre le ménage, la cuisine et les disputes, tu peux me dire où elles étaient, ces bonnes années ? » Arvinder leva les yeux vers Nikki. « Les filles de votre génération ont plus de chance. Au moins, vous connaissez la personne avant de l'épouser. Vous pouvez distinguer les crétins des crétins finis. »

Manjeet apprécia. Sheena demeurait pensive, les yeux baissés.

Nikki sentit qu'il était temps de changer de sujet. « Qui a une histoire à faire partager ? » demanda-t-elle.

La main d'Arvinder se leva, confiante.

L'Épicier et sa cliente

L'épicier était affairé à remplir ses rayons quand la porte de sa boutique s'ouvrit. Une femme pendjabie entra. Elle était mince, mais elle avait une grande bouche et portait des vêtements anglais modernes. « Je peux vous aider ? » lui demanda-t-il. Elle l'ignora. Il pensa que c'était peut-être une voleuse à l'étalage, mais comment pourrait-elle opérer discrètement, avec des vêtements si près du corps ? Il la rejoignit devant les rangées d'épices.

« Lesquelles utilise-t-on pour faire le chai ? » demanda-t-elle.

Cardamome et grains de fenouil. Mais l'épicier se refusait à donner la bonne réponse. Il voulait entendre sa douce voix poser d'autres questions.

« Je ne sais pas, dit-il. Je ne fais pas de chai.

— Si vous me répondez, on pourra en préparer ensemble », proposa la femme avec un sourire. Il le lui rendit et se pencha près d'elle pour l'aider à choisir. « Peut-être celle-ci », dit-il en prenant un sachet de graines de moutarde. Il l'approcha du nez de la femme pour lui faire renifler. Elle ferma les yeux et huma. « Non ! s'exclama-t-elle en riant. Vous n'y connaissez rien.

— Je ne sais peut-être rien sur le chai, ma chère, mais je sais comment maintenir ce sourire sur votre visage. » Il rangea le sachet de graines et lui glissa une mèche de cheveux derrière l'oreille. Elle se pencha vers lui et l'embrassa sur les lèvres. Il fut surpris. Il n'était guère habitué à ce genre d'attitude dans son magasin, même si c'est lui qui avait commencé à flirter. La femme lui prit la main et le conduisit vers le fond de la boutique, puis se tourna face à lui.

« Pourquoi elle le conduit au fond de la boutique ? Ce ne serait pas plutôt à lui de le faire ? Comment elle sait où ça se trouve ? demanda Preetam.

— Ne m'interromps pas, protesta Arvinder. Est-ce que je mets mon grain de sel, moi, quand tu racontes une histoire ? »

Sheena posa son stylo et s'étira le poignet. « C'est du travail, dit-elle à Nikki.

— Ça ne tient pas debout, argumenta Preetam, à moins qu'elle ne soit déjà venue. C'est peut-être une fille qu'il voulait épouser contre l'avis de ses parents, alors elle est revenue déguisée. »

Arvinder sembla furieuse, il était évident qu'elle réfléchissait à la suggestion. « D'accord, Sheena, ajoutez ce détail.

— Où ?

— N'importe où. De toute façon, on arrive au meilleur moment. "La femme commença à enlever ses vêtements. Elle tournoya jusqu'à être complètement débarrassée de son sari."

— Je croyais qu'elle portait des vêtements modernes, nota Sheena. Pourquoi elle est en sari maintenant ?

— Les saris sont plus romanesques.

— Du coup, je change ça aussi ? Pas de vêtements modernes ?

— Jamais une femme en sari ne se montrerait aussi effrontée.

— Foutaises. Dans tout Londres, des femmes ont des liaisons, quoi qu'elles portent.

— À Londres, peut-être. Les goris font ça, mais pas à Southall, dit Manjeet.

— À Southall aussi. Vous voyez la colline derrière Herbert Park ? Les jeunes gens se retrouvent toujours là-bas. Un été, on y a emmené des parents qui venaient nous rendre visite, pour voir le coucher de soleil. Sur le parking, on a vu une musulmane en niqab passer à toute vitesse d'une voiture à l'autre – d'un homme à l'autre. Toutes sortes de choses arrivent, dit Preetam.

— C'est là que Maya s'est fait prendre ? » demanda Manjeet.

Il y eut un grand blanc. Les femmes remuaient sur leurs chaises, et Nikki se rappela leurs regards au langar, leur malaise, et Dupatta vert entourée de sa cour. Visiblement, la fille de Kulwinder suscitait de drôles de réactions.

« Quoi ? reprit Manjeet. Tarampal n'est plus là et je n'ai jamais su le fin mot de l'histoire puisque j'étais au Canada.

— Il a trouvé des textos sur son téléphone, raconta Preetam. C'est ce qu'on m'a dit en tout cas.

— C'est ce qu'on t'a dit, mais tu en sais quoi ? intervint Arvinder en se tournant vers elle. Je ne t'ai pas élevée pour dire du mal des morts.

— Hai, mais tout le monde est au courant maintenant, non ? Ça fait presque un an.

— Pas tout le monde, la reprit Sheena avec un signe de tête vers Nikki. Et elle n'a pas besoin de savoir. Je suis désolée, Nikki, mais c'est une affaire privée. Kulwinder n'aimerait pas qu'on en discute. »

Un rappel supplémentaire, s'il le fallait, qu'elles ne lui faisaient pas totalement confiance. *Pourquoi je ne pourrais pas savoir ?* Sheena semblait particulièrement embarrassée. Nikki était d'autant plus intriguée par Maya et son passé luxurieux. Il y avait sa curiosité, mais peut-être aussi pourrait-elle mieux s'entendre avec Kulwinder si elle connaissait toute l'histoire. Elle songea à l'expliquer – après tout, elles avaient toutes intérêt à ce que les cours d'anglais se passent bien – mais Sheena prit soudain la direction du cours.

« Continue ton histoire, Arvinder, dit-elle en désignant l'horloge. On n'a pas l'intention de passer Noël ici.

— Oui, au travail, acquiesça Nikki après un silence tendu. On était au cœur de la chose. »

Elle adressa à Sheena un sourire reconnaissant, que cette dernière lui rendit. Les autres commencèrent à se détendre.

Arvinder haussa les épaules. « Je ne sais pas comment continuer.

— Décrivez son organe, proposa Sheena. Gros ou petit ?

— Gros, bien sûr ! À quoi bon être pénétrée par une petite carotte ?

— Il y en a qui sont trop gros. Il ne s'agit pas non plus que ce soit une patate douce. Hai, c'était mon problème, dit Sheena en secouant la tête. On avait beau mettre la dose de beurre clarifié, l'entrée en matière n'était pas agréable.

— Une banane, c'est l'idéal, dit Preetam. La taille est bonne, la forme aussi.

— Trop mûre et ça serait comme ma première expérience – de la bouillie, raconta Arvinder.

— Pourquoi seulement des légumes et des fruits ? »

Ces conversations commençaient à dissuader Nikki d'aller au supermarché.

« Ce n'est pas systématique, expliqua Manjeet. Parfois, on dit *danda*, le mot pendjabi pour "bâton". Personne ne parle de ces choses. Tout ce qu'on sait et notre langage nous viennent de nos parents. Ils ne parlaient sûrement pas de ce que les hommes et femmes faisaient ensemble.

— Vous avez raison », dit Nikki qui cherchait, en vain, le mot pendjabi pour pénis.

Il faudrait qu'elle s'habitue à ces termes de substitution, même s'ils lui semblaient bizarres. Lors d'un cours précédent, personne n'avait bronché en entendant : « Elle haleta et chuchota : "Oh mon chéri, ce que c'est bon", quand il poussa son concombre dans ses profondeurs féminines. »

— Les mots anglais, pourtant, on les connaît, dit Preetam. On les apprend vite par la télévision et de la bouche de nos enfants. Comme les jurons – on a entendu comment ils les disaient et compris que c'était mal.

— Bite, lâcha Arvinder.

— Couilles, pépia Preetam. Nichons.

— Chatte ? » murmura Manjeet. Nikki hocha la tête et Manjeet sourit jusqu'aux oreilles.

« Nichons-baiser-chatte-culs, débita Arvinder dans une crise soudaine.

— D'accord, intervint Nikki. On peut s'en tenir aux noms d'objets, si ça vous met à l'aise.

— Les légumes, c'est le mieux, déclara Preetam. Dites-moi, y a-t-il quelque chose de plus parlant pour décrire l'impression et le goût que l'aubergine juteuse ? »

*

La semaine suivante, Nikki arriva au centre communautaire en courant sous une pluie mêlée de grêle. Encore tremblante, elle remarqua Sheena, assise seule dans le langar. Elle fit la queue pour remplir son assiette de curry de pois chiches, de dal et de roti, puis alla demander à Sheena la permission de s'asseoir avec elle.

« Bien sûr », dit Sheena en déplaçant son sac.

Nikki prit un morceau de roti avec lequel ramasser le dal. Avec une petite cuiller, elle ajouta un peu de yaourt.

« Miam, dit-elle en mâchant. Pourquoi le dal du temple est-il délicieux à ce point ?

— Vous voulez une réponse religieuse ou la vérité ?

— Les deux.

— Le dal est fait avec l'amour de Dieu. Et il est plein de beurre clarifié.

— Noté, dit Nikki en prenant un peu moins de dal, cette fois.

— Que ça ne vous empêche pas de savourer votre repas ! Mais quand j'essaie un pantalon et qu'il est trop serré, je sais pourquoi.

— Vous ne mangez pas ici avant le cours ? »

Sheena était mince et ne semblait pas du tout souffrir d'une overdose de dal trop gras.

« D'habitude, je rentre après le travail et je prépare le dîner pour ma belle-mère et moi avant de venir. Ça circulait si mal à cause de l'orage que j'ai décidé de venir directement du travail. »

Ainsi, Sheena vivait toujours avec sa belle-mère, même si son mari était décédé. Nikki se demanda si elle le faisait par devoir. Comme elle se surprenait souvent à le faire, elle regarda Sheena à la dérobée, étudia ses vêtements et son attitude pour essayer de deviner à quelle point elle était traditionaliste.

« Elle est démente, la pauvre, continua Sheena. Parfois, elle demande à voir son fils. Comment pourrais-je la laisser vivre seule, perdue et désorientée tout le temps ? »

Cette explication semblait plus logique.

« C'était une bonne belle-mère ? J'ai l'impression de n'entendre que des histoires horribles à ce sujet et je m'inquiète pour ma sœur, qui veut un mariage traditionnel. Mais la vôtre vous traite bien, on dirait.

— Oh oui. C'était comme une amie. On se distrayait l'une l'autre à la maison. Comme elle n'a pas eu de filles, elle appréciait particulièrement ma présence. La question ne s'est pas posée de savoir si je restais ou non dans la famille après la mort d'Arjun. Au début, il a fallu s'habituer à vivre avec eux, mais tout est question d'adaptation dans la vie. Dites ça à votre sœur. Elle a choisi un mariage arrangé ?

— Plus ou moins. J'ai mis une annonce pour elle sur le tableau des mariages.

— Oh, certains des profils sont désespérants, n'est-ce pas ?

— J'aime bien l'annonce qui mentionne le groupe sanguin du type, dit Nikki. Parmi les devoirs d'une bonne épouse figure probablement le don de rein. »

Sheena rit. « Quand mes parents ont arrangé mon mariage, j'ai été mortifiée qu'ils mettent en avant mon teint "clair" comme mon plus grand atout.

— Oui ! Comme si on attirait plus de candidats en comparant sa peau à de l'orge.

— Malheureusement, ça marche. Tout ce foin à propos de la crème qui éclaircit la peau… Dans la famille d'Arjun, tout le monde était plus foncé que moi et, comme on n'arrivait pas à avoir un enfant, quelqu'un a eu le culot de dire : "Au moins, tu n'auras pas à t'inquiéter que tes enfants héritent de son teint."

— C'est n'importe quoi ! »

Nikki se souvenait parfaitement de sa dispute avec Mindi à propos d'une crème éclaircissante achetée en Inde. Sa sœur lui avait répondu : « Tu es mal placée pour dire ça, tu es trois fois plus claire de peau que moi. »

« Vous serez la prochaine ? demanda Sheena. Après votre sœur ?

— Seigneur, non ! Jamais je n'accepterais un mariage arrangé. »

Sheena haussa les épaules. « C'est pas si terrible. Ça nous épargne pas mal de tracas. Je ne crois pas que j'aurais été douée pour faire des rencontres.

— Quand même, on n'a pas l'impression que tout est écrit d'avance ?

— Pas si on manœuvre bien. Par exemple, quand il s'est agi de me trouver un garçon, j'ai réfléchi de mon côté. J'avais croisé Arjun à un mariage et, quand mes parents m'ont demandé mes préférences, je l'ai décrit sans donner son nom. Ils l'ont trouvé dans la semaine. Par chance, il m'avait aussi repérée au mariage. Tout le monde était content.

— C'est assez romantique, en fait », admit Nikki.

Elle espérait seulement que Mindi aurait autant de chance.

« Quand on veut quelque chose, il faut toujours s'arranger pour que nos parents ou nos beaux-parents aient l'impression d'en avoir eu l'idée avant nous, expliqua Sheena en pointant un doigt vers Nikki. Suivez le conseil d'une vieille dame.

— Entendu, Bibi Sheena, dit Nikki en riant. Quel âge avez-vous, déjà ?

— Pile vingt-neuf ans, depuis les six dernières années. Et vous ?

— Pour ma mère, je suis toujours un petit bébé et je n'aurai jamais le droit de penser toute seule. Mais j'ai vingt-deux ans.

— Vous vivez seule ?

— Dans un appartement au-dessus d'un pub. J'aurais du mal à faire croire à mes parents que c'est une idée à eux. »

Soudain, le visage de Sheena s'éclaira. D'un discret mouvement des doigts, elle fit signe à quelqu'un.

« Non, ne vous retournez pas, dit-elle rapidement quand Nikki pivota sur sa chaise.

— Qui c'est ?

— Personne.

— Personne comment ?

— Vous êtes bien curieuse.

— Personne Singh ?

— Allez-vous arrêter de regarder, Nikki ? Bon d'accord, il s'appelle Rahul. Rahul Sharma. Il fait *sewa* au temple trois jours par semaine. Quand il a été congédié de son travail précédent, il a commencé à prendre tous ses repas ici. Ça l'a sauvé. C'est pour ça que, maintenant, il travaille bénévolement à la cuisine pour payer sa dette.

— Vous en savez long sur son compte. Vous vous parlez ou vous vous contentez de regards appuyés dans le couloir du langar ?

— Il n'y a rien entre nous, assura Sheena. Rien d'officiel. On travaille ensemble à la Bank of

Baroda. C'est moi qui étais chargée de lui montrer les ficelles du métier quand il a commencé, il y a quelques semaines.

— Vous rougissez.

— Et alors ?

— Vous êtes amoureuse. »

Sheena se pencha vers Nikki.

« Parfois, il reste bavarder avec moi après le travail. On se retrouve dans le parking, derrière le talus pour que personne ne puisse nous voir depuis la route principale. Mais ça ne va pas plus loin.

— Vous avez déjà pensé à aller ailleurs ? Prenez votre petite voiture rouge et sortez de Southall pour que personne ne vous voie, si c'est ça qui vous inquiète. Ou trouvez un lieu de rendez-vous.

— Ce n'est pas si facile. Un rendez-vous en appelle un autre et on se retrouve en couple en moins de temps qu'il n'en faut pour le dire.

— Et alors ?

— Je suis toujours très proche de la famille de mon mari. Ce serait compliqué. Sans compter que Rahul est hindou. Ça pourrait jaser. »

Ça pourrait jaser. Ce que Nikki détestait cette formule en forme d'avertissement ! Elle l'avait souvent entendue de la bouche de sa mère pour critiquer son travail chez O'Reilly.

« Qui jaserait à propos de Rahul et vous ? Les veuves ? »

— Je ne sais pas ce qu'elles penseraient. Je crois qu'il y a une limite à ce qu'elles peuvent tolérer, en particulier si notre liaison était affichée. Les veuves ne sont pas censées se remarier, rappelez-vous, encore moins *fréquenter*.

— Je me suis souvent demandé pourquoi vous étiez amie avec elles », lâcha Nikki.

Sheena leva un sourcil. « Je vous demande pardon ? »

Immédiatement, Nikki se sentit honteuse. « Désolée, ce n'est pas ce que je voulais dire. »

Elle n'ajouta rien et, pour éviter le regard de Sheena, se détourna vers le hall. Puis elle remarqua une clique de femmes assises au centre de la pièce. Leurs tenues chatoyantes et leur maquillage impeccable leur donnaient le même air glamour que les femmes dans les mélodrames indiens préférés de Preetam.

« Je vous aurais plutôt imaginée lier amitié avec ces femmes là-bas, plus proches de votre âge et de vos valeurs.

— Je ne peux pas, dit Sheena sans même se tourner vers elles. J'ai essayé. Je suis allée à l'école avec certaines d'entre elles. Mais Arjun a eu un cancer peu après notre mariage – premier coup dur. Les gens compatissent, au départ, mais quand la maladie traîne en longueur, ils commencent à vous éviter, comme si votre malchance était contagieuse. La chimiothérapie nous a empêchés d'avoir des enfants. Deuxième coup dur. Elles avaient toutes des bébés, formaient des groupes de mères et ne pouvaient pas me comprendre. Puis, après une rémission de sept ans, Arjun a fait une rechute et il est mort. Je suis devenue veuve.

— Troisième coup dur. Je vois.

— Je me passe très bien d'elles. Les veuves, au moins, sont pragmatiques. Elles comprennent la perte d'un être aimé. Ces femmes là-bas ont épousé des hommes riches, à la tête d'une entreprise familiale. Elles ne travaillent pas. Elles vont chez Chandani toutes les semaines.

— C'est quoi, Chandani ?

— Le salon de beauté le plus cher de Southall. Un de ces endroits où l'on va pour se faire plaisir, mais sinon on peut aussi s'accommoder d'une manucure moins chère dans un petit salon derrière Broadway. » Sheena montra ses ongles pailletés à Nikki et sourit. « Je les fais moi-même depuis des années. Un fond rose soutenu et un vernis pailleté or – c'est la base, pour moi.

— C'est très joli, dit Nikki en inspectant ses propres ongles. Je crois que je n'ai jamais fait de manucure.

— Moi, je ne pourrais pas m'en passer ! Quel dommage que je n'aie pas épousé un homme riche. Je passerais mes journées chez Chandani, à jaser sur tout le monde. Un vrai cloaque, cet endroit, que des potins ! Pire que le langar. On ne peut pas faire confiance à ces femmes. »

L'avertissement de Tarampal traversa l'esprit de Nikki. Mais Sheena semblait digne de confiance. Nikki se sentait à l'aise pour parler avec elle. « Je peux vous demander quelque chose ? »

Sheena hocha la tête.

« Tarampal avait l'air très inquiète à l'idée qu'on nous découvre. Elle a si peur de Kulwinder ?

— Elle parlait des Frères, dit Sheena.

— Les frères de qui ?

— *Les* Frères… Un groupe de jeunes au chômage qui se prennent pour la police des mœurs. Beaucoup travaillaient chez le ferrailleur avant qu'il ne ferme ses portes. Aujourd'hui, ils patrouillent dans l'enceinte du temple et rappellent aux gens de se couvrir la tête.

— Ça m'est arrivé, dit Nikki, sidérée, le souvenir du ricanement de l'homme revenant en même temps qu'une bouffée de colère. J'ai pensé qu'il était juste très religieux.

— Il n'y a rien de religieux dans leur façon de penser. Ils s'ennuient et sont frustrés. Les plus zélés stationnent sur Broadway, où ils font des contrôles inopinés dans les sacs des jeunes pour trouver des cigarettes ; ils demandent aux filles d'où elles viennent et ce qu'elles font pour préserver l'honneur de la communauté. Il paraît qu'ils proposent aussi des services aux familles.

— Quel genre de services ?

— Chasseurs de primes, essentiellement. Si une fille fugue avec son petit ami musulman, les Frères font passer le mot dans leur réseau de chauffeurs de taxi et de commerçants, ils la repèrent et la ramènent chez elle.

— Et les gens ne disent rien ? Personne ne se plaint d'être terrorisé comme ça ?

— Si, il y en a qui ronchonnent, mais personne n'ose s'exprimer franchement. Sans compter que les gens les craignent, et les trouvent aussi utiles. Comme ça, leurs filles filent droit. Il ne faut pas se plaindre trop fort parce qu'on ne sait pas qui est de leur côté.

— Ce type en est ? » demanda Nikki.

Un jeune homme musclé venait d'entrer à grands pas dans le langar. Il avait l'air assez redoutable pour effrayer une étudiante et l'obliger à obéir à ses parents.

Sheena hocha la tête.

« Ils ne sont pas difficiles à repérer. Ils paradent comme des cow-boys pour que tout le monde sache qu'ils sont là. »

Sa voix était empreinte d'amertume et elle jouait avec son collier. Nikki remarqua qu'il s'agissait d'un médaillon en forme de G. Lorsqu'elle surprit son regard, Sheena cacha brusquement son bijou.

« Un cadeau de mon mari, expliqua-t-elle. À cause d'un sobriquet qu'il me donnait. »

Le médaillon ressemblait à ceux que leur grand-mère avait envoyés d'Inde quand Mindi et elle étaient nées : leurs initiales façon dessin animé moulées dans l'or. C'était un collier d'enfant – la chaîne était délicate et courte. L'explication précipitée de Sheena paraissait un peu étrange, mais Nikki était préoccupée par une question plus importante : que feraient les Frères s'ils apprenaient ce qui se passait dans son cours d'écriture ? Quand elle se rendit compte qu'elle connaissait la réponse, elle frissonna.

7

Le cercle coloré sur l'écran tournait depuis presque une minute. Nikki appuya une nouvelle fois sur confirmer et reçut un avertissement : *Si vous tapez une nouvelle fois sur confirmer, votre demande sera soumise à nouveau. Voulez-vous la soumettre à nouveau ?*

« Non, marmonna-t-elle. Je voulais que ça marche la première fois, nom de Dieu. »

Elle avait mal aux bras à force de tenir l'ordinateur portable au-dessus de l'évier et elle se sentait minable. Même pas fichue de finaliser un achat sur Amazon. Au dernier cours, comme Sheena se plaignait que la transcription devenait douloureuse pour son poignet foulé, Nikki avait accepté d'acheter un dictaphone. Elle jeta un œil par la fenêtre – quelques nuages, mais rien de méchant. Elle pourrait tenter sa chance dans un magasin d'électronique du coin.

Quand la pluie commença à tomber, elle était à mi-chemin de King Street. Elle se mit à courir et se réfugia dans le magasin Oxfam, essoufflée et les cheveux plaqués sur le front. La caissière lui sourit avec bienveillance.

« Ça a pris une tournure épouvantable dehors, non ?

— Terrible », répondit Nikki.

Au rayon électronique, à côté d'un carton de vieux séchoirs à cheveux et de prises multiples, Nikki avisa un magnétophone à cassette laqué rouge. Ça pourrait suffire. Et il serait sans doute plus facile à utiliser pour les veuves qu'un dictaphone numérique produisant un tas d'alarmes et de sifflements. Elle le porta à la caisse.

« Vous avez des cassettes vierges, par hasard ?

— J'en ai un carton entier quelque part. J'aimerais aussi me débarrasser de nos cassettes de livres audio. La bibliothèque nous a fait don de toute la collection du *Club des cinq* d'Enid Blyton il y a des années et je n'ai pas eu le cœur de les jeter. Il faut qu'on fasse de la place dans l'arrière-boutique maintenant et si je ne leur trouve nulle part un endroit où atterrir…

— Je pourrais en prendre quelques-uns », dit Nikki.

Elle non plus ne supportait pas l'idée que ces cassettes soient jetées. Leur mère en empruntait à la bibliothèque quand elle était trop petite pour lire et suivre avec Mindi.

La caissière disparut dans l'arrière-boutique et Nikki fouilla les étagères en l'attendant. Elle tomba sur un autre livre de Beatrix Potter, qu'elle parcourut.

« Vous n'auriez pas d'autres livres de Beatrix Potter, par hasard ? cria-t-elle.

— Tout ce qu'on a est en rayon, indiqua la caissière en réapparaissant. Vous cherchez lequel ?

— Ce n'est pas précisément l'une de ses histoires. C'est un recueil de ses premiers dessins et d'extraits de son journal. Il est très difficile à trouver parce que c'est un recueil de fac-similés, sur papier glacé. Je l'ai vu il y a quelques années dans une librairie, mais je ne l'ai pas acheté.

— Je déteste ça. Le *regret littéraire*. On tombe sur un livre et puis on se dit, je le prendrai plus tard. Ensuite, on regrette et impossible de le trouver nulle part. Ça devient une obsession. »

Le regret de Nikki allait au-delà de ça.

« *Beti*, c'est quoi ? Un livre d'images ? »

Son père avait posé la question alors qu'ils étaient dans une librairie de Delhi.

« C'est l'année de ton examen et toi, tu regardes les bandes dessinées. »

Nikki n'avait pas un sou en poche. Elle était incapable de l'acheter elle-même.

« C'est pas un livre d'images, avait-elle dit, frustrée. C'est le journal de Beatrix Potter. »

Mais pour son père, cela ne signifiait rien et elle avait boudé tout le reste du voyage.

La caissière leva vers elle des yeux curieux.

« Des raisons particulières pour acheter un magnétophone à cassette au XXIe siècle ?

— J'enseigne l'anglais à des femmes d'un certain âge. Je n'ai pas un budget colossal pour les supports pédagogiques et on voudrait enregistrer les conversations et noter les progrès en matière de prononciation. »

C'était la réponse qu'elle avait peaufinée au cas où Kulwinder l'interrogerait. En guise de leurre, elle projetait de mettre en scène et enregistrer quelques conversations.

La caissière lui tendit une boîte pleine de cassettes du *Club des cinq*.

« Prenez ce que vous voulez. Celle-là est ma préférée. »

C'était l'histoire d'un passage secret. Elle ne comptait que quelques phrases, mais Nikki fut aussitôt transportée dans son enfance, quand sa mère passait ces cassettes le soir. Elle restait silencieuse, tandis que Mindi suivait les mots sur la page avec son doigt, Nikki assise à ses côtés, captivée par les modulations de la voix du narrateur. Malgré son niveau d'instruction, leur mère avait perdu confiance en sa prononciation une fois arrivée en Angleterre. Nikki pensa à Tarampal Kaur avec une pointe de culpabilité. Cette femme voulait simplement apprendre l'anglais et elle l'avait quasiment ignorée.

« Combien elles coûtent ?

— Seulement dix pence chacune. »

Nikki jeta un œil au carton. Difficile de résister.

« Alors je les prends toutes. »

Elle paya le magnétophone à cassette aussi et sortit sous le déluge en serrant ses achats contre sa poitrine.

Après avoir tiré sur la fermeture Éclair de sa valise, Kulwinder réunit soigneusement ses papiers et son passeport, puis les glissa dans un étui. Elle ferma les yeux, ramena le dupatta sur sa tête et demanda à Nanak de la bénir pour qu'elle fasse bon voyage.

Soudain, un craquement en bas lui fit rouvrir les yeux. Elle dut lutter contre la peur panique qui montait en elle. Ce n'était que Sarab, se persuada-t-elle. Il rentrait tôt de son service. Son pouls reprit un rythme normal tandis qu'elle trouvait une explication pour chaque bruit – il entrait, traversait la cuisine à pas de loup, les gonds de la porte de derrière grinçaient alors qu'il s'approchait du deuxième congélateur où elle entreposait des plats tout prêts pour ses retours tardifs. Elle cria son nom. Il y avait des roti frais et du thé sur la table, mais, de toute évidence, il ne les avait pas vus. Alors qu'elle se dirigeait vers le palier pour l'appeler à nouveau, elle songea qu'il devait probablement la croire partie. Elle posa délibérément le pied sur une latte mal fixée et l'escalier protesta bruyamment.

« Je suis là », annonça-t-elle en atteignant le vestibule. Sarab était au salon, devant la télévision.

« Oh ! À quelle heure est ton vol ?

— 4 h 30. Je dois y être deux heures avant. Trois heures, c'est mieux, mais deux heures feront l'affaire. Moins je croise de Pendjabis à Heathrow, mieux c'est.

— On partira à 2 heures », dit Sarab.

Était-ce du ressentiment dans sa voix ou se faisait-elle des idées ? Ils s'étaient de nouveau querellés la veille à propos du voyage, Sarab l'avait sommée d'expliquer pourquoi elle tenait tant à partir.

« On y va chaque année », lui avait-elle rappelé. Il fallait rendre visite à des proches, assister à des mariages. Bien sûr, certains comprendraient qu'elle rate une année, mais sa vie à Londres avait beaucoup changé ces derniers temps. L'Inde serait toujours la même, comme si elle ne l'avait pas quittée, et plus que jamais, elle avait grand soif du bruit et du chaos de ce passé moins compliqué. Elle voulait respirer l'air vicié et jouer des coudes dans les marchés trépidants. Le refus de Sarab de l'accompagner la décevait beaucoup. Il élargissait encore le gouffre entre eux, celui créé par le chagrin. Elle ne comprenait pas pourquoi il préférait vivre le deuil dans l'immobilité. Elle aurait fait le tour du monde si cela avait pu l'aider à s'évader.

« Tu regardes quoi ? » demanda-t-elle.

Sarab n'était jamais désagréable, simplement détaché. Une légère irritation chiffonnait ses traits.

« Une série télé. »

Elle se retira dans sa chambre et poussa une chaise vers la fenêtre pour regarder le trottoir en bas. Par habitude, elle tourna la tête pour ne pas voir la maison de Tarampal. Deux grands-mères portant des gilets en laine sur leurs salwar-kameez rentraient du marché en tirant des caddies pleins à ras bord. Arrivant d'en face, un couple et leurs trois petits enfants se rangèrent à la queue leu leu pour les laisser passer. Il y eut des hochements de tête de part et d'autre en guise de remerciements. Une des vieilles femmes tendit le bras pour caresser le visage d'un enfant et quand celui-ci leva la tête pour sourire, une douleur aiguë lui transperça le cœur. Sarab vivait-il la perte de Maya dans ces mêmes petites choses ? Elle était incapable de répondre à cette question.

De l'autre côté de la rue, une jeune femme entra dans son champ de vision. Cette démarche pressée était caractéristique. Elle plissa les yeux et appuya le nez à la vitre. Qu'est-ce que Nikki venait faire là ? Son cartable rebondissait contre sa hanche tandis qu'elle traversait la route, les bras chargés d'un carton. Kulwinder tendit le cou et la vit sonner à la porte du numéro 18. Mme Shah ouvrit. Qu'est-ce que ça signifiait ? Elles parlèrent quelques instants, puis Mme Shah indiqua du doigt la maison voisine avant de rentrer chez elle.

Numéro 16. Nikki était venue rendre visite à Tarampal. Kulwinder prit une profonde inspiration et la suivit du regard jusqu'à la porte. Son pouls s'accéléra. C'était toujours comme ça quand elle se retrouvait confrontée à cette entrée, à cette porte. Pendant les semaines qui avaient suivi la mort de Maya, elle avait été hantée par la vision de sa fille entrant par cette porte et n'en ressortant jamais.

Nikki sonna, attendit, puis posa le carton au sol et frappa. Kulwinder la vit tirer un carnet et un stylo de son sac et griffonner un mot qu'elle glissa dans le carton. Puis elle s'en alla, visiblement à contrecœur, se retournant plusieurs fois pour voir si Tarampal s'était matérialisée.

Dès que Nikki eut disparu, Kulwinder se rua dans l'escalier. « Je vais dire au revoir aux voisins ! »

Elle hésita tout de même au moment de traverser. Que faisait-elle ? Elle était curieuse de voir ce que Nikki avait laissé sur le seuil, mais est-ce que ça en valait la peine ? La maison de Tarampal l'attirait autant qu'elle la rebutait, elle dansait fébrilement d'un pied sur l'autre. Elle essaya de se convaincre qu'elle faisait ça pour le bien du cours qu'elle avait mis en place. Il y avait quelque chose de fuyant chez Nikki et il fallait qu'elle découvre quoi avant que les cours n'en pâtissent. Elle traversa la rue tant bien que mal, guettant à droite à gauche, à l'affût de voitures ou de voisins curieux. Il fallait surtout éviter que quelqu'un la repère fouillant dans les affaires de Tarampal.

Le carton ne fermait pas bien, tant il débordait de cassettes. Enid Blyton, *Le Club des cinq*. Elle prit le petit mot, écrit à la hâte dans un gurmukhi plein de fautes d'orthographe :

(À la fille de Tarampal : merci de lui lire ce mot. De la part de Nikki.) Je suis navrée pour la dernière fois. Voici quelques livres-cassettes pour que vous puissiez reprendre l'anglais.

« Reprendre l'anglais ? » Mais qu'est-ce qui se tramait dans ce cours ? Kulwinder remit le mot en place et se hâta de rentrer chez elle. Son cœur battait violemment dans ses oreilles. Elle prit son téléphone et chercha le numéro de Nikki, qu'elle avait enregistré au cas où celle-ci oublierait encore d'éteindre le centre avant de partir.

Elle dut attendre que le tremblement de ses mains s'estompe pour taper un texto.

Bonjour, Nikki. Je serai en Inde plus longtemps que prévu. De retour le 30 mars. En cas de problème, merci de contacter le bureau de l'Association de la communauté sikhe.

Son retour était en réalité prévu le 27 mars. Cela lui laissait trois jours pour une visite-surprise dans la classe afin de découvrir ce qui s'y tramait.

Quelques instants plus tard, elle reçut une réponse.

D'accord ! Faites bon voyage !

*

« Si on jouait à un jeu ? » suggéra Manjeet quand Nikki arriva. Mais celle-ci n'écoutait pas, trop occupée à regarder quatre femmes âgées vêtues de blanc qui erraient dans les couloirs.

« Quelqu'un sait qui sont ces dames ? » À travers la vitre, elle les vit passer lentement. L'une d'elles appuya son visage ridé contre le panneau, puis s'éloigna.

« Ce sont des amies à moi. Elles veulent venir au cours aussi, dit Arvinder.

— Alors pourquoi elles n'entrent pas ?

— Elles vont le faire.

— Pour l'instant, elles nous observent.

— Il faut les laisser aller à leur rythme, pria Arvinder. Elles n'ont jamais mis les pieds dans une salle de classe. L'idée de raconter des histoires est très intimidante.

— On leur a dit qu'il n'y avait pas de quoi s'inquiéter, expliqua Preetam. Mais elles ont un peu peur de vous.

— Vous êtes trop moderne pour elles.

— Trop moderne ?

— Vous portez toujours un jean. Et votre encolure est trop large, tout le monde voit votre soutien-gorge rose pâle en dessous.

— Il est sans bretelles, dit Sheena pour défendre Nikki. C'est la mode.

— La mode, la mode, c'est bien pour les jeunes filles et ça ne nous pose aucun problème, mais pour ces dames ultraconservatrices, vous êtes une extraterrestre, dit Arvinder.

— C'est comme si vous étiez anglaise, ajouta Preetam.

— C'est ridicule ! s'exclama Nikki. Nous ne sommes pas dans un enclos au zoo ! »

Les femmes se pressaient maintenant contre la vitre. L'une d'elles détailla Nikki des pieds à la tête, puis murmura quelque chose à son amie.

« Excusez-moi, Nikki. C'est quoi, un enclos ? demanda Manjeet.

— Une sorte de cage.

— Parfois, vous mélangez l'anglais et le pendjabi.

— Cela vous pose un problème ? »

Manjeet hocha la tête d'un air contrit.

« Et vous n'êtes pas mariée, laissa échapper Preetam. Comment ces femmes sont-elles censées parler de ces choses intimes à une personne qui ne les a pas expérimentées elle-même ?

— Vous allez vous marier, Nikki ? interrogea Manjeet. Vous cherchez un mari ? Il ne faut pas attendre trop longtemps.

— Quand je déciderai de me marier, Bibi Manjeet, vous serez la première à en être informée, répliqua Nikki.

— Ne faites pas ça, dit Arvinder en fronçant les sourcils. Parlez-en à votre famille d'abord.

— Ça suffit ! » déclara Nikki.

Elle marcha d'un pas énergique jusqu'à la porte et l'ouvrit malgré les protestations. Elle offrit son plus beau sourire et s'inclina devant les femmes, mains jointes devant la poitrine.

« Bonsoir, dit-elle. *Sat sri akal.* »

Les autres se serrèrent les unes contre les autres et la regardèrent sans bouger.

« Bienvenue dans la classe. Entrez. » À force de sourire, Nikki commençait à avoir des crampes. « S'il vous plaît. »

Mais les femmes firent demi-tour et Arvinder sortit précipitamment pour lancer des excuses en direction de la procession, lente et voûtée, qui commençait à descendre l'escalier. Puis elle agrippa Nikki par les épaules et la reconduisit dans la classe. « Où vont-elles ? demanda Nikki.

— Vous les avez effrayées. Elles ne s'attendaient pas à ça.

— Alors, quand elles reviendront, je m'excuserai et reprendrai de zéro. Simplement, c'est…

— Elles ne reviendront pas, affirma Arvinder d'un ton brusque. Nous ne sommes pas toutes les mêmes, Nikki, il y a des personnes très réservées dans cette communauté.

— Je sais, mais je…

— Vous ne savez pas. Nous ne sommes qu'un tout petit groupe ici. S'inscrire à ce cours ne représente peut-être rien pour vous, mais pour certaines, cela demande beaucoup de courage, il faut surmonter sa peur. Ces femmes sont timides, craintives. Leurs maris ne s'occupent pas d'elles – en tout cas pas comme elles le voudraient.

— Oh mère, s'il te plaît, dit Preetam.

— S'il te plaît quoi ?

— Nikki, ces femmes viennent d'un village très traditionnel. C'est tout. Et toi, ajouta Preetam pour Arvinder, à t'entendre, on dirait toujours que tu as eu un mari horrible. Dans mon souvenir, papa était moitié moins mauvais que tu ne le dis.

— Tu ne sais absolument rien de ma vie intime avec ton père.

— Et cette soirée avant mon mariage, quand tu m'as donné tous ces conseils ? Tu avais le rouge aux joues, comme si tu redevenais une jeune mariée. Ne me dis pas que tu inventais, tu savais ce qu'était la passion. Vous l'avez forcément éprouvée. »

La lèvre inférieure d'Arvinder frémit. Peut-être s'empêchait-elle de rire, ou de dire quelque chose. Quoi qu'il en soit, Nikki devait mettre un terme à la conversation. Elle sortit le magnétophone du carton et le posa sur la table.

« Je nous ai acheté cet appareil pour libérer Sheena et vous permettre de raconter vos histoires sans avoir à faire des pauses. »

Elle s'occupa de le brancher et d'introduire une cassette.

« On l'essaie ? demanda-t-elle gaiement en appuyant sur le bouton enregistrement. Quelqu'un dit quelque chose ?

— Bonjouuuuur », lança Manjeet comme pour saluer l'engin.

Nikki l'arrêta, rembobina et passa l'enregistrement. On entendait clairement la voix et le silence des autres.

« Vous pourrez me donner les cassettes à la fin de chaque cours ? demanda Sheena. Je les passerai à la maison et j'écrirai les histoires.

— Vous en voulez toujours une version écrite ? demanda Nikki à la cantonade.

— Si ce n'est pas trop d'efforts pour Sheena, répondit Manjeet. J'aime bien l'idée que mes histoires se retrouvent sur du papier.

— Moi aussi, admit Arvinder. Je ne peux pas lire les mots, mais je les vois. Ce sera ma seule chance de voir mes mots imprimés, même si je ne peux pas les lire moi-même. »

Nikki se rappela leurs formulaires d'inscription. Sur la plupart, les nom, adresse et numéro de téléphone étaient en lettres capitales, et presque tous semblaient avoir été remplis à la va-vite par quelqu'un d'autre. Qu'avaient-elles bien pu ressentir devant ces mots ? De la fierté à l'idée qu'ils les représentaient en tant que personnes ? Ou de la honte parce qu'elles ne pouvaient déchiffrer l'alphabet ?

« À quoi voulez-vous jouer, Manjeet ? » reprit Nikki qui venait de se rappeler la proposition.

Visiblement enchantée, Manjeet sortit un magazine de son sac. « Trouvons chacune une histoire pour accompagner ces photos. »

Sur la couverture, on voyait une femme nue allongée sur le dos, ses seins rebondis brillant à la lumière naturelle qui se déversait par une fenêtre ouverte.

« C'est un vieux *Playboy* ? demanda Nikki, un peu étonnée.

— Confisqué à mon fils il y a trente ans. Je l'ai caché au fond d'une malle parce que je craignais que les voisins ne le voient dans les poubelles. Je suis tombée dessus ce matin en mettant de l'ordre dans nos vieilleries. »

Un *Playboy* des années quatre-vingt. Les chevelures étaient abondantes et les couleurs sépia donnaient instantanément aux images un air nostalgique. Certains hommes portaient des moustaches taillées. Le magazine commença à circuler et bientôt Arvinder brandit une double page montrant un mannequin nu assis sur le capot d'une voiture de sport. Sa peau couleur bronze rayonnait, par contraste avec la carrosserie rouge.

« Cette femme attend dans le garage pour surprendre son amant. Il est mécanicien.

— Il passe ses journées à réparer les voitures des gens et, quand il rentre, il est prêt à se qu'on s'occupe de lui, proposa Sheena.

— Le problème, c'est qu'elle en a assez d'attendre. En plus, à son retour, il faut qu'il se douche pour enlever toute cette saleté et cette transpiration, histoire de sentir bon pour elle, dit Manjeet.

— Elle décide alors de se rhabiller et d'aller faire un tour en voiture dans le quartier. Dès qu'elle verra un bel homme, elle le ramènera chez elle », continua Preetam.

Arvinder feuilleta le magazine jusqu'à une autre page.

« Celui-ci », décida-t-elle en désignant la photo d'un homme bronzé et musclé, aussitôt approuvée par les autres.

Nikki resta silencieuse pendant que l'histoire prenait forme dans la bouche de chacune, jusqu'à sa conclusion.

« Je crois qu'on a fait le tour, déclara Sheena.

— Mais ils n'ont utilisé que leurs mains, protesta Manjeet.

— Et alors ? dit Arvinder. L'un et l'autre sont très satisfaits. Et puis, elle garde l'essentiel pour son amant. Elle se couchera quand même à ses côtés ce soir.

— Exact. Le temps qu'elle en finisse avec cet homme, ce sera le soir et son amant sera rentré.

— Mais il se rendra compte qu'elle a vu un autre homme !

— Elle n'a qu'à prendre une douche, dit Sheena.

— Elle serait trop propre, dans ce cas. C'est suspect, dit Arvinder.

— Trop propre ? Il y a des hommes que ça dérange ? demanda Preetam. Je me douchais toujours juste avant le retour de mon mari.

— Elle peut très bien mettre un peu de parfum », suggéra Sheena.

Arvinder secoua la tête. Sa voix monta dans les aigus, pleine de conviction.

« Voilà ce qu'elle va faire. Elle prend une douche, puis elle sort. Elle passe le puits du vieux village et, au petit marché, rejoint les autres femmes du foyer. Elle trouve quelques courses à faire – payer le chai-wallah à l'avance pour une semaine, apporter l'eau aux ouvriers agricoles. À peu près l'activité qu'elle aurait eue dans la journée. Sa peau brille d'une légère transpiration, mais elle n'est pas sale. Voilà comment elle peut se couvrir. »

Elle avait fini hors d'haleine, euphorique, triomphante. L'aveu qui se cachait derrière ses mots la laissait visiblement essoufflée. Toutes la fixèrent. Preetam en particulier semblait horrifiée.

« C'est près de chez nous, au Pendjab, finit-elle par dire.

— Il n'y a qu'à utiliser plutôt les lieux que fréquente les goris, dit Arvinder. Dites-nous, Nikki, où est-ce que vous allez dans votre quartier ?

— Au pub.

— Voilà. Ajoutez ça, Sheena.

— Qui c'était ? demanda doucement Preetam. Quand ? »

Arvinder inspira longuement mais ne dit rien.

« Qui c'était ? cria Preetam.

— Inutile d'élever la voix, Preetam. Je suis toujours ton aînée.

— Tu viens d'admettre la chose la plus déshonorante qui soit ! Avec qui tu trompais mon père ? Tu as détruit une autre famille ? »

Preetam regardait frénétiquement autour d'elle. C'était le rôle de sa vie. Un exutoire à toute son angoisse existentielle et son aspiration dramatique.

« C'était qui ? »

Les autres, ratatinées sur leurs chaises, ne perdaient pas une miette de la scène. Nikki se rappela que, la première fois qu'elle avait vu ces deux femmes qui se ressemblaient tellement, elle les avait prises pour des sœurs. Mais cette dispute mettait leurs différences en lumière. Les manches de la tunique blanche d'Arvinder flottaient autour de ses poignets osseux et les ourlets avaient légèrement grisonné, alors que Preetam soignait toujours son apparence élégante

– ornements de dentelle sur un dupatta crème. Ses yeux brillaient de colère, tandis que ceux de sa mère étaient mouillés et distants. La révélation la bouleversait complètement.

Preetam s'éventa. « Hai, Nikki. Je pourrais m'évanouir !

— Ce n'est pas nécessaire, ironisa Sheena.

— Ne t'en mêle pas, lui conseilla doucement Manjeet.

— Tu as pensé à notre famille ? reprit Preetam. À ce qui se serait passé si papa l'avait découvert ? Ça continue d'arriver, tu sais. Regarde comment Maya a fini.

— Ça suffit, répliqua sèchement Arvinder, provoquant d'abord les sanglots puis la fuite de sa fille.

— Je crois qu'il est temps de faire une pause, annonça Nikki. On se retrouve ici dans dix minutes. »

Tandis que les femmes sortaient en file indienne et en silence, Nikki se carra dans sa chaise. Sa tête vibrait. La référence à Maya la perturbait particulièrement. De quelle fin parlait-on ? Quels étaient ces textos découverts sur son téléphone ? À qui le demander, et quand ? Elle vit par la fenêtre Sheena et Manjeet avancer côte à côte vers le temple, Arvinder lambinant derrière elles. Nikki envisagea d'aller la trouver, mais elle ne voulait surtout pas être importune, surtout après son faux pas de tout à l'heure. Arvinder traversa un halo de lumière chaude, qui donna à ses vêtements blancs une apparence douce et légèrement jaune. Plus une veuve, mais une femme douce en mal d'amour.

*

Le pull marin que portait Jason le mettait spécialement en valeur. Alors qu'ils faisaient la queue devant le cinéma d'art et d'essai, Nikki ne put s'empêcher de le regarder à la dérobée. Il s'était légèrement coupé le long de la mâchoire en se rasant. Elle se demanda s'il avait mis autant de temps qu'elle à se préparer. Elle avait acheté du mascara, du rouge à lèvres, du fard à paupières et du fond de teint chez Boots après qu'une vendeuse enthousiaste l'avait convaincue d'accepter un mini-changement de look. Sur le chemin du retour, elle avait regretté ces achats contre lesquels elle pestait d'ordinaire. Le maquillage était étouffant. Il créait un idéal de femme… n'est-ce pas ? Mais le reflet aperçu dans une vitrine lui avait donné une nouvelle vision d'elle-même, les lèvres plus pleines et le regard plus effronté – et elle avait apprécié.

Quand ils arrivèrent enfin à la caisse, il ne restait de places que pour un film français.

« Parfait. Il a de bonnes critiques, dit Nikki.

— Mais il commence dans une heure trente. Et si on allait marcher un peu et manger quelque chose ? proposa Jason. Tu es déjà allée à Paris ? demanda-t-il tandis qu'ils descendaient lentement la rue.

— Une fois, dit-elle. Avec un amoureux. »

Elle voulait paraître mystérieuse, mais ça sonnait comme le titre d'une histoire érotique. *Une fois, avec un amoureux.* Elle rit sottement.

« C'était si bien que ça ?

— Non, épouvantable, en fait. J'ai rencontré un étudiant français en cinéma dans une fête, l'an dernier. J'ai trouvé des billets Eurostar pas chers et je suis partie le rejoindre à Paris pour quatre jours. C'était censé être romantique.

— Et ça ne l'a pas été ?

— On était tous les deux fauchés. Il était absent l'essentiel de la journée, pour travailler – pas à son art, figure-toi. Au McDo. Je passais quasiment toute la journée assise chez lui à regarder la télévision.

— Tu n'es pas sortie ? Tu n'as pas visité la Ville lumière ?

— Il n'arrêtait pas de promettre qu'on sortirait ensemble à son retour du boulot. Il habitait dans un quartier vraiment pas rassurant et, mon niveau de français étant complètement nul, ça me convenait de l'attendre. Mais chaque soir il rentrait maussade et fatigué. Ça a vite mal tourné.

— Quel dommage…

— Et toi ? Tu es déjà allé à Paris ? »

Jason secoua la tête.

« Je suis allé en Grèce et en Espagne avec mon ex, les seules destinations qui l'intéressaient. Je ne connais pas Paris. »

Un changement dans sa voix attira l'attention de Nikki. Il dut remarquer son air scrutateur, car il changea de sujet.

« Il y a un endroit un peu plus haut où ils font de délicieuses pizzas. »

Ils passèrent devant une librairie appelée Sally's Bookshop. Quelque chose s'agita au fin fond de l'esprit de Nikki.

« Ça t'ennuie si on jette un œil ? Je veux juste voir s'ils ont quelque chose.

— Pas de problème », acquiesça Jason, qui s'empressa de filer vers un rayon tout au fond de la boutique.

Nikki s'approcha de la caisse et posa sa sempiternelle question : avaient-ils le journal et les dessins de Beatrix Potter ?

« Il est épuisé, dit le vendeur après avoir consulté son ordinateur. Vous avez cherché des exemplaires d'occasion sur Internet ? »

Nikki en avait trouvé deux, mais en piteux état. Les pages de l'un d'eux étaient en accordéon, gonflées, comme si quelqu'un l'avait fait tomber dans le bain. Elle remercia le vendeur et rejoignit Jason au rayon « Philosophie orientale ». En passant devant les anthologies, elle ne put s'empêcher d'entendre les voix de ses conteuses de Southall, insistantes et cadencées lorsqu'elles tissaient leurs contes sensuels.

« Qu'est-ce que tu cherchais ? » lui demanda Jason.

Nikki lui parla du livre de Beatrix Potter.

« Je l'ai trouvé dans cette petite librairie de Delhi où, du sol au plafond, s'entassaient manuels scolaires et romans. On pouvait y passer toute la journée.

— Tu ne te souviens pas de son nom ?

— Non, juste qu'elle était à Connaught Place, plus ou moins coincée derrière une boutique dans un de ces bâtiments coloniaux restaurés.

— Parmi dix autres librairies semblables, au moins, dit Jason avec un sourire. Je sais que les gens vont à Connaught Place pour échapper au chaos de Delhi, mais moi, j'aime les charrettes à bras et les étals de fortune qui trouvent leur place Dieu sait comment.

— Exactement. Plus j'y pense, plus je veux ce livre-là en particulier et aucun autre. Je me rappelle encore qu'il portait une tache de thé en forme de feuille. Mon père l'avait regardé et dit : "Il n'est même pas neuf, ce livre." Ça m'avait encore plus mise en colère. J'étais si contente d'en découvrir le contenu et lui ne voyait qu'une marque superficielle sur la couverture. »

Ils allèrent ensemble à la caisse et Jason acheta un ouvrage intitulé *Philosophie japonaise*.

« Pour ma collection. J'ai tous les numéros de la série – chinoise, indienne, occidentale et islamique. Et sikhe, bien sûr. Mais j'ai en plus toute une étagère de livres de philosophie sikhe. »

Un nerd, pensa Nikki avec un pincement de joie.

« Tes parents sont religieux ? demanda-t-elle.

— Pas vraiment. Traditionnels, mais pas religieux. Ce qui m'a poussé à étudier le sikhisme, au départ. Il me semblait que beaucoup de règles qu'ils voulaient imposer étaient sans fondement spirituel. J'ai commencé à lire les écritures pour pouvoir débattre avec eux.

— Je suis sûre qu'ils ont adoré !

— Bien sûr qu'ils ont adoré, répliqua Jason avec un grand sourire. Mes parents admettent à contrecœur avoir appris quelques petites choses, mais c'est du boulot. Et les tiens ? Traditionnels ?

— Maman a toujours été un peu plus traditionnelle que papa. Lui me soutenait, plutôt. Maman semblait penser qu'elle devait constamment me mettre au pas. Ç'a été dur quand papa est mort.

— Vous étiez proches ? demanda Jason avant d'ajouter précipitamment : Pardon. Quelle question stupide ! Je détestais les gens qui me demandaient ça quand ma mère était malade. Comme si notre proximité avait de l'importance – c'est ma famille, qu'on soit proches ou non n'est pas la question.

— C'est pas grave. Et oui, on l'était. Il m'encourageait beaucoup, mais avant qu'il meure, nous avons eu une énorme dispute. J'avais arrêté le droit et il était furieux. Je ne l'avais encore jamais vu aussi en colère. On ne se parlait plus, puis il est parti en Inde avec maman pour s'éloigner de tout ça et il est mort là-bas. »

Elle avait parlé d'un ton neutre, mais elle sentit soudain le chagrin bouillonner dans sa poitrine et les larmes lui monter aux yeux. Elle paniqua. Allait-elle enfin pleurer son père pour la première fois maintenant, lors d'un premier rendez-vous amoureux ?

« Désolée, dit-elle d'une voix étranglée.

— Hé ! »

Ils approchaient d'un petit parc et Jason lui montra un banc en fer, face à la rue. Elle hocha la tête. Heureusement, il faisait presque nuit et la pénombre masquait son trouble ; la pression des larmes subsistait.

« C'est dur parce que sa mort a été si soudaine que je ne saurai jamais s'il avait accepté ou non ce que j'ai fait. Ma mère se montre toujours très nerveuse quand j'essaie de l'interroger sur ses derniers instants, alors j'imagine qu'il m'en voulait encore beaucoup. Je ne sais pas lequel des sentiments est le pire – la culpabilité ou le chagrin. Ou lequel je suis censée ressentir.

— Le chagrin, je suppose. Se sentir coupable ne sert pas à grand-chose.

— Mais si je n'avais pas laissé tomber mes études ?

— Tu n'as pas le droit de t'infliger ça. Je comprends. Mes parents auraient piqué une crise si j'avais abandonné mon école d'ingénieurs. Heureusement pour eux, j'aime vraiment ça. Mais tu ne peux pas te torturer avec ce qui aurait pu arriver si tu avais décidé de continuer ton droit. Ça t'aurait vraisemblablement rendue malheureuse. »

Nikki prit une profonde inspiration. Olive lui avait répété la même chose, mais Jason était le premier Pendjabi à approuver sa décision. Elle s'aperçut que, inconsciemment, elle s'était attendue à ce qu'il exprime les mêmes inquiétudes que Mindi. *Et le devoir ?* Au lieu de cela, elle ne vit sur son visage que de la compréhension.

« Merci, dit-elle.

— De rien. On a tous dû accepter l'idée de décevoir ses parents.

— Tu n'as pas dû poser trop de problèmes vu que tu es l'aîné, un garçon et ingénieur », dit-elle en éclatant de rire.

Peut-être était-ce une illusion créée par les phares des voitures qui passaient, mais, l'espace d'un instant, elle crut lire de la détresse sur le visage de Jason. Il rit, mais avec un tout petit temps de retard. Elle attendrait pour l'interroger, il était sans doute trop tôt pour se montrer indiscrète.

« Je blaguais, ajouta-t-elle.

— Je sais. Mais la pression de la réussite est énorme. J'ai dû cocher toutes les cases depuis le début. Ça me fait penser aux chips de banane.

— Là, tu m'as perdue.

— Quand j'étais au jardin d'enfants, mes parents ont découvert que j'étais gaucher. Ils étaient effondrés. Mon père s'asseyait chaque soir avec moi pour m'entraîner à écrire de la main droite. Je détestais ces séances et il n'y avait qu'une seule façon de me motiver : papa me soudoyait avec une chips de banane séchée pour chaque ligne écrite de la main droite. J'en raffolais. C'était deux ou trois ans avant que je découvre la vraie junk food, bien sûr.

— Quel est le problème à être gaucher ? »

Jason prit un air sérieux.

« J'entrais dans la vie avec un handicap dévastateur, Nikki. Jamais je ne pourrais utiliser des ciseaux convenablement. Nouer des lacets serait compliqué. Et le pire, c'est que mon écriture ne serait jamais soignée. Papa avait un cousin en Inde qui était toujours puni par ses professeurs parce qu'il faisait des pâtés d'encre sur ses devoirs.

— Quelques chips de banane ont suffi à te convertir. Tu ne ferais pas un bon espion.

— J'ai tenu bon et je suis resté gaucher. Je me faisais attraper à chaque fois que je rentrais de l'école avec des taches d'encre sur la main gauche. Ma mère était complexée par son statut d'immigrante – elle ne voulait pas qu'on puisse penser qu'on n'était pas propres. Elle me frottait les mains tous les jours avec un savon bleu granuleux, mais elle n'a pas pu changer ma nature.

— Quel rebelle ! » plaisanta Nikki.

Jason eut un grand sourire.

« Ce que je veux dire, c'est que j'ai toujours été conscient que suivre les règles et satisfaire des attentes était une contrainte. L'aîné doit ouvrir la voie. Si je ratais quoi que ce soit, mes frères et sœurs seraient condamnés, aux yeux de mes parents.

— Parfois je pense que c'est pour ça que ma sœur tient tant à trouver un mari, dit Nikki. Elle veut faire les choses bien, dans l'espoir que je suivrai son exemple.

— Alors tu vas mettre aussi une petite annonce sur le panneau des mariages ?

— Jamais.

— Tant mieux. Ce n'est déjà pas très glorieux que tu m'aies ramassé au temple…

— Je ne t'ai pas ramassé », rétorqua Nikki en lui donnant une tape sur le bras.

Il rit et se redressa.

« Viens, allons manger quelque chose. »

Il tendit les mains, paumes en avant, l'invitant à y poser les siennes, puis l'aida à se lever. Elle vacilla et il la saisit à la taille avant qu'elle retombe sur le banc. Un instant plus tard, ils s'embrassaient. La rue autour d'eux sombra dans un silence paisible qui perdura même après qu'ils se furent éloignés l'un de l'autre et qu'ils eurent commencé à marcher, sans un mot, en direction du restaurant.

Une fois attablés devant leurs pizzas, Jason voulut savoir comment se passait son travail au temple.

« Bien, répondit Nikki. Il n'y a pas grand-chose à en dire, vraiment. J'apprends simplement à lire et à écrire à de vieilles dames.

— Ça a l'air très enrichissant.

— Ça l'est. »

Derrière le brouhaha des voix et le cliquetis des couverts, elle pouvait presque entendre les soupirs des femmes après un récit particulièrement torride.

« C'est quelque chose que tu as toujours voulu faire ?

— Oui, dit-elle sans pouvoir s'empêcher de sourire. J'ai toujours voulu m'investir pour la communauté, et là il y a l'écriture en plus : mes deux passions combinées. »

Le mot « passion » la fit glousser.

« Dis donc, tu as l'air enthousiaste ! Ta mère et ta sœur doivent être sacrément fières que tu aides les femmes de la communauté. »

Une image passa fugitivement dans son esprit : maman et Mindi assises au fond de sa classe, le stylo sagement suspendu au-dessus du cahier, et leurs visages de plus en plus perplexes au fil des scènes de sexe, des séries de légumes. Elle éclata de rire. Un de ces rires incontrôlables qui coupent le souffle et font mal au ventre. Elle secoua la tête et ferma les yeux, tremblant de peur. Quand elle les rouvrit, Jason la dévisageait d'un air curieux.

« Mon Dieu ! Pardon. » Les larmes ruisselaient sur son visage. « Il faut que je t'avoue quelque chose.

— Quoi ?

— Je ne suis pas professeur.

— Tu fais quoi, alors ?

— Je dirige un atelier d'écriture érotique pour des veuves pendjabies. »

Jason cligna des yeux. « C'est-à-dire ?

— Eh bien, exactement ça. Deux fois par semaine, on se retrouve au centre communautaire du temple sous prétexte de cours d'anglais, mais les femmes y racontent des histoires de sexe.

— Tu plaisantes, dit Jason. Forcément. »

Elle but théâtralement une gorgée de son vin. « Non, je ne plaisante pas. On s'y met toutes, avec des commentaires et des suggestions pour rendre l'histoire plus convaincante. Parfois, nous passons tout le cours sur un seul récit. »

La mine de Jason l'inquiéta un peu. Elle n'aurait peut-être pas dû dire ça.

« Qu'est-ce qu'il y a de mal ? C'est un travail formidable, dit-elle doucement.

— Rien de mal. J'ai simplement peine à le croire.

— Voilà une citation, par exemple : "Elle sentit son pouls battre dans le doux endroit secret entre ses cuisses." »

Jason secoua la tête lentement. Il avait l'air à la fois curieux et amusé.

« Comment vous en êtes arrivées là ? »

Nikki raconta comment elle avait postulé pour animer un atelier d'écriture et s'était en fait retrouvée à donner des cours d'alphabétisation, et comment ces cours étaient bel et bien devenus un atelier d'écriture.

Le sourire de Jason la grisait.

« Ce sont de vraies veuves ? Comme ma grand-mère ?

— Je ne sais pas. Est-ce que ta grand-mère pourrait fantasmer sur le fait de pétrir la pâte du roti avec ses fesses nues ? C'est un détail d'un de nos derniers récits. »

Une idée d'Arvinder. Mari et femme étaient émoustillés par la mise en scène – la femme à moitié dévêtue qui écrase la pâte fondante avec son arrière-train et l'homme qui mange le roti plus tard, en le trouvant doux comme du velours grâce à cette méthode secrète.

« Je ne l'imagine pas assez érudite en la matière pour imaginer une scène pareille.

— Elle ne t'en parle peut-être pas à toi, mais je parierais qu'elle le fait avec ses amies.

— Tu parierais que ma douce et innocente Nani-ji échange des histoires coquines avec son groupe de prière ? »

Nikki sourit.

« Il y a un mois, je croyais cela inenvisageable moi aussi, mais la palette d'histoires est si riche… Il doit y en avoir plein d'autres. »

Elle ne pouvait s'empêcher de regarder autrement les femmes âgées désormais, et pas seulement les Pendjabies.

« Ma grand-mère ne sait même pas écrire son propre nom. Quand elle me voyait jouer à des jeux vidéo, enfant, elle pensait qu'il y avait vraiment des hommes dans l'ordinateur, avec des revolvers en miniature dans cette toute petite ville prise de folie meurtrière. Il est impossible qu'une personne qui a si peu de contact avec le monde puisse imaginer des histoires de sexe aussi détaillées.

— Le sexe et le plaisir sont pourtant instinctifs, non ? Les analphabètes peuvent parfaitement avoir une sexualité satisfaisante. Toi et moi, on est habitués à en percevoir les raffinements parce qu'on l'a apprise, comme les autres fondamentaux – lire, écrire, utiliser un ordinateur et j'en passe. Pour les veuves, le sexe précède toutes ces connaissances.

— Je n'ai pas écouté un seul mot de ce que tu viens de dire : je pensais à ma grand-mère en pleine séance de sexe-roti, dit Jason en grimaçant.

— Du pain de cul, proposa Nikki.

— Un toast à la fesse, rit Jason. Je suis encore sous le choc. Comment se fait-il que ces femmes se soient senties assez à l'aise avec toi pour te raconter tout ça ? À part ton charme évident, bien sûr.

— J'imagine qu'elles ne s'attendaient pas à ce que je les juge, parce que je suis une fille moderne. Mais elles ne me disent pas tout. »

Elle repensa à la colère de Preetam et au destin malheureux de Maya. Aucune explication n'avait été fournie après la pause qu'elle avait réclamée et elle sentait qu'il s'écoulerait beaucoup de temps avant qu'elle puisse poser des questions à ce sujet.

« Assez discuté de mon travail. Parle-moi du métier d'ingénieur.

— Tu semblais déjà t'ennuyer rien qu'en prononçant le mot ingénieur.

— Parle-moi ! Du ! Métier ! D'ingénieur ! » répéta Nikki en lançant les poings en l'air.

Le rire de Jason retentit dans le restaurant. Un serveur lui jeta un regard noir.

Ils n'allèrent pas au cinéma, mais restèrent attablés et commandèrent à nouveau du vin. Sans avoir besoin de se consulter, ils étaient d'accord pour continuer à bavarder. Jason était passionné par les histoires des veuves et Nikki ne percevait chez lui, tandis qu'il l'écoutait, ni indignation ni dégoût. Il ne fronça pas les sourcils quand elle mentionna incidemment qu'elle avait l'impression de mener un travail féministe. Le mot ne semblait pas l'irriter.

Après le dîner, ils flânèrent dans le quartier. La soirée était douce et les rues luisaient à la lueur des lampadaires. Elle s'approcha de lui et il glissa un bras autour de sa taille. Ils s'embrassèrent à nouveau.

« C'est à cause de toutes ces histoires érotiques », dit Jason.

Non, c'est toi, pensa Nikki.

8

Nikki étala les trois tuniques indiennes et prit une photo qu'elle envoya à Mindi avec un texto : *Lequel je prends ?* Le propriétaire de l'étal, un petit homme avec une barbe blanche et un grand turban rose, énuméra rapidement les qualités de ses produits : « 100 % coton ! Très aéré ! Les couleurs ne déteignent pas – même le rouge ne se délave pas ! » Son enthousiame excessif laissait clairement penser que c'étaient des vêtements en polyester qui sentiraient la sueur au bout de dix minutes et transformeraient son panier à linge sale en scène de crime si elle osait les mettre dedans.

Mindi la rappela. « Depuis quand tu portes des *kurtis* ? demanda-t-elle.

— Depuis que j'ai découvert un bazar à Southall qui les vend nettement moins cher que n'importe quelle friperie de Londres.

— Prends le bleu-vert tout à gauche.

— Pas le marron ?

— Ce n'est pas mon préféré. Le noir est sympa aussi, avec sa broderie argentée sur le col. Tu pourrais m'en acheter un ?

— On va vraiment s'habiller avec ce que maman nous forçait à mettre à l'école primaire ?

— C'était pire que tout, hein ? grogna Mindi. Tout le monde nous demandait si on était jumelles.

— Et quand on la suppliait d'arrêter, elle nous traitait d'ingrates. *Certains enfants n'ont même pas de vêtements !* » L'idée d'enfants allant tout nus à l'école avait rendu Nikki et Mindi hystériques.

La bâche au-dessus de l'étal commençait à s'affaisser, alourdie par la pluie. Nikki se frottait les mains pour les réchauffer. À côté, une queue commençait à se former devant un stand de chai.

« Qu'est-ce qu'il y a d'autre dans ce bazar ? Des trucs bien ?

— De la nourriture, deux ou trois stands de masala, des bonbons indiens, dit Nikki qui regardait alentour. Ah, il y a aussi une femme qui teint les bijoux fantaisie pour qu'ils soient parfaitement assortis à ta tenue. Et tout une gamme de décorations de mariages qui brillent et cliquettent, et j'ai aussi repéré un type flanqué d'un perroquet qui lit l'avenir dans un chapeau. »

Les femmes écumaient les étals les uns après les autres, leurs sacs bien serrés sous le bras. Plus tôt, elle s'était faufilée jusqu'à un groupe de vieilles dames qui comparaient des aubergines, mais fut déçue de les entendre seulement échanger une recette.

« Tu travailles ? demanda Nikki.

— Je partais. J'étais en train de trier des échantillons de maquillage que Kirti m'a donnés pour ce soir. Je n'arrive pas à me décider entre deux mascaras.

— C'est plus pour toi que pour le garçon, non ? Il ne verra probablement pas la différence.

— Je ne rencontre que des femmes cette semaine.

— Dans ce cas, vérifie que le gurdwara organise des mariages lesbiens.

— Je pensais t'en avoir parlé, rétorqua Mindi.

— Je pense que je m'en souviendrais.

— Comme l'annonce du temple ne marche pas très bien, j'ai décidé de me faire parrainer sur compagniesikhe.com. C'est plus discret que ce que je pensais, et on peut mettre des filtres très très très précis.

— Alors tu as pu préciser que ton mari devait posséder un vagin ? » demanda Nikki, oubliant l'espace d'un instant où elle se trouvait.

Le vendeur enturbanné chancela comme si on venait de lui tirer dessus.

Elle s'excusa puis, un peu honteuse, pointa les trois tuniques du doigt et leva un pouce en l'air. Le vendeur hocha la tête et les fourra dans un sac en plastique bleu gaufré.

« Sur compagniesikhe.com, on peut faire connaissance avec les femmes de la famille avant de rencontrer les garçons. On prend un café et, si le courant passe, elles te présentent à leur frère, neveu ou fils. »

Un vrai cauchemar, quoi.

« C'est une pression énorme, cette présélection », commenta Nikki.

Sans compter l'idée complètement flippante d'entrer dans une famille où les sœurs et les mères choisissaient les compagnes de leurs hommes.

« C'est censé diminuer la pression, justement. De toute façon, je passerai beaucoup de temps avec les femmes de la famille, alors j'imagine qu'elles veulent voir si on est compatibles.

— Du coup, c'est moi qui vais présélectionner les garçons pour toi ? J'ai un droit de veto ? Ou ça ne fonctionne que dans un sens ? Franchement, Mindi, ce truc est vraiment affreux. N'importe quel candidat du temple me semble préférable à tes tantes sikhes.

— Je crois que je vais prendre l'eye-liner prune. Il est plus subtil et fait meilleure impression. »

Le signal était assez clair : l'avis de Nikki n'était plus requis.

« Je te raconterai !

— Bonne chance », marmonna Nikki.

Elles se dirent au revoir et raccrochèrent. Nikki paya le vendeur puis alla prendre place dans la queue pour le chai tout en regardant les gens se disperser pour s'abriter de la pluie qui redoublait.

Elle serra son sac contre elle. Mindi ne le savait probablement pas, mais elle avait adoré ces tenues imposées lorsqu'elles étaient enfants. Elle avait été secrètement triste le jour où leur mère avait renoncer à lutter.

*

Arvinder et Preetam s'ignoraient. Elles étaient arrivées au cours à dix minutes d'intervalle et s'étaient assises chacune à un bout de la salle. Le cahier, le téléphone et le sac de Sheena étaient posés sur une table, mais point de Sheena en vue. Manjeet aussi manquait à l'appel.

« On va attendre les autres », dit Nikki. Elle sourit à Arvinder, laquelle évita son regard.

Preetam, elle, traficotait le bord dentelé de son dupatta, le pliait en petits coins serrés. Le silence rappela à Nikki ses premiers instants avec les veuves. Elle jeta un œil à la place occupée par Tarampal la première fois et où celle-ci avait consciencieusement tracé des lettres en pointillé dans son cahier d'exercices.

« Je suis là ! s'écria Sheena hors d'haleine en entrant avec trois femmes. Voici Tanveer Kaur, Gaganjeet Kaur et la femme de feu Jasjeet Singh. On l'appelle Bibi. Elles voudraient participer au cours. »

Nikki embrassa les femmes du regard. Tanveer et Gaganjeet semblaient sur la fin de la soixantaine, mais Bibi était plus proche d'Arvinder en âge. Toutes étaient vêtues de blanc.

« Vous êtes toutes des amies de Sheena ? demanda-t-elle, recevant des hochements de tête en réponse. Tant mieux. Vous savez donc de quoi on discute ici. »

Elle n'avait surtout pas besoin de participantes véritablement désireuses d'apprendre l'anglais.

« Je continue de dire à la plupart des gens que je viens ici pour améliorer mon anglais, expliqua Sheena. Sauf aux personnes de confiance. »

Elle sourit aux nouvelles recrues.

Depuis son coin, Arvinder éleva la voix.

« On ne peut pas se fier aux amis de tout le monde et penser qu'ils sont dignes de confiance. On finira bien par tomber sur quelqu'un qui ne sait pas garder un secret. »

Bibi était indignée.

« Je sais garder un secret.

— Elle souligne simplement qu'on doit rester prudentes, précisa Sheena avec conviction.

— Vous êtes toutes les bienvenues ici. Il faut simplement s'assurer que nous ne soyons pas découvertes par les mauvaises personnes », renchérit Nikki.

En traversant Southall Broadway après son marché, elle avait aperçu trois jeunes Pendjabis en patrouille à l'arrêt d'autobus, qui rappelaient sans ménagement à quelques étudiantes qu'elles devaient rentrer directement chez elles.

Preetam scruta l'ourlet bordé de perles de la nouvelle tunique de Nikki, prête à engager la conversation maintenant qu'Arvinder et elle n'étaient plus seules.

« J'aime bien ce que vous portez, dit-elle.

— Merci. Pas de bretelles de soutien-gorge visibles !

— Oui, c'est très joli », dit Gaganjeet avant que son visage se déforme – yeux exorbités, lèvres retroussées révélant sa dentition. Puis elle lâcha un hurlement assourdissant. Dans le silence qui suivit, Nikki s'aperçut qu'elle était la seule déconcertée.

« *Waheguru*, dit Arvinder en guise de bénédiction.

— C'était un éternuement ? demanda Nikki.

— Hanh, je me remets d'un rhume. J'ai éternué et toussé tout le week-end, précisa Gaganjeet.

— C'est dans l'air, dit Preetam. J'ai vu Manjeet au temple ce matin et elle a dit qu'elle ne viendrait pas en cours ce soir. Je suppose qu'elle aussi est souffrante. Elle avait l'air un peu pâle. Vous devriez prendre quelque chose pour ce rhume, Gaganjeet.

— J'ai pris du thé. Avec du fenouil.

— Je voulais parler de médicaments. La pharmacie de Boobie Singh se trouve près de chez vous, non ?

— Bobby, pas Boobie, corrigea Sheena.

— Il est trop cher, ce Boobie, se plaignit Gaganjeet.

— Est-ce que l'une de vous a une histoire à raconter ? » intervint Nikki, de crainte que la discussion ne dérive davantage.

C'était le risque, à être trop nombreuses. Avant de se mettre au travail, les femmes échangeaient souvent des cancans : la couleur du *lengha* que portait la petite-fille de telle amie à sa réception de mariage, le retard du bus qui les emmenait au marché ce dimanche, le début d'une série de vols de sandales au temple…

« Nikki, une petite minute, *nah* ? réclama Arvinder. Nous venons juste de rencontrer de nouvelles amies. Et il paraît que Kulwinder est en Inde. Ça veut dire qu'on peut rester dans le bâtiment plus tard.

— Et faire plus de bruit, renchérit Sheena.

— Je ne crois pas qu'on devrait considérer l'absence de Kulwinder comme une raison de se détendre, dit Nikki, bien qu'elle-même se sente nettement plus à l'aise à l'idée que le bureau au fond du couloir resterait vide pendant les quatre prochaines semaines. Je préférerais ne pas rester tard, autant que possible. Je dois attraper le train pour rentrer.

— Vous prenez le train le soir toute seule ? Vous habitez où ? demanda Bibi.

— Shepherd's Bush.

— Où ça ? Près du marché ou à l'opposé ?

— Ce n'est pas à Southall. Je vis à West London, dit Nikki.

— On peut s'y promener sans danger le soir, dit Bibi. Je le fais tout le temps.

— Vous pouvez le faire parce que vous êtes une vieille dame, intervint Tanveer. Qu'est-ce qu'un homme caché dans les fourrés pourrait vous vouloir ?

— Il se trouve que j'ai une belle retraite, rétorqua Bibi, un brin vexée.

— Tanveer entend par là que vous ne vous feriez pas agresser, dit Sheena. Ce sont les femmes plus jeunes qui doivent faire attention.

— C'est ce qui est arrivé à Karina Kaur ? demanda Tanveer. Il va y avoir une nouvelle émission de télévision pour l'anniversaire de son meurtre, j'ai vu la bande-annonce. C'est arrivé quelques années avant notre arrivée en Angleterre. Franchement, si j'avais su que ce genre de chose pouvait se produire à Londres, on ne serait sans doute jamais venues. »

Le nom de Karina jeta un silence palpable sur la pièce. Quelques instants passèrent pendant lesquels chacune semblait plongée dans ses pensées. Plus que jamais, Nikki se sentit étrangère, comme si elle n'était pas des leurs. Elle s'aperçut que Sheena avait l'air particulièrement tendue.

« Je m'en souviens, déclara Arvinder. Les gens disaient qu'elle marchait seule dans le parc. Qu'elle allait retrouver son petit ami.

— Ce qui est passible de meurtre, n'est-ce pas ?

— Sheena, tu sais que ce n'est pas ce que je voulais dire !

— Je sais, dit Sheena plus calmement avant de hocher légèrement la tête en direction d'Arvinder. Désolée. »

Son trouble était surprenant. Nikki procéda à un rapide calcul. D'après ses souvenirs de l'affaire (sa mère avait suffisamment discouru sur le sujet), Karina et Sheena avaient probablement le même âge au moment du meurtre. Se connaissaient-elles ?

« Ne soyez pas effrayée par ces histoires, Nikki. Southall est très sûr, reprit Gaganjeet d'un ton jovial. Pourquoi vous n'habitez pas ici, avec vos compatriotes ?

— Nikki est une fille on ne peut plus moderne, dit Arvinder aux autres, en guise d'information. Ça ne se voit pas parce que, aujourd'hui, elle s'est habillée comme une fille pendjabie. D'ailleurs, Nikki, vous devriez porter quelques bracelets. »

Sheena restait perdue dans ses pensées, ses doigts papillonnant sur sa clavicule, touchant son collier comme pour s'assurer qu'il était toujours là. Nikki fit un pas vers elle et s'apprêtait à lui demander si elle allait bien quand Gaganjeet l'interpella.

« Nikki, vous cherchez un mari ? J'ai peut-être ce qu'il vous faut.

— Certainement pas !

— Pourquoi ? Je ne vous ai encore rien dit sur lui. » Gaganjeet semblait blessée. Elle se moucha dans un kleenex chiffonné. « Il n'est pas pauvre..., ajouta-t-elle.

— Quelqu'un a-t-il une histoire à raconter ? l'interrompit Nikki en se tournant vers le groupe. Il nous reste peu de temps.

— Bon, bon, d'accord, ne soyez pas si impatiente ! lança Arvinder. Elle nous mène à la baguette, marmonna-t-elle pour les autres.

— Je suis venue avec une histoire, annonça Tanveer, hésitante. Mais elle est un peu particulière.

— Croyez-moi, chaque histoire racontée dans cette classe est particulière, nota Preetam.

— Je veux dire qu'il y a dans cette histoire un élément assez différent, assez choquant...

— Je ne pourrais pas être plus choquée que pendant le dernier cours ! » jeta Preetam en regardant sa mère de travers.

Nikki coupa court avant que les hostilités reprennent : « Racontez-nous votre histoire, Tanveer.

— D'accord. »

Meera et Rita

Chaque chose avait sa place chez Meera car elle aimait l'ordre. Son mari et elle tenaient même un calendrier pour leurs rapports nocturnes. C'était le mardi et le vendredi, avant de dormir. Cette habitude ne changeait jamais. Elle ôtait ses vêtements, s'allongeait sur le lit, comptait les minuscules trous au plafond pendant que son mari s'introduisait de force en elle, une main rivée à son sein droit. Il n'y avait aucune surprise, même si Meera s'arrangeait toujours pour lâcher des « Oh, oh ! », comme si elle ouvrait un cadeau qui ne lui plaisait pas vraiment. Après un dernier grognement, son mari roulait sur le côté et s'endormait immédiatement. C'est cette partie de leur rituel qui la laissait en proie à des sentiments mitigés : le soulagement que ce soit terminé et le dégoût qu'il ne se lave pas après. Le mercredi et le samedi, les draps, eux, étaient lavés.

La lessive que Meera utilisait pour cette tâche précise était une poudre spéciale au parfum floral. Elle la conservait sur l'étagère du haut, au-dessus de la lessive habituelle utilisée pour le linge de son mari, leurs fils et son jeune beau-frère qui vivait avec eux. Quand ce dernier annonça qu'il était tombé amoureux d'une certaine Rita et comptait l'épouser, Meera se demanda en tout premier : « Où va habiter cette Rita ? » Tout devait être réorganisé pour que cette nouvelle épouse puisse se couler dans leurs vies. Elle partagea cette pensée avec son mari qui lui fit remarquer qu'en tant qu'aînée, elle aurait le droit de lui donner des ordres. Son ton indiquait que, après l'avoir menée à la baguette pendant des années, il lui octroyait enfin le privilège de faire la même chose avec quelqu'un d'autre.

Il vint à l'esprit de Meera qu'elle pourrait se montrer gentille – partager des choses avec cette fille plutôt que l'intimider. Meera avait toujours voulu une fille, préférable à ces deux fils bruyants qui salissaient la moquette fraîchement aspirée et se chamaillaient comme des babouins au premier prétexte venu. Mais le jour du mariage, la jalousie la submergea. Rita était jeune et pleine de vie. Son choli laissait voir la peau de son ventre, lisse et suave comme le miel. Du temps de Meera, de telles tenues étaient jugées scandaleuses. Elle sentit le pincement de la jalousie devant la façon dont le nouveau marié regardait sa femme durant la réception, avec des yeux gourmands. « Attendons quelques années, se dit Meera. Son émerveillement se dissipera. » Elle se rassurait ainsi, mais n'oubliait pas que son mari ne l'avait jamais regardée ainsi, même au début.

Quand les jeunes mariés rentrèrent de leur voyage de noces, Meera leur fit faire le tour du propriétaire en prenant soin de montrer où elle rangeait chaque chose – de la housse de rechange du canapé aux vestes d'hiver. Rita sembla attentive, mais, le soir même, après avoir lavé la vaisselle, elle empila les assiettes au hasard et fourra les couverts dans tous les espaces disponibles. Furibonde, Meera recommença de zéro. La tâche lui prit un certain temps car Rita ne savait pas aussi parfaitement qu'elle essuyer les tables sans y laisser le moindre grain de riz. Quand elle eut enfin terminé, Meera se réjouit qu'on ne soit ni mardi ni vendredi – elle se sentait épuisée et trop irritée pour supporter les habituels coups de boutoir de son mari.

En se mettant au lit, où ce dernier ronflait déjà bruyamment, Meera entendit des bruits dans la pièce adjacente. Un gloussement, suivi d'un « chut... » Puis le rire caractéristique de son beau-frère. Elle colla l'oreille au mur. La voix de Rita était pleine d'autorité. « Bien, disait-elle.

Continue. Plus fort. » Meera recula. Pas étonnant que cette fille fasse peu de cas de ses instructions, trop occupée qu'elle était à porter la culotte dans son mariage. Ça ne fonctionnera pas, pensa Meera. Il ne pouvait y avoir qu'un seul chef dans cette maison et ce serait elle. Elle décida de se montrer extrêmement sévère avec Rita le lendemain. Elle la traquerait pour lui faire dire où était la place du Windex. « Et les sacs plastique qu'on garde après les courses ? »

À travers le mur, elle entendait les gémissements de Rita s'intensifier et le lit craquer à un rythme effréné. Cette fille ne se rendait-elle donc pas compte qu'elle n'était pas seule à vivre ici ? Meera alla ouvrir et claquer sa porte pour rappeler aux jeunes mariés que les bruits circulaient, dans cette maison. Il y eut un silence, puis les gémissements reprirent, montant comme les notes d'un chant d'opéra. Meera se consumait de jalousie. Elle sortit de sa chambre sur la pointe des pieds mais, hélas, celle de Rita était fermée. Il aurait suffi d'un léger entrebâillement pour voir ce qui s'y tramait… Sans bien savoir pourquoi, elle était incapable de se le figurer. La seule chose qu'elle voyait lorsqu'elle fermait les yeux était le ventre doux et plat de Rita. Son imagination vagabonda plus haut encore et elle visualisa sa poitrine ferme et ronde, ses mamelons tout roses dressés. Elle imagina deux lèvres se refermant autour de ces mamelons et se rendit compte avec horreur que ces lèvres étaient les siennes. Elle chassa l'image de son esprit et mit cette imagination débridée sur le compte de la fatigue.

Meera bondit hors du lit le lendemain matin, parée pour mener efficacement toutes ses tâches domestiques. En passant devant la chambre de Rita, elle nota que la porte était encore close. Alors qu'elle préparait le thé, des gloussements retentirent jusque dans la cuisine. Ses fils levèrent la tête vers le plafond, puis échangèrent des regards curieux. « Finissez de déjeuner ! » ordonna-t-elle. Au-dessus, Rita réclamait des choses. « Sers-toi de ta langue. Oui, voilà, comme ça. » Meera rougit. Elle sentit un picotement puissant, comme si elle vivait elle-même la scène.

Après le départ de son mari au travail et des enfants à l'école, Rita finit par descendre. La maison était paisible. Meera s'activait à ses tâches. « Je peux t'aider ? » demanda sa belle-sœur. Meera répondit froidement qu'elle n'avait pas besoin d'aide. « Bon, d'accord. » Rita haussa les épaules. Gênée, Meera sentit son regard peser sur elle.

« Tu dois me trouver tendue, dit-elle.

— Je n'ai pas dit ça, répondit Rita.

— Mais tu le penses.

— Tu l'es ?

— Non, dit Meera en ramassant le panier à linge sale pour l'emporter vers la machine à laver. Je suis pragmatique. Je me préoccupe des autres. Entendre vos activités nocturnes ne m'intéresse pas.

— On fera moins de bruit la prochaine fois. » Cette désinvolture ne fit qu'augmenter la colère de Meera. Elle arpenta la maison en quête d'une tâche impossible pour Rita – peut-être nettoyer les vitres. Les taches de calcaire laissaient toujours des cercles laiteux sur le verre, de sorte qu'elles semblaient sales. Elle s'apprêtait à donner ses ordres quand elle remarqua que la lessive n'était pas là.

« Où est-elle ? demanda-t-elle fermement. Je ne t'avais donc pas dit de la laisser sur l'étagère ? » Rita fit calmement remarquer que la lessive était davantage à sa place dans le placard qui contenait le reste du nécessaire de nettoyage.

« N'importe quoi ! C'est comme ça que tu espères tenir un intérieur ? » Meera fonça jusqu'au placard de rangement et trouva la lessive, mais sa main tomba aussi sur une boîte qu'elle n'avait jamais vue. À l'intérieur, il y avait des bâtons d'argile. Arrondis aux extrémités, d'une longueur et d'une épaisseur telles qu'ils ressemblaient à une certaine partie du corps de l'homme. Avant d'avoir pu réclamer une explication, elle sentit un souffle sur sa nuque.

« Je ne pensais pas que quelqu'un les trouverait, murmura Rita.

— Je ne pensais pas que tu aurais besoin de ça », répondit Meera en se retournant. Elle avait réussi à émettre ces mots malgré sa gorge sèche. Il se disait que les aînées moulaient ces bâtons dans l'argile, les cuisaient et les mettaient de côté pour les moments où elles ressentaient un besoin pressant que leurs maris ne pouvaient plus satisfaire. « Tu es trop jeune », dit Meera.

Le rire de Rita était pareil au chant des oiseaux. « Trop jeune ? Oh, Meera. Il y a tant de choses que je pourrais t'enseigner.

— Toi, m'enseigner quelque chose ? Je suis ton aînée ! » Mais tandis qu'elle parlait, Rita s'était penchée sur elle et embrassait sa nuque. Délicatement, du bout de la langue, elle suivit sa clavicule. Meera retint son souffle et recula dans le placard tandis que Rita effleurait sa *joue, pour finir par l'embrasser à pleine bouche. « Je peux t'enseigner énormément de choses », dit-elle.*

Tanveer s'arrêta. Ses joues étaient écarlates. Elle serra les lèvres et attendit. La pièce était si silencieuse qu'on entendait l'air circuler dans les tuyaux de chauffage.

« Que se passe-t-il ensuite ? demanda Nikki.

— Elles se rendent service… », dit Tanveer. Elle n'arrivait pas à croiser le regard des autres. Nikki hocha la tête pour l'encourager. « Je n'ai pas encore imaginé la suite.

— C'est surprenant », commenta Sheena en éteignant le magnétophone.

L'histoire semblait l'avoir troublée. Elle s'assit bien droite et observa Tanveer avec curiosité. Cette dernière inclina la tête comme si elle s'attendait à être corrigée.

« Pas en mal, la rassura Sheena. Simplement différent, n'est-ce pas, Nikki ? »

Nikki approuva mais l'atmosphère était devenue plus lourde.

Arvinder était perdue dans ses pensées. Gaganjeet plaquait son mouchoir sur son nez comme pour saisir l'éternuement qui s'était bloqué dans sa gorge au moment du contact intime entre Rita et Meera. Bibi hochait la tête avec lenteur et gravité, puis elle prit la parole :

« Ce genre de chose est plus banal qu'on ne le pense. Le bruit courait que deux filles de mon village se rendaient service ainsi, mais je crois qu'elles n'utilisaient que leurs mains. »

Comme si ces mots l'avaient dégelée, Gaganjeet s'anima soudain – éternuement, toux, fermeture de sac à main et saisie de sa canne.

« Je ne devrais vraiment pas venir en cours quand je ne suis pas dans mon assiette. Toutes mes excuses », dit-elle à Nikki.

Ses genoux claquèrent comme un coup de pistolet quand elle se leva et elle s'en alla rapidement.

« Tu lui as fait peur, Tanveer, accusa Preetam. Pourquoi tu écris une histoire pareille ? Ce n'est pas une classe pour des femmes qui font des choses perverses. »

Tanveer baissa de nouveau la tête.

« Tanveer a raconté une histoire sur le plaisir, dit-elle, un peu irritée par le comportement de Preetam. Je ne crois pas que la façon dont ces femmes le trouvent soit si importante.

— Ce n'est pas naturel. C'est presque de la science-fiction ! Sans compter qu'elles ont toutes les deux un mari. Elles le trompent. »

Elle envoya un regard lourd de sous-entendus à sa mère.

« Elles voient peut-être ça comme un entraînement. Ou quelque chose qui améliore leur ordinaire, suggéra Sheena. Dans la scène suivante, les maris rentrent à la maison et ont droit à un petit numéro qu'elles auront préparé. Et tout le monde passe une bonne soirée.

— Pourquoi faut-il que leurs maris rentrent à la maison ? demanda Arvinder. Peut-être qu'elles sont très satisfaites comme ça. On n'a pas besoin d'un homme dans chaque histoire.

— Les relations intimes, c'est entre les hommes et les femmes, protesta Preetam. Tu encourages ce genre de chose comme si nous étions toutes mécontentes de nos maris.

— Tu as de la chance que le tien t'ait bien traitée. Tout le monde ne l'a pas.

— Mère, s'il te plaît. Il a subvenu à tes besoins, n'est-ce pas ? Il t'a donné un toit. Il a travaillé, t'a fait des enfants. Qu'est-ce que tu veux de plus ?

— Ça m'aurait plu de vivre ce qui arrive à ces femmes dans ces histoires.

— On dirait pourtant que c'est déjà arrivé. Sauf que ce n'était pas avec ton époux.

— Ne me juge pas, Preetam. Surtout pas toi. »

Preetam ouvrit grand les yeux.

« Je n'ai aucun secret. Quelle que soit la chose que tu insinues, tu mens.

— C'est vrai. Tu n'as aucun secret. Et aucune raison d'en avoir. Ton mariage était heureux. Tu t'es déjà demandé pourquoi ? Parce que *je* t'ai laissée choisir. J'ai dit non aux hommes qui accouraient de tous côtés dès que tu as été en âge. Je me fichais des compliments qu'ils faisaient sur toi ou de la notoriété de leurs familles – je voulais que tu puisses choisir.

— On devrait peut-être s'arrêter un moment, suggéra Nikki, mais Arvinder la fit taire.

— N'essayez pas de jouer les conciliatrices. Certaines choses doivent être dites et elles seront dites maintenant. »

Arvinder toisa sa fille.

« Pour certaines femmes, la période d'adaptation était horrible. Tu n'as pas été mariée à dix ans comme Tarampal. Tu n'étais pas comme moi – mal mariée, dans la précipitation, à un homme qui faisait trente centimètres de moins que toi seulement parce que deux familles tentaient désespérément de sauver la valeur d'une terre desséchée. Ton père se sentait si petit à côté de moi que son membre était tout le temps mou, et le jour où j'ai osé me plaindre du fait qu'on ne faisait jamais l'amour, il a menacé de me mettre dehors. »

L'indignation d'Arvinder plongea tout le monde dans un silence stupéfait. Nikki réfléchissait à toute vitesse. Parmi toutes ces révélations qui s'entrechoquaient dans son esprit, elle retenait la plus terrible.

« Tarampal avait dix ans ? » murmura-t-elle.

La pièce était si silencieuse que ses mots semblèrent rebondir sur les murs.

« Ses parents l'ont conduite chez un sage quand elle avait dix ans, expliqua Arvinder. Il a lu dans les lignes de sa main qu'elle lui était destinée, à lui. Il leur a dit qu'elle lui donnerait cinq fils, qui seraient tous de riches propriétaires terriens, et qu'en plus de veiller sur elle, ils assureraient la prospérité de leurs grands-parents. Enthousiasmés par ces perspectives, ils n'ont pas voulu tenir compte de son âge – trente ans de plus – et ils l'ont mariée avec lui. Ils sont venus en Angleterre dix ans plus tard.

— Et les prédictions ? Tarampal n'a eu que deux filles, dit Sheena.

— Je suppose que c'est à elle qu'il l'a reproché. Comme ils le font toujours, répondit amèrement Arvinder.

— La plupart d'entre nous avions à peu près cet âge quand nous nous sommes mariées, mais ce n'est que plus tard qu'on nous a envoyées dormir avec nos maris, raconta Bibi.

— À quel âge ? voulut savoir Nikki.

— Seize, dix-sept ans ? Qui s'en souvient ? La génération suivante s'en est tirée en se mariant un peu plus tard. Votre mère devait sûrement avoir dix-huit ou dix-neuf ans.

— Ma mère est d'abord allée à l'université, précisa Nikki. Elle avait vingt-deux ans quand elle s'est mariée. »

Ce qui semblait pourtant infiniment jeune pour faire des choix aussi définitifs.

« À l'université ? » Arvinder parut impressionnée. « Pas étonnant que vos parents vous aient élevée dans Londres. Ils sont modernes.

— Je n'ai jamais trouvé mes parents modernes. »

Nikki repensa à leurs disputes, les discussions sur les jupes courtes, le fait de parler aux garçons, de boire. Toutes ces choses que sa mère trouvait *« too british »*. Satisfaire ses parents était un combat sans fin.

« Pourtant, ils l'étaient, reprit Arvinder. Ils parlaient anglais avant d'arriver ici. On a fondé Southall parce qu'on ne savait pas être britanniques.

— Mieux vaut s'en tenir aux siens. En tout cas, c'est l'idée, dit Sheena. Ma mère avait tellement le trac de venir en Angleterre ! Elle avait entendu dire qu'on battait des enfants indiens à l'école. Mon père est venu le premier et l'a convaincue qu'à Southall ne vivaient que des gens comme nous, qu'on s'intégrerait sans difficulté.

— Au moindre problème, les voisins accouraient pour aider, apporter de l'argent, à manger, tout ce dont on avait besoin. Pour ça, c'est formidable de vivre au milieu de sa communauté, dit Arvinder. Mais en cas de problème avec son mari, qui vous aidait à le quitter ? Personne ne voulait se mêler des affaires d'autres familles. "Un peu de reconnaissance, disaient-ils si on se plaignait. Ce pays te gâte." »

Avec un regard sévère à Preetam, elle conclut : « Je t'ai donné tout le bonheur que je n'ai pas pu avoir. Tu aimais ton mari, ton mariage. Tant mieux pour toi. J'ai survécu au mien. »

Après le cours, Nikki s'éloigna rapidement, un plan précis en tête. Les vitrines éclairées projetaient une lumière brillante et chaude dans la rue principale. Le bedonnant propriétaire du Sweetie Sweets lui fit signe.

« Cinquante pour cent de réduction sur le *gulab jamun* et le *barfi* ! »

Chez le marchand de journaux d'à côté, une grande affiche annonçait l'arrivée de trois acteurs de Bollywood dont les visages et les noms rappelaient vaguement la collection de films de Mindi. Le froid lui brûlait les joues et le crachin s'accrochait à ses cheveux.

Le numéro 16 sur Ansell Road était une structure compacte en brique avec une allée pavée, identique à la plupart des maisons de la rue. Un fort courant d'air charriait un parfum de cumin. Nikki frappa à la porte. Elle entendit des pas rapides et sourds, puis la porte s'entrebâilla. Derrière la chaînette, les yeux de Tarampal s'ouvraient sur le monde. Une lueur de confusion passa dans son regard le temps qu'elle reconnaisse Nikki, aussitôt remplacée par la colère.

« S'il vous plaît, dit Nikki en appuyant sur la porte pour éviter qu'elle ne la lui claque au nez. Je veux juste vous parler un instant.

— Je n'ai rien à vous dire.

— Vous n'aurez rien à dire, je veux simplement m'excuser. »

Tarampal restait calme. « Vous vous êtes déjà excusée dans votre mot.

— Alors vous avez eu les cassettes ? »

La porte se ferma dans un petit bruit sec. Les poils sur les bras de Nikki se dressèrent dans la brise glacée. Elle s'abrita sous la marquise et frappa de nouveau.

« Je peux juste vous parler un instant ? »

Du coin de l'œil, elle remarqua le visage de Tarampal à la fenêtre du salon. Elle se précipita et toqua.

« Tarampal, s'il vous plaît. »

Elle disparut mais Nikki ne renonça pas à toquer à la fenêtre, consciente de son tapage. Ça fonctionna. La porte principale s'ouvrit et Tarampal sortit sur le perron comme un ouragan.

« Qu'est-ce qui vous prend ? Les voisins vous voient », siffla-t-elle.

Elle fit entrer Nikki dans la maison et referma derrière elles.

« Sarab Singh va dire à sa femme que des fous me rendent visite. »

Nikki ignorait qui était Sarab Singh et pourquoi sa femme était importante. Elle jeta un œil dans la maison impeccable, où flottait une forte odeur de vernis qui suggérait une rénovation récente. Elle se rappela les dames du langar évoquant les dégâts occasionnés à la propriété de Tarampal – elle avait manifestement rénové l'endroit depuis.

« Vos enfants sont là ? Vos petits-enfants ?

— J'ai des filles, toutes mariées. Elles vivent avec leurs maris.

— Je n'avais pas compris que vous viviez seule.

— Jagdev a trouvé un logement près de son nouveau travail, mais il me rend toujours visite le week-end. C'est lui qui m'a lu votre mot. »

Qui était Jagdev ?

« Il y a plein de gens de cette communauté que je ne connais pas, commença-t-elle.

— Ah oui, vous êtes une vraie Londonienne ! » ironisa Tarampal.

Dans sa propre maison, elle affichait une confiance hautaine. Elle portait toujours une tenue de deuil, mais en version actualisée, avec l'encolure ouverte et la ceinture sanglée pour souligner sa taille.

La pluie crépitait maintenant contre les fenêtres.

« Vous m'offririez une tasse de thé ? Il fait un froid de loup dehors et je viens de loin. »

Ce fut une petite victoire quand Tarampal bougonna un oui. Il serait plus facile de la convaincre de revenir au cours autour d'un thé. Nikki la suivit dans la cuisine, où un plan de travail en granit courait sous une rangée de placards aux lignes épurées. La cuisinière électrique était le modèle dernier cri que sa mère convoitait, avec une spirale blanche dessinée sur la surface qui rougeoyait instantanément quand on l'allumait. Tarampal sortit une marmite en inox cabossée et une boîte à biscuits dans laquelle s'entrechoquaient graines et épices. Nikki dut réprimer un sourire. Même si sa mère avait une cuisine ultramoderne comme celle-ci, elle continuerait probablement de conserver du dal dans de vieux pots de glace et utiliserait aussi sa simple marmite pour faire bouillir des feuilles de thé.

« Vous prenez du sucre ? demanda Tarampal.

— Non, merci. »

Un faisceau de phares balaya soudain la cuisine.

« C'est probablement Sarab Singh qui part prendre son service de nuit, dit Tarampal en ajoutant le lait. Je ne crois pas qu'il aime être seul à la maison. Il y a quelques années, quand Kulwinder et Maya étaient allées en vacances en Inde, il travaillait la journée, mais aussi le soir. Dieu sait qu'il a encore plus besoin de distraction aujourd'hui.

— Kulwinder habite là ? » demanda Nikki, surprise.

Elle alla dans le salon et regarda par la fenêtre. Les deux allées coïncidaient parfaitement.

« Oui. Vous étiez au *sangeet** du mariage de Maya, non ? C'était là. Je me suis dit qu'ils auraient dû louer une salle parce qu'il y avait tellement d'invités, mais… »

Tarampal leva les mains comme pour dire que ce n'était pas de son ressort. Nikki n'eut pas le

* Rituel précédant le mariage qui réunit les femmes du côté de la fiancée. (*N.d.T.*)

temps de corriger la supposition selon laquelle elle avait été invitée. Tarampal était retournée dans la cuisine dont elle rapporta deux tasses de thé fumant.

« Mille mercis, dit Nikki en prenant la sienne. Je ne bois pas du chai maison tous les jours. Celui que j'ai acheté au marché tout à l'heure était trop épais et trop sucré.

— Vous, les filles britanniques, vous préférez l'Earl Grey, dit Tarampal en fronçant le nez.

— Oh non ! Je n'ai rien contre une tasse de chai. Seulement, je n'habite pas chez mes parents. »

L'arôme du clou de girofle la rendait étonnamment nostalgique des après-midi en famille en Inde. Une idée lui vint.

« Vous pourriez me noter la recette ?

— Comment ? Je ne sais pas écrire.

— On pourrait peut-être y travailler ensemble. Si vous reveniez en cours. »

Tarampal posa sa tasse.

« Je n'ai rien à apprendre de vous ou de ces veuves. J'ai fait une erreur en m'inscrivant.

— Parlons-en.

— Inutile.

— Si vous êtes inquiète à l'idée qu'on découvre nos histoires… »

À cette simple évocation, les narines de Tarampal se dilatèrent.

« Vous pensez que ces histoires n'ont pas beaucoup d'importance, dit-elle, mais vous ne vous rendez pas compte de leur effet sur l'esprit des gens.

— Ce ne sont pas elles qui corrompent les gens, protesta Nikki. Elles leur donnent l'occasion d'expérimenter de nouvelles choses.

— Expérimenter de nouvelles choses ? Ça ne prendra pas avec moi. Maya lisait beaucoup elle aussi. Un livre par jour – et sur la couverture, on voyait un homme embrasser le cou d'une femme devant un château. Sur la couverture !

— Je ne crois pas que les livres aient une mauvaise influence.

— Eh bien, vous vous trompez. Dieu merci, mes filles n'étaient pas comme ça. On les a retirées de l'école avant qu'elles puissent avoir des idées bizarres. »

Sa sévérité était effrayante.

« Quel âge avaient vos filles quand elles se sont mariées ?

— Seize ans. À douze, nous les avons envoyées en Inde pour qu'elles apprennent à cuisiner et à coudre. Les mariages ont été arrangés là-bas, puis elles sont revenues pour quelques années de plus à l'école.

— Et si elles s'étaient opposées à ces mariages ? Elles étaient si jeunes. »

Tarampal eut un geste dédaigneux.

« On ne s'oppose pas, dans la vie. On accepte et on s'adapte, point. C'est ce que j'ai fait quand mon mariage a été arrangé. Et quand est venue l'heure de mes filles, elles connaissaient leurs devoirs. »

Cette vision du mariage ressemblait à une interminable liste de corvées.

« Ce n'est pas très excitant, dit Nikki. Je pensais que les filles qui ont grandi en Angleterre voulaient de l'amour et de la passion.

— Hai Nikki ! Ce n'est pas comme ça qu'on faisait. Nous, on n'avait pas le choix. »

Tarampal semblait presque nostalgique.

« Alors quand le moment est venu pour vos filles de se marier, vous avez voulu qu'elles n'aient pas le choix non plus ? »

Le terrain était glissant et Nikki espérait qu'elle avançait avec assez de prudence. La douceur déserta le regard de Tarampal.

« De nos jours, les filles sortent avec trois ou quatre hommes en même temps et décident quand c'est le jour ou non. Vous trouvez ça normal ?

— Que voulez-vous dire ?

— Je ne ne parlais pas de vous.

— Non, mais vous avez dit : elles décident quand c'est le jour ou non. Le jour de *quoi* ?

— Allons, je ne vais pas vous faire un dessin. Les filles ici sont empoisonnées par leur choix. Un homme ne peut pas débouler dans une chambre, enlever les vêtements d'une jeune fille et lui ordonner d'écarter les jambes. Quelqu'un au temple m'a dit qu'il existe une loi en Angleterre contre les maris qui font ça à leurs femmes contre leur gré. Leurs propres femmes ! Pourquoi un homme est-il puni s'il fait ça ? Parce que les Anglais n'accordent pas la même valeur que nous au mariage.

— C'est répréhensible parce que c'est mal, même s'ils sont mariés. C'est un viol », affirma Nikki.

Le mot était si tabou qu'elle n'avait jamais appris son équivalent pendjabi. Pas étonnant que Tarampal n'apprécie pas les autres veuves. Elles avaient beau sembler tout aussi réservées, leurs histoires s'opposaient à toutes les idées de Tarampal sur le mariage.

« C'est ce que faisaient les maris à l'époque et on ne se plaignait pas. Être mariée, c'est devenir adulte. »

De fines ridules commençaient à marquer le coin de ses yeux, sa chevelure était toujours sombre et épaisse, contrairement aux chignons blancs portés par les autres veuves. Quoique jeune, elle avait été veuve les trois quarts de sa vie.

« Quel âge aviez-vous ? demanda-t-elle.

— Dix ans, répondit Tarampal avec une fierté qui serra l'estomac de Nikki.

— Vous n'aviez pas peur ? Vos parents n'avaient pas peur ?

— Pourquoi ? C'était une telle chance d'être promise à Kemal Singh le sage en personne ! Nos horoscopes coïncidaient, voyez-vous, alors il n'était pas question de rejeter le mariage, même s'il y avait une énorme différence d'âge.

— Vous avez eu le temps de faire connaissance ? Avant le mariage, je veux dire. »

Tarampal s'arrêta plus longuement pour siroter son thé et Nikki crut la voir s'assombrir.

« Pardon. Je ne devrais pas insister, dit-elle. C'est personnel, bien sûr.

— Ça ne se passe pas comme ça. L'histoire d'amour, la prise en compte des besoins de chacun – ça vient plus tard.

— C'est donc venu », souligna Nikki.

Elle ne savait pas pourquoi elle se sentait si soulagée, mais les sentiments de Tarampal se reflétaient clairement sur ses traits. Un sourire inattendu plissait ses lèvres.

« Oui, dit-elle, les joues enflammées. Toutes les bonnes choses sont arrivées plus tard. »

Elle se racla la gorge et détourna la tête, manifestement gênée d'avoir évoqué ses souvenirs devant Nikki.

« Alors qu'y a-t-il de mal à écrire dessus ? Les partager ?

— Hai, Nikki. Ce sont des histoires vulgaires. Pourquoi faut-il que ces choses intimes soient écrites et que tout le monde les voie ? Vous défendez l'idée parce que vous n'êtes pas mariée. Vous ne savez encore rien. Vous imaginez seulement – vous avez un garçon en tête, n'est-ce pas ?

— Moi ? Non. »

Tarampal pourrait bien la jeter dehors *manu militari* et frotter ses chaises à l'eau de Javel si elle avouait avoir déjà connu plusieurs hommes, sans jamais songer à en épouser un seul. Puis il y avait eu Jason. La veille, il était passé au pub et elle l'avait invité chez elle après le travail. Le parquet avait dangereusement grincé sous leurs pas avant qu'ils ne s'écroulent sur le lit. Nikki avait suggéré qu'ils passent la soirée suivante chez lui, mais il avait répondu que c'était impossible : « Mon colocataire est toujours là et les murs sont épais comme du papier à cigarette. » Cela sonnait comme un prétexte, mais elle refusa de s'appesantir : il lui plaisait trop.

Nikki se tourna vers la fenêtre, et au-delà vers la maison de Kulwinder. Rideaux tirés et porche éteint, elle avait l'apparence fantomatique d'une maison endeuillée. Puis, son regard accrocha un petit objet plaqué sur le frigo : une pince aimantée Fem Fighters.

« C'est à vous ? demanda-t-elle, surprise, en la pointant du doigt.

— Non, bien sûr. À Maya. Elle l'a laissée ici. Kulwinder et Sarab sont venus tout reprendre – ses vêtements, ses livres, ses photos. Après leur passage, il n'est resté que les petites choses – un trombone par-ci, une chaussette par-là. Et cette pince aimantée.

— Elle habitait ici ? »

Tarampal la regarda bizarrement.

« Oui, elle était mariée à Jagdev. Mais comment pouvez-vous l'ignorer ? Vous n'étiez pas une amie de Maya ?

— Non.

— Alors, comment connaissez-vous Kulwinder ?

— J'ai répondu à une offre d'emploi.

— Je pensais que vous étiez une amie de Maya. Et que Kulwinder vous avait donné ce travail pour vous rendre service. »

Nikki regarda l'aimant de nouveau. La supposition de Tarampal n'était pas très étonnante. Elles partageaient plusieurs points communs. Malgré leurs liens familiaux, Tarampal évoquait toujours Maya avec beaucoup de mépris. « Jagdev est donc votre neveu ?

— C'est un ami de la famille de Birmingham, pas un parent. Il est venu à Londres pour chercher du travail. Kulwinder a insisté pour le présenter à Maya parce qu'elle pensait qu'ils iraient bien ensemble… Mais elle avait tort. Maya était une fille très instable. »

Jagdev était sans doute le fils que Tarampal avait toujours voulu. Nikki l'imaginait savourant le rôle de la belle-mère possessive. Si seulement il existait un moyen de téléporter Mindi dans cette conversation, de lui montrer dans quoi elle s'engageait ! Tarampal n'était même pas parente avec Jagdev et elle peinait à dissimuler son dédain. Quelles étaient les chances de Mindi d'obtenir l'approbation d'une vraie belle-mère ?

« C'était donc arrangé ? Combien de temps devaient-ils se fréquenter ?

— Trois mois.

— Trois mois ? » Même Mindi et leur mère renâcleraient contre un tel délai. « Je pensais que Maya était une fille moderne. Pourquoi une telle exigence ?

— Les veuves ne vous ont pas tout raconté ?

— Non. »

Tarampal se carra dans sa chaise.

« C'est surprenant. Elles ne font que cancaner.

— Il ne s'agit pas de cancans ! Et Sheena est particulièrement loyale envers Maya. J'imagine qu'elle se refuse à faire circuler des versions déformées de l'histoire.

— Il n'y a qu'une version, assena Tarampal. Sheena est comme Kulwinder – elle ne veut pas croire la vérité. La voilà, la vérité ! »

Elle montra du doigt la porte de derrière, comme si c'était une évidence. Une petite fenêtre donnait sur le jardin, mais il faisait si sombre que c'était comme un trou noir. Nikki pensa que si Maya était vivante, peut-être serait-ce elle qui donnerait les cours et trouverait le moyen d'y glisser des histoires érotiques en catimini, à la barbe de Kulwinder. Quel était ce terrible sort dont personne ne voulait parler ? Il allait encore falloir jouer finement pour le découvrir.

« J'ai bien entendu des rumeurs selon lesquelles Maya n'était pas très honorable…, lâcha Nikki.

— Elle fréquentait un garçon anglais, est-ce que Sheena vous l'a dit ? Hanh, elle voulait l'épouser. Elle est rentrée à la maison avec une bague au doigt et tout. Kulwinder a tapé du poing sur la table et elle lui a donné le choix : épouser ce garçon et quitter sa famille pour toujours ou le quitter et garder sa famille. »

Quitte la famille, songea immédiatement Nikki. *Bon débarras, les parents vieux jeu.* Puis soudain, les premières semaines dans son appartement lui revinrent en mémoire. Des souvenirs tristes. Elle s'était sentie terriblement seule, et ce n'était pas comme si elle avait quitté sa famille pour toujours.

« Et un mariage forcé faisait partie du marché.

— Un mariage arrangé par les gens qui se souciaient de son intérêt et uniquement de son intérêt, rétorqua Tarampal, catégorique. On se souciait tous d'elle, vous savez. J'étais proche de Kulwinder et j'avais vu Maya grandir. On savait ce qu'il lui fallait.

— Ils étaient compatibles ? » demanda Nikki. Une bonne alliance de groupes sanguins ? s'empêcha-t-elle de demander.

« Parfois, Maya et Jaggi s'entendaient bien, mais ils se chamaillaient beaucoup. Ils se disputaient en anglais la plupart du temps, mais le langage du corps, tout le monde le comprend. » Tarampal gonfla la poitrine et leva le menton pour défier un ennemi invisible. « Un jour, elle a dit délibérément en pendjabi : "On devrait prendre un appartement." Elle voulait que je l'entende. »

Tarampal s'échauffait. Comme tante Geeta quand elle racontait les derniers potins à sa mère.

« Ils ont déménagé ?

— Elle était très instable. »

C'était la deuxième fois qu'elle employait ce terme.

« Pourquoi voulait-elle tant d'intimité ? Dans notre communauté, les filles emménagent dans la belle-famille une fois mariées – comme je proposais un loyer très raisonnable, Jaggi a décidé de rester ici et c'est devenu leur maison maritale. Vous voyez, Maya ne voulait pas accepter sa vie. Elle essayait de vivre comme si elle avait épousé ce *gorah*. »

Elle pensait réussir à faire fonctionner tout ça, pensa tristement Nikki.

Une femme piégée dans un mariage malheureux se serait sentie étouffée même dans une maison confortable et moderne comme celle-ci.

« J'imagine que Maya n'en était pas satisfaite.

— Pas du tout. Puis Jaggi a commencé à se confier à moi. Il la soupçonnait d'avoir une liaison. Maya se parfumait le matin avant de partir au travail dans le centre de Londres. Elle restait tard au bureau et c'est un homme qui la ramenait en voiture. Qui viendrait en voiture jusqu'à Southall rien que pour déposer une fille, sans rien réclamer en échange ?

— Un ami. Un collègue serviable. »

Tarampal secoua la tête.

« Absurde. » Le ton était sans appel. « Maya et Jaggi ont eu une grosse dispute à ce sujet. Elle a fait ses valises et elle est rentrée chez elle, près de sa mère. »

Que s'était-il passé ? Nikki s'imaginait Kulwinder, sa bouche sévère tandis qu'elle ordonnait à Maya de faire son devoir.

« Et ensuite ?

— Maya est restée chez elle une semaine, puis on l'a renvoyée ici. C'était assez paisible au début, mais il n'a pas fallu longtemps pour que les disputes reprennent… On ne peut pas attendre des miracles de son mari. Plus vite vous le comprendrez, vous, les filles, moins vous serez déçues. »

La photo de Mindi sur la petite annonce, avec l'espoir qui miroitait dans ses yeux, lui apparut soudain et Nikki se sentit soulagée : sa sœur maîtrisait bien mieux la situation que Maya. Même si l'idée de rencontrer d'abord des femmes de la famille lui semblait douteuse, au moins avait-elle le choix de dire non, et jamais on ne lui imposerait une cour de trois mois. Maman ne le permettrait pas.

« Ma sœur cherche un mari, mais elle est exigeante, confia-t-elle. Elle veut éviter d'être déçue.

— Bonne chance à elle ! Espérons qu'elle ne finisse pas par perdre la tête comme Maya. »

Il y eut un long silence durant lequel Nikki se concentra sur tous les détails qu'elle voyait pour éviter de croiser le regard intense de Tarampal. La cuisine donnait sur un salon pourvu d'un somptueux canapé en daim, face à une cheminée moderne en pierre. Trois photos de mariage encadrées trônaient au-dessus du manteau. Chaque jeune mariée parée de bijoux portait un anneau à la narine, et des bindis pailletés sur les arcades sourcilières. Les bijoux omniprésents masquaient partiellement l'expression des visages.

« Comment Maya est-elle morte ? demanda doucement Nikki.

— Elle a mis fin à ses jours.

— De quelle façon ? »

C'était une question morbide, mais il fallait qu'elle sache.

« Comme les femmes de notre culture quand elles sont emplies de honte, dit Tarampal avant de se détouner en clignant des yeux. Par le feu. »

Nikki la fixa avec horreur.

« Le feu ? »

Tarampal hocha la tête en direction de la porte arrière.

« Il y a encore un peu d'herbe brûlée dans le jardin. Je n'y vais plus. »

C'était donc ça. Quelle horreur ! La révélation coupait le souffle. De sa place, Nikki apercevait la cour enveloppée d'ombres. Elle se détourna.

Comment Tarampal pouvait-elle supporter ça ? Pas étonnant que la maison ait été remodelée à si grands frais – ils avaient tenté de dépasser le souvenir de cet épouvantable suicide. Nikki éprouva une vive compassion pour Kulwinder et Sarab qui vivaient de l'autre côté de la rue, face à l'endroit où leur fille était morte.

« Quelqu'un d'autre était présent ce jour-là ? »

Il y a forcément quelqu'un qui aurait pu l'arrêter, pensait-elle, dans un désir féroce et désespéré de protéger Maya d'elle-même.

« J'étais au temple. Jaggi était à mi-chemin. Il venait de trouver sur le téléphone de Maya des messages de son amant et il avait annoncé son intention de divorcer. Maya a paniqué. Elle ne voulait pas divorcer. Elle craignait de ne jamais pouvoir affronter la communauté ou ses parents. Elle est devenue hystérique et l'a supplié de rester. Jaggi est sorti de la maison comme un ouragan. C'est à ce moment-là qu'elle s'est précipitée dans le jardin, s'est aspergée d'essence et a gratté une allumette.

— Mon Dieu », souffla Nikki.

La scène se jouait dans son esprit, dans toute sa violence. La voix de Tarampal semblait lointaine.

« Voilà le problème quand on a trop d'imagination, Nikki. Les filles commencent à désirer trop de choses. »

Cette logique était fautive et rigide, et surtout exaspérante. Nikki ne savait pas du tout comment était Maya, mais elle imaginait une

Kulwinder plus jeune, plus mince, en jean et les cheveux ramassés en queue-de-cheval flottante. Une fille moderne. Les attaques des dames du langar lui revinrent. *Une fille sans honneur.* Si les membres de la communauté étaient prêts à la cataloguer comme telle, comment trouver le courage de continuer à vivre ?

« Pauvre Kulwinder et pauvre Sarab, dit Nikki.

— Pauvre Jaggi, ajouta Tarampal. Si vous l'aviez vu aux obsèques empoigner ses cheveux, à genoux, implorant qu'elle revienne malgré tout ce qu'elle lui avait fait. Il a bien plus souffert. »

Le chagrin n'était pas une compétition.

« Je suis sûre que ç'a été difficile pour tout le monde, vous y compris.

— Ç'a été plus difficile pour Jaggi. Imaginez ce que Kulwinder et Sarab ont pu raconter : qu'il avait poussé Maya à le faire, qu'il ne s'occupait jamais d'elle. Pourquoi salir sa réputation ? »

Le malaise commençait à envahir Nikki. À quel moment exactement la conversation avait-elle pris cette tournure ? Moins d'une heure avant, elle s'était précipitée sur Broadway en pensant convaincre Tarampal de revenir en classe.

« C'est très sympathique, chez vous, dit-elle avant que la diatribe de Tarampal ne s'aventure dans les noirs territoires de l'honneur.

— Merci.

— Ma mère veut qu'on refasse notre intérieur. Vous avez la carte de votre décorateur ? »

Sa mère ne serait pas contre un artisan pendjabi, quelqu'un qui comprenne la nécessité de rendre la maison plus luxueuse pour le futur mariage de Mindi. Quand Tarampal eut quitté la cuisine, Nikki prit une grande respiration et finit son thé, avalant même les restes grumeleux de graines et de feuilles qui avaient échappé à la passoire. La maison était silencieuse, n'était le concert de la pluie au-dehors. Elle alla prendre l'aimant Fem Fighters sur le frigo et, en le regardant au creux de sa main, repensa aux centaines identiques qu'elle avait distribués dans un rassemblement à Hyde Park. Quelque part dans la foule estivale, Maya était peut-être présente…

Tarampal revint avec une brochure et une carte épinglée, qui portait un nom en lettres d'or gaufrées : Rick Petton, rénovation d'intérieur.

« Il est anglais ?

— Jaggi m'aidait à communiquer avec lui, dit Tarampal. Il est reparti à Birmingham, maintenant, mais il me rend visite régulièrement.

— Comme un bon fils. »

Tarampal tressaillit.

« Ce n'est *pas* mon fils.

— Bien sûr. »

Ne pas donner de fils au maître spirituel de la communauté avait dû représenter une épreuve terrible. Nikki s'en voulait d'avoir abordé le sujet. Tarampal semblait encore gênée quand elle attrapa son cartable. En traversant le salon vers la sortie, Nikki sentit peser sur elle les regards des filles de Tarampal. Qu'éprouvaient-elles vraiment sous la couche de maquillage et les bijoux de mariage ? De l'enthousiasme ? Ou de la peur ?

9

Nikki allongea les jambes et attrapa le bord des rideaux entre ses orteils pour les tirer vers la fenêtre. Jason remuait à ses côtés.

« Laisse-les ouverts, marmotta-t-il.

— Quel exhibitionniste ! J'essaie seulement d'empêcher la lumière d'entrer. »

C'était la fin de la matinée. La nuit d'avant, toute la nuit, ils s'étaient lu des histoires l'un à l'autre en s'arrêtant entre chacune pour rejouer les meilleures scènes.

Jason effleura ses fesses.

« Vilaine. »

Il tendit le bras et ferma les rideaux. Avant de reposer la tête sur l'oreiller, il déposa un baiser humide, délicieux, sur l'oreille de Nikki. Elle tira la couverture sur leurs deux visages.

Jason roula sur le flanc. Il y eut un bruissement et il brandit une feuille de papier légèrement froissée.

« “Il y a des siècles de cela, en bordure d’une ville-palais, un talentueux mais modeste tailleur…”

— On l’a déjà faite, celle du tailleur.

— J’écris la suite. »

Il glissa les mains sous les draps et les fit courir le long du dos de Nikki. Elle frissonna. Les lèvres de Jason allaient et venaient sur son cou, déposaient des baisers doux et aériens. Du bout des doigts, il commença à dessiner des cercles à l’intérieur de ses cuisses, remontant un centimètre après l’autre, puis rebroussant chemin. Nikki s’abandonna à la douceur de son lit.

Chair brûlée.

L’image passa si vite dans son esprit qu’elle se redressa, faisant sursauter Jason.

« Qu’est-ce qui se passe ? »

Il avait l’air si inquiet que Nikki se sentit bête.

« Rien. J’ai dû faire un cauchemar hier soir et il m’est revenu. »

Des fragments du rêve demeuraient dans sa conscience. Une légère odeur de brûlé et une bouche grande ouverte sur un cri d’angoisse. Elle secoua la tête. Depuis sa visite à Tarampal, elle avait rêvé de Maya par trois fois.

Jason embrassa sa clavicule et roula sur le côté, gardant un bras enroulé autour de sa taille.

« Tu veux qu’on en parle ? »

Nikki secoua la tête. Sa visite chez Tarampal remontait à une semaine et elle avait essayé d’oublier. Elle n’y avait réussi que partiellement – les fragments de leur conversation ne flottaient plus dans son esprit, mais certaines images surgissaient sans crier gare.

« C'était un cauchemar ou un mauvais rêve ? demanda Jason.

— C'est quoi, la différence ?

— Un cauchemar fait peur. Un mauvais rêve peut être un peu… mauvais. »

Les lèvres de Jason ébauchèrent un sourire.

« Comme l'histoire d'une femme qui, bien qu'elle se démène pour garder la maîtrise de son foyer, ne semble pas trouver le temps de satisfaire son mari. »

Nikki reconnut le début d'une de leurs histoires. Jason continua.

« Elle décide de prendre les choses en main et d'engager une domestique à l'insu de son mari. La domestique arrive à la maison après le départ du mari pour le travail et la quitte avant son retour. Cette femme est désormais libre de faire tout ce qu'elle veut dans la journée, elle n'a plus d'obligations – pas d'enfants à aller chercher à l'école, pas de courses à faire. Elle passe toute la journée au spa et explore les coins de Londres qu'elle n'a jamais eu l'occasion de voir.

— Le plan se déroule du mieux possible, poursuivit Nikki. Jusqu'à ce que, un beau jour, le mari doive rentrer pour chercher un document qu'il a oublié. Il voit la domestique épousseter le dessus des meubles. “Qui êtes-vous ?” demande-t-il.

— Elle pivote sur elle-même et découvre un homme de grande taille qui s'avance. “S'il vous plaît, ne vous mettez pas en colère, supplie-t-elle avant d'expliquer le plan de l'épouse. Elle veut simplement avoir du temps pour elle. Je l'aide.” L'homme ne sait pas comment réagir. Il la dévisage en se demandant depuis combien de temps ça dure. La domestique ne peut s'empêcher de remarquer qu'il est très séduisant. “Je sais faire tout ce que fait votre femme, dit-elle doucement en s'avançant vers lui. J'ai repassé toutes vos chemises.” Elle touche son col. “J'ai acheté un nouveau jeu de rasoirs.” Elle lui caresse la joue et sent cette barbe de quelques jours qui pique un peu. “Qu'est-ce qu'elle fait d'autre ?” Et, sans attendre qu'il réponde, elle baisse la fermeture Éclair de son pantalon et en fait sortir son marteau.

— C'est comme ça que tu l'appelles ? s'exclama Nikki dans un rire.

— C'est l'outil par excellence.

— C'est toi qui es un outil par excellence !

— C'est le premier qui m'est venu, mais si tu préfères, on peut juste l'appeler “son instrument”.

— Trop clinique, nota Nikki. Comme un instrument chirurgical.

— Ou quelque chose qui produit une musique douce, très douce, proposa Jason.

— Essaie un légume.

— Et fait sortir son panais.

— Essaie de trouver une forme plus pertinente.

— Tu es très difficile sur le vocabulaire !

— Je veux faire ça bien.

— Sa zucchini, alors ?

— On dit “courgette”, ici.

— Ça me convient. Maintenant ça fait sophistiqué, comme une corvette.

— Elle trouve sa courgette douce comme la soie », continua Nikki.

Jason fronça les sourcils.

« La dernière fois que j'ai cuisiné des courgettes, elles étaient rugueuses et toutes bosselées.

— Tu as forcément déjà vu une courgette douce.

— Non.

— Mais où fais-tu tes courses ?

— Je ne te suis plus.

— Et maintenant ? demanda-t-elle en passant une jambe au-dessus de Jason pour venir le chevaucher.

— Maintenant, j'ai totalement oublié tout ce que je savais, répondit Jason en fixant sa poitrine nue.

— Je reprends. Ils font l'amour dans chaque pièce de la maison. Mais ensuite, l'homme se sent très coupable et se confie à sa femme. À sa grande surprise, elle semble contente et dit seulement : “Je pensais bien que ça pouvait arriver !” Il se trouve que c'est elle qui avait caché le document de son mari pour l'obliger à revenir le chercher. Elle s'est arrangée pour que la domestique et lui se rencontrent. Maintenant, elle veut les regarder pendant qu'ils font l'amour. Ça l'excite.

— Où est-ce que je peux trouver une fille comme ça ? plaisanta Jason.

— Ferme les yeux, ordonna Nikki. Elle se penche sur lui et l'embrasse, respire le parfum de ses cheveux. "Elle nous regarde en ce moment même, murmure-t-elle à son oreille. Est-ce qu'on l'excite ?" »

Jason leva les yeux.

« Oui. »

Soudain, une sonnerie retentit dans l'appartement, les faisant sursauter l'un et l'autre. Son sourire évaporé, Jason tendit le bras pour atteindre son téléphone dans la poche de son jean, sous le lit.

« Désolé, marmotta-t-il en regardant l'écran. Il faut que je réponde. »

Puis il se leva et enfila son pantalon.

C'est peut-être le travail, pensa Nikki, mais on était dimanche et la préoccupation de Jason suggérait bien plus qu'un patron exigeant. C'était déjà arrivé deux fois. La première, pendant un tête-à-tête au restaurant, il avait filé si vite avec son téléphone qu'elle aurait presque pu voir la poussière voler derrière lui. Sans vouloir paraître trop curieuse, elle n'avait pas pu s'empêcher de demander de qui venait l'appel.

« Un truc de boulot dont il faut que je m'occupe », avait répondu Jason avant de disparaître pour vingt minutes.

Il était maintenant dans la salle de bains et Nikki ne put entendre que sa voix étouffée, sans discerner ce qu'il disait. Elle avança sur la pointe des pieds jusque dans le couloir, mais une latte du parquet grinça et trahit sa présence. Elle se précipita dans la cuisine et s'affaira à préparer le petit-déjeuner pour tous les deux.

« Je n'ai plus de café », annonça-t-elle quand il émergea de sa cachette. Il semblait fatigué. Elle fit mine de ne pas le remarquer. Il s'assit à table, la tête dans ses mains. Nikki tira une chaise près de lui et le prit par l'épaule.

« Qui c'était ?

— Rien, le boulot.

— J'allais nous préparer une omelette, dit-elle en ouvrant le réfrigérateur. Tu veux deux œufs, ou un suffira ?

— C'est très bien.

— Alors deux œufs.

— Hé, excuse-moi, sourit Jason. Un œuf, c'est super. Merci. »

Nikki hocha la tête et se tourna vers la gazinière.

« Je me disais qu'on pourrait essayer de voir ce film français. Il me fait toujours envie.

— Bonne idée. Il passe encore ?

— Ce cinéma garde les mêmes films à l'affiche pendant des lustres. Je crois qu'ils le projetaient pour la première fois ce week-end. Il y a deux ans, ils ont passé un documentaire sur les bidonvilles de Calcutta. Mes parents sont allés le voir trois fois en six mois.

— Dieu merci, il y a des gens qui aiment revoir les films. Ce cinéma continue d'exister grâce à eux.

— Mes parents avaient pourtant des goûts très différents. Papa aimait les émissions sur l'histoire ou l'actualité et maman ne regardait que les mélodrames indiens ou les comédies romantiques hollywoodiennes. Ils ont trouvé dans ce film quelque chose qui leur a plu à tous les deux. »

Elle sourit au souvenir de ses parents rentrant à la maison après une énième séance, les yeux brillants comme de jeunes amoureux.

« Apparemment, ils ont tout fait pour que leur mariage arrangé fonctionne, commenta Jason.

— Oui, acquiesça Nikki, surprise par ce constat et par les larmes qui soudain lui piquaient les yeux. Tu veux du fromage dans ton omelette ?

— Je veux bien. »

Son téléphone sonna encore une fois, provoquant le même froncement de sourcils.

« Il faut que je réponde, Nikki. Désolé. »

Il se dépêcha de sortir et Nikki dut lutter pour ne pas le suivre et écouter sa conversation en catimini. Elle l'entendait faire les cent pas dans l'entrée exiguë. Quand il revint, il esquissa de nouveau un sourire qui se voulait rassurant.

« Qu'est-ce qui se passe ?

— C'est juste un truc de boulot. Difficile à expliquer. Je vais être assez occupé pendant quelque temps. »

Elle servit les œufs et ils mangèrent en silence, dans une atmosphère pesante. Jason voyait-il dans ce petit-déjeuner une tentative pour lui demander – en toute décontraction, bien sûr – où allait leur histoire ? Il était peut-être trop tôt, mais ils se voyaient quasiment tous les soirs depuis leur premier rendez-vous. Les débuts intenses étaient excitants, mais cela se terminait souvent en queue de poisson, et Nikki voulait plus qu'une aventure.

Jason s'en alla après s'être confondu en excuses et avoir promis de la rappeler. *Il a un boulot prenant. Il a dû partir pour une raison professionnelle importante*, se dit Nikki. Mais ce n'était pas convaincant.

En arrivant chez O'Reilly ce soir-là, Nikki trouva une jeune femme qu'elle n'avait jamais vue auparavant, debout au bar. Ses cheveux bruns étaient lissés en arrière et son maquillage, si lourd que ses yeux semblaient tirés. Elle sourit brièvement et commença à jouer avec sa queue-de-cheval.

« Bonjour, dit Nikki.

— Je m'appelle Jo », répondit la fille sans plus d'explications.

Sam émergea de l'arrière-salle.

« Super ! Nikki, tu as fait la rencontre de Jo. Je la forme au bar ce soir, du coup j'aurai besoin de toi en cuisine.

— D'accord. »

Elle aurait préféré être prévenue et pouvoir se préparer à passer la soirée avec les deux bouffons en cuisine, mais, apparemment, aujourd'hui, rien n'allait comme elle le voulait. En se dirigeant vers la cuisine, elle jeta un regard à Jo. C'était une jolie jeune femme, les Russes ne manqueraient pas de commenter les douteux critères d'embauche de Sam. Pour couronner le tout, Olive était absente : en guise de protestation contre la météo épouvantable, elle avait profité d'une offre de dernière minute sur Internet pour aller passer le week-end à Lisbonne. Nikki sortit son téléphone de sa poche et envoya un texto :

C'est nul, Londres, en ce moment. Reviens !

En réponse, elle reçut une photo : plage ensoleillée et virginale.

Tu veux me faire baver d'envie ou quoi ?

Voilà ce qui me fait baver d'envie, moi, répondit Olive.

Quelques instants plus tard, une seconde photo arriva. Sur la plage, un homme bronzé, torse nu, des abdominaux ciselés comme s'ils étaient dessinés à la main, le bras serrant la taille nue d'Olive et la joue pressée sur sa poitrine. Il faisait un clin d'œil.

Rapporte-m'en un ! écrivit Nikki.

La cuisine fourmillait d'activité. Les cuistots s'apostrophaient en russe et Sanja voltigeait entre les deux. Au large sourire qu'échangeaient les deux hommes et à la légère tension sur le visage de Sanja, Nikki comprit qu'ils venaient de sortir une blague. Derrière la porte, le pub tremblait sous les applaudissements et les rires. C'était de nouveau une soirée quiz et l'animateur chauffait la salle en faisant le pitre.

Garry apparut.

« Tu m'as pas entendu ? Je t'ai dit de porter ça à la table 5.

— Désolée, répondit Nikki.

— Il faut que tu écoutes ! C'est la cuisine, ici, pas le bureau de Sam, ajouta-t-il en tortillant des hanches.

— Écoute, Garry. C'est vraiment pas correct de ta part de laisser entendre que… »

Garry sortit avant qu'elle ait fini sa phrase. Elle emporta la commande, les joues rouges d'indignation, et passa devant Jo, très occupée à regarder son téléphone.

« Je crois que t'as des clients », dit-elle, mais Jo se renfrogna.

Lorsqu'elle revint vers la cuisine, Sanja l'attendait à la porte.

« T'occupe pas d'eux. C'est des connards. Ils veulent bosser au bar parce qu'ils croient pouvoir impressionner les filles.

— Je ne crois pas que bosser au bar les aidera dans ce domaine.

— Moi, je préfère la cuisine. Mais je suis peut-être meilleure que la nouvelle.

— Comme n'importe qui, dit Nikki. Je ne sais pas quelle mouche a piqué Sam. »

Jo se penchait vers un client, laissant apercevoir un généreux décolleté. *Ou plutôt si, je sais.*

Nikki retourna en cuisine et se concentra sur les commandes, en espérant que la soirée passerait vite. Elle voulait rentrer chez elle et se pelotonner dans son lit. Chaque fois que la porte s'ouvrait à la volée, elle entendait les questions tonitruantes de l'animateur.

Originaire d'Australie, ce mammifère amphibie pond des œufs.

Quelle actrice incarnait Marta dans La Mélodie du bonheur *?*

Avec quoi Jésus a-t-il envoyé ses disciples en mission ? A) Pierres et bâtons B) Pain et argent C) Actions provisoires D) Bâton de berger.

C'est quoi, une action provisoire ? se demanda Nikki en ouvrant la porte du lave-vaisselle. Une bouffée de vapeur bouillante lui bondit au visage. Elle cria et repoussa la porte. Sanja accourut.

« Ouvre les yeux et montre-moi ! »

Nikki cligna plusieurs fois des yeux avant de voir clairement le visage de Sanja. « Fais attention avec ce truc-là ! dit cette dernière en jetant un regard de mépris au lave-vaisselle. Ça sonne avant que la vaisselle soit sèche. J'aurais dû te prévenir. »

Garry interpella Sanja qui lui répondit en russe du tac au tac.

« Merci pour le lave-vaisselle, dit Nikki. Et merci de prendre ma défense.

— Tu sais pas ce que j'ai dit.

— Ce devait être l'équivalent russe de “Va te faire foutre”.

— Exact ! »

Grâce à la gentillesse de Sanja, les heures suivantes passèrent un peu plus vite. L'ambiance de la soirée quiz resta bon enfant, même après que Steve au grand-père raciste eut répondu à une question sur la Corée du Nord par « Moi aime toi longtemps ! » Mais, à la fin de la soirée, Nikki alla tambouriner à la porte du bureau du patron, encore furieuse.

« Entrez !

— Le lave-vaisselle fait des siennes, lança-t-elle.

— Oui, je suis au courant, répondit Sam sans la regarder. Je le ferai réparer bientôt.

— Il faut s'en occuper plus vite que ça, déclara-t-elle d'une voix tremblante qui obligea Sam à lever le nez des papiers étalés devant lui.

— Je le ferai réparer quand j'aurai de l'argent, Nikki. Au cas où tu l'aurais pas remarqué, on roule pas sur l'or.

— Cet appareil est dangereux. Et puis, si t'as pas d'argent, pourquoi tu embauches ? C'est quoi cette Jo, hein ? »

Ça faisait plaisir de voir Sam décontenancé.

« Je suis censé te soumettre chacune de mes décisions ?

— Je te croyais plus professionnel.

— Sans blague ? ironisa Sam.

— Tu sais ce que racontent ces crétins en cuisine ? Que tu m'as engagée parce que je t'avais séduit. C'est vrai, Sam ? Parce que c'est pas ce dont je me souviens. Je pensais que j'avais décroché ce boulot parce que je travaillais dur…

— Nikki, je t'arrête tout de suite. »

Le ton de Sam était maintenant d'un calme exaspérant, mais on pouvait distinguer sur son front des rides d'inquiétude.

« Je n'ai pas engagé Jo. C'est ma nièce – la fille de ma sœur. Tu te rappelles mon week-end à Leeds ? Je suis allé la chercher. Je la forme pour lui rendre service. Elle vient d'avoir dix-huit ans et ne sait absolument pas ce qu'elle veut faire dans la vie. Ma sœur et elle ne s'entendent pas bien, alors je me suis dit que je pourrais intervenir. »

C'était tout Sam. « Ce n'est pas une excuse… », commença Nikki.

Il l'interrompit d'un geste.

« J'aurais dû t'en parler, mais j'étais trop gêné. Jamais je n'aurais cru qu'ils t'en feraient voir de toutes les couleurs. Je vais leur parler.

— T'es pas obligé.

— Ça n'arrangera pas les choses si je leur dis d'arrêter ?

— Je préfère qu'ils l'entendent de ma bouche, assura Nikki. Si tu te précipites pour me défendre, ça ne fera que renforcer leurs suppositions.

— D'accord. L'essentiel est que tu saches que je t'ai engagée parce que tu es fiable. Tu bosses bien. Je l'ai vu immédiatement.

— Pile le contraire de ce qu'affirmait mon directeur d'études en droit. Il disait plus ou moins que je ne faisais même pas l'effort d'essayer.

— Tu savais avec quoi tu ne voulais pas perdre ton temps. C'est une compétence en soi. Franchement, j'aurais dû m'écouter un peu plus avant de prendre ce pub. Voilà qu'il tombe en ruine et je ne suis pas sûr de l'aimer assez pour y investir ce qui permettrait de le sauver de la ruine. »

Nikki se sentait maintenant gênée de s'être emportée. Elle fouilla dans son sac et lui tendit la carte de l'artisan de Tarampal.

« Sam, si ça t'intéresse, il paraît que ces types-là sont bons, et je ne crois pas qu'ils demandent très cher puisqu'ils ont fait des travaux de rénovation pour cette dame que je connais à Southall. »

Sam siffla.

« Pas trop chers ! Tu plaisantes ? Je les ai appelés quand je voulais refaire les toilettes. Ils sont hors de prix. »

Comment Tarampal s'était-elle débrouillée, avec son seul revenu ?

« Sam, ces difficultés ne vont quand même pas affecter mon travail ? »

Il secoua la tête. « En ce qui me concerne, tu peux travailler ici pour l'éternité. »

Nikki sourit, soulagée.

« Mais ça veut pas dire que tu doives le faire. Tente ta chance ailleurs, Nikki. Tu as un sacré cerveau et tu sais t'y prendre avec les gens.

— Je ne sais toujours pas où.

— Tu trouveras », assura Sam.

Il soupira, regarda autour de lui.

« Je ferais tout différemment si j'avais la vingtaine. Si je n'avais pas hérité ce pub de mon père, j'aurais ouvert un magasin de location de vélos quelque part en bord de mer. Je suis lié à cet endroit maintenant. C'était chouette au départ, et pendant un temps, succéder à mon père me plaisait beaucoup, mais une fois passé l'attrait de la nouveauté, c'est simplement devenu un lieu de travail. Je ne pense pas que ce serait la même chose avec les vélos, mais tant que le pub reste debout, je dois rester ici avec lui. Les obligations, quoi… »

*

Danser sous la pluie

Il aimait prendre de longues douches pour se débarrasser du stress, de la saleté et de la sueur accumulés pendant sa journée de travail sur les chantiers. Sa femme se plaignait de ne jamais le voir. Il passait la porte tôt le matin, puis le soir, restait une éternité sous l'eau. Les factures étaient exorbitantes et quand il avait fini, le ballon d'eau chaude était toujours vide. « J'y peux rien, insistait-il. C'est le seul moment où je me détends. » Ce qui faisait de la peine à son épouse. « Il y a d'autres façons de se détendre, qu'on pourrait savourer ensemble », lui rappela-t-elle un soir. Perplexe, l'homme la regarda s'éloigner, haussa les épaules et commença à ôter ses vêtements, tous ses muscles douloureux.

Quelques instants plus tard, la porte de la salle de bains s'ouvrit et sa femme apparut, seulement vêtue d'une serviette. L'homme commençait à comprendre, mais il voulait tout de même rester seul. Il leva les mains et lui fit signe de partir, la grondant pour avoir interrompu ce moment intime. La femme ne prêta pas attention à ses protestations. Elle laissa tomber la serviette au sol, offrant au regard de son mari un corps qu'il n'avait plus vu ainsi, nu et debout devant lui, depuis bien longtemps. Il se tourna pour ouvrir le robinet et sentit bientôt les tétons dressés contre son dos. L'eau éclaboussait leurs visages comme s'ils dansaient sous la pluie, mais en réalité ils bougeaient à peine. Les mains délicates de sa femme parcouraient son corps, effaçant le sable et la poussière. Il frissonna quand elle descendit vers sa grosse *hampe pour commencer à la caresser. Elle embrassa son visage, ses lèvres, son cou. Ses caresses accéléraient en rythme avec son souffle, vif et haletant. Il poussait son organe dans la main de sa femme. De l'autre, celle-ci griffait légèrement son dos. Le bout de ses doigts dessinait des mots d'adoration sur sa peau lustrée. Soudain, il éjacula dans un grognement rauque. « On n'a jamais fait ça », souffla-t-il. Elle sourit et enfouit le visage dans les cheveux de son mari. Il y avait tant de choses qu'ils n'avaient jamais faites.*

Pour lui rendre la pareille, il se montra très attentionné. Elle resta debout, le dos plaqué contre le mur, et écarta les jambes. Comme un dard, sa langue vint titiller le bourgeon tendu. L'eau continuait de ruisseler sur eux. Elle tremblait sous l'intensité du plaisir et elle empoigna ses cheveux, sentant des vagues de chaleur rayonner en elle à mesure qu'elle s'approchait de la déflagration. C'était presque douloureux – la sensation de l'eau sur sa peau qui picotait. Chaque once de son corps devenait consciente et sensible. Elle poussa un grand cri. « Ne t'arrête pas ! Ne t'arrête pas. » Et il ne s'arrêta pas.

La classe applaudit une Preetam écarlate. Nikki trouva l'histoire originale, puis releva un détail qui manquait.

« Comment s'appellent vos personnages ?

— Ils n'ont pas de noms.

— Il faut leur en donner un, enfin, dit Arvinder, comme si elle insistait pour qu'on offre des bonbons à un enfant.

— John et Mary, proposa Preetam, déclenchant gloussements et protestations.

— Choisis des noms pendjabis ! conseilla Bibi. Indiens, au moins.

— Je n'imagine pas des Indiens faire ce genre de choses, expliqua Preetam.

— Comment tu crois qu'on fait les bébés, au juste ? intervint Arvinder.

— Pas comme ça ! affirma Preetam. Il ne s'agit pas de concevoir des bébés. Ils se font juste plaisir.

— D'où vous est venue l'idée de cette histoire, Preetam ? demanda Tanveer.

— De mon imagination. »

Tanveer se tourna vers Nikki.

« Comment ça s'appelle, déjà, quand on revendique un travail qui n'est pas de soi ? On peut être exclu de l'université pour ça – le fils de Satpreet Singh s'est fait prendre la main dans le sac. Il existe un mot…

— Le plagiat, dit Nikki.

— C'est ça. Je me souviens du mot maintenant, parce que personne ne savait ce que ça signifiait. Même Satpreet Singh était embarrassé. Il ne pensait pas qu'on sanctionnerait son fils aussi sévèrement pour avoir copié quelques paragraphes dans un livre de bibliothèque – « Il s'est servi de son intelligence ! » répétait-il. Mais les Anglais sont très regardants pour ce qui est de la vérité. Alors, Preetam, vous avez commis un plagiat, conclut-elle en estropiant le mot avec son accent.

— Vous êtes folle ! se récria Preetam, mais elle semblait un peu inquiète. Je ne lis pas l'anglais, où est-ce que j'aurais trouvé cette histoire ?

— Sur Canal 56, à 1 heure du matin. »

Pas besoin de demander ce qui était diffusé sur Canal 56 à 1 heure du matin, les sourires entendus en disaient assez long.

« L'autre soir, il y avait un film sur un couple. L'homme rentrait chez lui vêtu d'un de ces gilets fluorescents – c'était un mineur ou quelque chose du genre –, puis il a dit quelque chose en anglais et sa femme l'a conduit dans la salle de bains. Ils ont fait exactement ce que tu décrivais.

— Ce n'était pas en anglais, affirma Arvinder. Ça ne sonnait pas comme de l'anglais. C'était du français ou de l'espagnol, je crois.

— Les Allemands sont les meilleurs, nota Bibi. Ces hommes-là ont l'air robustes.

— Votre secret est éventé, Preetam ! sourit Tanveer.

— Il n'y a rien à regarder sur la chaîne indienne tard le soir, se défendit celle-ci en se tortillant sur sa chaise.

— Il faudrait peut-être qu'on continue, suggéra Nikki.

— J'ai la fin de mon histoire, annonça Tanveer.

— Celle avec Rita et Meera ? demanda Arvinder.

— Oh oui, s'il vous plaît, racontez-nous ! » réclama Bibi.

Rita conduisit Meera jusqu'à son lit. Les draps étaient légèrement froissés de la nuit précédente, mais Meera se garda de gronder la jeune fille. En s'allongeant, elle sentit une pulsation forte et pressante dans son bas-ventre et obéit à Rita qui lui demandait de fermer les yeux. Le souffle de Rita était chaud sur sa peau. Elles s'embrassèrent passionnément, dardant leurs langues taquines. Rita déboutonna le corsage de Meera et mordilla ses tétons à travers le tissu du soutien-gorge. Meera serra les dents. Sentir cette jeune femme picoter sa chair lui donnait envie de crier, mais elle savait que le plaisir restait à venir. Rita caressa la pêche entre les jambes de Meera. Il en émanait tant de chaleur que Rita comprit qu'elle était prête. Elle la déshabilla et fit entrer ses doigts dans le cœur humide et gonflé. Meera gémit. Puis les mouvements réguliers de Rita changèrent ses murmures en grognements profonds. Les doigts de Rita tournaient doucement, préparant Meera à ce qui arriverait bientôt. Le bâton d'argile était posé sur la table de nuit. Meera y jetait un œil de temps à autre. Rita secoua la tête. « Pas encore », dit-elle fermement. Elle savait qu'il était cruel de retarder le plaisir de cette femme qui en avait tellement envie, mais elle voulait prolonger l'expérience. Elle avait désormais une immense emprise sur Meera. Elle pouvait lui faire faire n'importe quoi. La façon dont Rita orchestrait cet instant pouvait déterminer toute sa vie dans ce foyer.

Rita s'écarta pour aller prendre un flacon d'huile de coco dans le tiroir de sa coiffeuse. Son mari et elle en avaient utilisé ensemble lors de leur première nuit, et parfois, pour le surprendre, elle s'en enduisait tout le corps, puis l'attendait au lit, nue et scintillante. Elle en faisait maintenant un spectacle, se déshabillant pour Meera qui suivait du regard le moindre de ses gestes. Puis elle renversa le flacon d'huile dans sa main et caressa lentement sa poitrine, son ventre et ses cuisses. Elle savait à quel point elle était sexy – déesse à la chair hâlée et luisante. Elle retourna au lit et s'empara du bâton de glaise, qu'elle fit rouler sur son corps, du cou au centre, jusqu'à ce qu'il soit couvert d'huile. Meera jouissait du spectacle, comme hypnotisée. « Montre-moi ce que tu fais avec », dit-elle.

Rita s'allongea, écarta les jambes et glissa le bâton dans ses plis soyeux. Elle le guida à l'intérieur et à l'extérieur d'elle, se cabrant, soupirant comme elle le faisait avec son mari. D'une main, elle agrippa sa poitrine nue, tordant ses tétons durs entre ses doigts. Elle croisa le regard de Meera. « Tu comprends, maintenant ? »

Elle retira le bâton et s'assit. « À ton tour, dit-elle. Allonge-toi. »

Meera secoua la tête et la pressa de continuer.

« Ne me dis pas que tu veux faire marche arrière maintenant.

— Non.

— Alors qu'est-ce qu'il y a ? »

Meera lui jeta un regard timide. « Tout ce temps où je t'enviais, en réalité, je te désirais. Je veux continuer à admirer ton corps. »

Et à son tour, Rita se sentit timide. « Jamais je n'aurais cru ça. Je pensais que tu m'en voulais. »

Meera pressa ses lèvres sur celles de Rita et elles échangèrent un long baiser fougueux, pendant lequel Meera enroula ses mains autour du bâton. Elle le glissa à l'intérieur de Rita et commença à l'actionner lentement. « Qu'est-ce que tu veux que je fasse ? »

Les yeux de Rita s'écarquillèrent sous l'effet de la surprise. Jamais elle n'aurait imaginé pouvoir demander quoi que ce soit à Meera, et pourtant celle-ci était là, prête à la servir. « Plus vite », ordonna-t-elle. Meera obéit. « Plus vite ! » Elle grogna et renversa la tête en arrière. Les mouvements fiévreux de Meera faisaient frémir ses cuisses. Elle les leva pour que le bâton puisse aller plus profond encore. « Ah ! Ah ! » cria-t-elle. Sous elle, le drap était trempé de sa sueur et de ses jus. Elle attira le visage de Meera contre le sien.

« J'y suis presque », murmura-t-elle.

Meera retira le bâton. Elle s'assit à califourchon sur Rita et se frotta contre elle. Sentir la chair brûlante de Meera contre la sienne fit rapidement monter l'excitation de Rita. Elle serra les jambes autour de la taille de Meera, chaque mouvement lui arrachant un gémissement. Les deux femmes s'agrippaient l'une à l'autre, tentaient de prolonger leurs sensations. Leur orgasme arriva vite. Meera eut un soubresaut et laissa retomber sa tête sur l'épaule de Rita. Puis Rita lui caressa les cheveux. Pendant ce court instant, les deux femmes furent plus proches que jamais, mais elles étaient aussi perdues dans leurs pensées. Meera se demandait comment retourner au lit avec son mari après cette expérience. De son côté, Rita pensait à la vie de Meera, dont elle venait de bouleverser toute l'organisation. *À partir de maintenant, je déciderai de la place de chaque chose*, pensa-t-elle.

« Ça, par exemple ! s'écria Arvinder. Sacré coup de théâtre !

— C'est très bien, commenta Bibi.

— Merci.

— Tu ne trouves pas que c'est une bonne histoire, Preetam ? demanda Arvinder. Très originale. »

Preetam, concentrée sur ses ongles, se contenta de marmonner un « Oui ».

*

« J'ai des nouvelles de Manjeet », annonça Sheena lorsque toutes les autres furent parties.

C'était la seconde absence de Manjeet au cours.

« Elle va bien ?

— Elle a quitté Southall.

— Quoi ? Pour quelle raison ?

— Son mari a fait une autre crise cardiaque la semaine dernière et son amie infirmière l'a abandonné. Quand Manjeet l'a appris, elle a fait ses valises et elle est partie dans le nord pour s'occuper de lui.

— Elle est partie définitivement ? » demanda Nikki.

Sheena haussa les épaules.

« C'est tout ce que m'a raconté l'une de ses filles, qui est venue à la banque l'autre fois pour leur envoyer de l'argent. Elle a dit que Manjeet parlait comme si tout était revenu à la normale, comme s'il n'était jamais parti.

Après tout ce qu'il lui a fait vivre ! Et elle reste dans cette maison qu'il a achetée avec sa petite amie à Blackburn. Je ne sais pas s'il faut la voir comme une femme loyale ou complètement soumise. »

L'un et l'autre se valaient, songea Nikki.

« Si seulement j'avais pu lui parler pour l'en dissuader, ou au moins lui dire au revoir… C'est une bonne chose d'avoir accueilli Tanveer et Bibi parce que, sans Tarampal et Manjeet, le cours n'aurait pas eu assez d'élèves pour continuer.

— Oui, approuva Sheena avant d'ajouter, avec hésitation : Il y a autre chose que je dois vous dire. Promettez-moi de ne pas vous fâcher.

— Quoi que vous ayez fait, je suis sûre qu'il n'y a rien d'irréparable.

— Vous ne serez pas fâchée ? » souffla encore Sheena.

Nikki la rassura et Sheena débita son aveu à toute vitesse.

« J'ai photocopié les histoires pour les montrer à quelques amies.

— Oh.

— Vous êtes en colère ? »

Nikki secoua la tête. « J'imagine que c'était à prévoir. Les histoires auraient probablement circulé par le bouche à oreille, alors qu'un ami les lise n'est pas si grave.

— Le fait est que mes amies les ont adorées, surtout celle du tailleur. Elles les ont copiées à leur tour et il est possible que leurs amies rejoignent le cours.

— Combien sont-elles, au juste ?

— Je ne sais pas.

— Trois ?

— Plus.

— Cinq ? Dix ? Il ne faudrait pas éveiller les soupçons.

— Plus. Il y a aussi des femmes qui ne vivent pas à Southall.

— Comment est-ce possible ?

— Les mails. Quelqu'un a dû scanner des histoires et elles se sont retrouvées sur des listes de diffusion. Aujourd'hui, une femme qui vit au fin fond de l'Essex m'a abordée au temple. »

Nikki la dévisagea.

« Vous avez promis de ne pas vous fâcher…

— Je ne suis pas en colère, dit Nikki. Je suis sous le choc. Je… »

Son regard parcourut la classe, les chaises vides, et elle se rappela avec quelle appréhension elle avait arrangé les tables le premier jour.

« Je suis assez impressionnée, dit-elle. Je pensais les compiler dans un livre, mais il ne m'a jamais traversé l'esprit que je pouvais tout simplement les diffuser de cette manière.

— Moi non plus, je n'envisageais pas que les histoires circulent. J'ai fait cette photocopie pour une amie du Surrey qui me rendait visite parce qu'elle se plaignait de n'avoir rien de bien à lire. De retour chez elle, elle m'a appelée pour me demander de lui en envoyer d'autres. J'en ai scanné quelques-unes, mais j'ai fait une erreur. J'ai laissé les originaux sur la photocopieuse du bureau. Devinez qui me les a renvoyés ?

— Rahul ? »

Sheena rougit. « Il a fait mine de ne pas avoir lu, mais pendant le déjeuner du lendemain, il m'a dit que j'avais une imagination fertile.

— Et vous avez répondu quoi ?

— J'ai souri mystérieusement et j'ai dit : "La frontière entre imagination et réalité est floue."

— Bien joué.

— Rahul ne dira rien à personne, assura Sheena.

— Ce n'est pas lui qui m'inquiète. Je crains qu'elles ne finissent par arriver aux oreilles des Frères.

— Moi aussi, mais en se cachant, on les laisse prendre le pouvoir, n'est-ce pas ? »

La question était hésitante, mais il y avait dans la voix de Sheena une force nouvelle et remarquable.

« Tenez, dit-elle en tendant un stylo à Nikki. Il faut rembobiner celle-ci. »

Un instant plus tard, Nikki se désolait :

« Je l'ai déchirée. Merde alors ! Les histoires de ce soir ont disparu.

— Pas grave. Je me souviens de la plupart des détails. Je les noterai dès que possible et les lirai à voix haute au groupe la prochaine fois. »

Nikki la remercia puis enroula soigneusement la bande abîmée autour du boîtier en plastique.

« C'était aussi ma dernière cassette vierge, dit-elle.

— Il ne vous en reste aucune ?

— J'ai dû les laisser dans la boîte que j'ai apportée à Tarampal. »

Sheena lui lança un regard interrogateur.

« J'ai apporté des livres lus sur cassettes chez Tarampal la semaine dernière, parce que je m'en voulais de ne pas lui donner de cours d'anglais. C'est une forme d'excuse, si l'on peut dire.

— Comment a-t-elle réagi ? voulut savoir Sheena.

— Elle a toujours envie d'apprendre l'anglais, mais elle refuse de revenir dans notre classe. J'ai essayé de la persuader, mais…

— Il ne faut pas qu'elle revienne. C'est mieux sans elle.

— Vous l'appréciez si peu ? Je sais qu'elle est plus traditionnelle, mais je pensais que vous étiez toutes amies.

— Tarampal n'est l'amie de *personne*, affirma Sheena.

— Je ne comprends pas. »

Dans le silence qui suivit, on aurait presque pu entendre les secondes s'égrener. Sheena avait l'air d'hésiter, mais quand elle finit par parler, ce fut d'une voix ferme.

« Quoi que je dise, tout reste entre ces murs, d'accord ?

— Promis.

— Laissez-moi d'abord vous poser une question. Vous êtes entrée chez Tarampal ?

— Oui.

— C'est comment ? Votre première impression ?

— Charmant. Tout semblait fraîchement rénové.

— Vous lui avez demandé comment elle a payé toutes ces rénovations ?

— Non, j'avoue que cela m'a intriguée mais il aurait été grossier de lui poser la question. Par contre, je lui ai demandé la carte de son artisan et, d'après mon patron, il est très cher.

— J'en suis convaincue. On peut se le permettre quand ce sont les autres qui paient la note, dit Sheena.

— Qui ça ?

— La communauté, répondit Sheena en désignant la fenêtre, par laquelle on voyait les courbes du dôme du temple. Les gens la paient pour qu'elle ne dévoile pas leurs secrets.

— Tarampal pratique le chantage !?

— Elle n'appelle pas ça comme ça. Elle considère que c'est une forme de soutien. Son mari faisait la même chose.

— Elle vous a déjà demandé de l'argent ? Elle essaierait de nous faire chanter à propos des cours ? »

Sheena secoua la tête.

« C'est très improbable. Elle ne cible que les gens riches. »

Nikki se souvint soudain d'une scène : Arvinder tendant ses mains vides et disant à Tarampal qu'elle ne pouvait pas l'intéresser. Elle comprenait maintenant : une veuve n'avait rien à offrir.

« Elle sait donc que ça ne vaut pas le coup, réfléchit Nikki. Comment vous savez tout ça, Sheena ?

— Pour mon anniversaire, l'an dernier, j'avais décidé de m'offrir une manucure chez Chandani. C'est une fille du salon qui m'en avait parlé. D'après elle, les principales victimes de Tarampal sont des habituées – ces femmes riches qu'on a vues dans l'entrée du langar l'autre soir. Le mari de Tarampal lui a laissé une liste des membres de la communauté qui l'ont un jour consulté. Il notait ce que les gens lui confiaient et les prières qu'il leur prescrivait. Tarampal utilise cette liste. Préserver leur honneur et leur réputation n'a pas de prix pour ces familles, surtout celles qui en ont les moyens. Les parents de Sandeep Singh par exemple – ce garçon qui l'a emmenée dans sa voiture le soir où elle a claqué la porte. Il est homo. Sa mère avait approché le mari de Tarampal pour qu'il rectifie son comportement d'une manière ou d'une autre. Sandeep fait le taxi pour elle, pour payer sa dette.

— Quelle somme les gens doivent-ils payer ?

— Ce qu'elle demande. Bien sûr, elle le présente autrement. Elle prétend poursuivre le travail de son mari en déposant des prières spéciales en Inde. D'après elle, l'argent sert à payer les appels à l'étranger et les frais de déplacement de ses porteurs de prières. Tout cela est enveloppé d'une bonne dose de compassion et de sourires, mais tout le monde sait qu'elle vit bien grâce à la honte et aux secrets.

— Ça alors ! »

Nikki se rappela la froideur de Tarampal parlant d'honneur et de honte. Pas étonnant qu'elle prenne ça tellement au sérieux. C'était son gagne-pain.

« C'est difficile d'imaginer Tarampal à la tête d'une entreprise, quelle qu'elle soit, fit remarquer Nikki.

— Elle est très habile. Elle croit sincèrement faire le bien, proposer une sorte de service qui rend leur dignité aux gens. Les payeurs finissent aussi par le croire, sinon ils ne débourseraient pas un centime. »

Lorsqu'elles avaient parlé du suicide de Maya, Nikki avait noté son manque d'empathie. Cela l'avait frappée, de même que le fait qu'elle se préoccupe essentiellement de la réputation de Jaggi. Elle s'était dit que Tarampal était tout bonnement surprotectrice, mais à présent, une autre logique apparaissait.

« C'est assez malin », admit Nikki.

Sheena plissa les yeux et sembla sur le point de dire quelque chose. Nikki se reprit aussitôt.

« C'est impardonnable. Je ne l'inviterai pas à revenir dans notre classe.

— Tant mieux, dit Sheena, soulagée. Je n'ai pas envie qu'elle mette son nez dans mes affaires.

— Oui, le seul à pouvoir mettre le nez dans vos affaires, c'est Rahul ! dit Nikki en souriant.

— Nikki !

— Pardon, c'était plus fort que moi.

— Il n'y a rien entre Rahul et moi.

— Vraiment ? Allons… »

Sheena baissa la voix et cligna exagérément des paupières.

« On s'est vus pour dîner le week-end dernier.

— Et ?

— C'était très chouette. Il m'a emmenée à Richmond. On a bu du vin dans un restaurant qui donnait sur la Tamise. Après, on a marché le long du fleuve. Il a passé son bras autour de mes épaules quand la brise est devenue trop fraîche.

— C'est mignon. Vous allez continuer à vous voir ?

— Peut-être. Si on peut se retrouver en dehors de Southall, alors oui. Au début, j'avais peur qu'on me voie – Richmond n'est pas si loin et ma belle-famille connaît du monde juste à côté, à Twickenham. Mais j'ai tout oublié. On ne remarque pas qui nous observe quand on passe un bon moment. On s'en fiche, d'ailleurs.

— Est-ce que Tarampal essaierait de faire chanter Rahul si elle était au courant ? demanda Nikki.

— Elle n'en tirerait pas assez, répondit Sheena, de nouveau tendue. Elle s'intéresse plus aux gens riches, rappelez-vous. »

Nikki secoua la tête.

« Je la plains quand même un peu de s'être retrouvée au cœur de cette épouvantable tragédie.

— Elle vous a parlé de Maya ? »

Nikki s'apprêtait à lui répondre, mais elle se ravisa. Toutes ces révélations réveillaient son malaise et, une fois de plus, elle se sentit comme une étrangère. Chaque question qu'elle posait en soulevait d'autres, et sans jamais la moindre réponse.

« Je ne sais que ce qu'elle m'a raconté, finit-elle par lâcher.

— Et je suis sûre qu'elle vous a raconté une très belle histoire. »

Là-dessus, Sheena attrapa son sac à main et se dirigea vers la porte, si vite que Nikki n'eut pas le temps de la retenir.

10

Les os de Kulwinder lui apprirent qu'elle était de retour à Londres. Avant que le pilote n'annonce l'atterrissage, elle sentit ses rhumatismes se réveiller. En Inde, ses sandales foulant sa terre ancestrale, elle avait pu monter des escaliers et se faufiler dans la foule sans la moindre douleur. Elle se trouvait maintenant à Heathrow, chaussée de baskets et vêtue d'un vieux salwaar-kameez, poussée dans la queue des douanes par une employée au visage sévère.

Lors de son précédent voyage en Inde, Maya l'accompagnait. Elles avaient passé des heures dans les étals du bazar, senti le tissu de saris précieux crisser sous leurs doigts. Kulwinder avait offert à sa fille une paire de petites créoles en or.

« Oh, maman ! avait dit Maya, tout sourire, en les sortant de l'écrin. Il ne fallait pas. »

Mais Kulwinder s'était sentie d'humeur généreuse. Pendant ce séjour, elle n'avait pas arrêté de lui faire des cadeaux. Comme si elle savait que le temps leur était compté, elle avait été tentée de lui offrir la terre entière.

« Passeports ! Les étrangers par là, les citoyens britanniques ici ! » cria l'employée.

La file d'attente s'effilochait à mesure que chacun rejoignait le rang qui lui était assigné. Lorsque arriva le tour de Kulwinder, l'employée répéta les instructions en la fixant : « Passeports ! Les étrangers par là, les citoyens britanniques ici ! » Puis elle demanda : « Je peux voir votre passeport, madame ? »

Elle n'était pas précisément désagréable, mais impatiente, comme si elle connaissait déjà l'histoire de Kulwinder. Celle-ci tendit son passeport.

« Britannique », précisa-t-elle, mais l'employée lui rendit ses papiers et se détourna en faisant mine de ne pas l'avoir entendue.

C'était déjà arrivé. Elle s'en était plainte auprès de Maya, mais celle-ci n'avait pas compati le moins du monde. *Tu t'attendais à quoi, maman ?* avait-elle déclaré, fixant ostensiblement les vêtements de Kulwinder. Elle s'était alors demandé comment on pouvait aimer sa fille et la détester en même temps.

Sarab attendait de l'autre côté des portes. Il lui pressa chastement la main.

« Comment c'était ? demanda-t-il.

— Bien. C'est bon de se sentir chez soi. »

Et son cœur s'emplit de chagrin. Maya avait été plus présente pendant ce voyage qu'elle ne l'avait espéré. Elle avait visité des temples et brûlé des cierges pour elle, pour que la vérité soit faite sur sa mort. Au beau milieu de la cérémonie de mariage de parents éloignés, elle avait dû sortir en prétextant se sentir mal, mais, en réalité, son chagrin devant les jeunes mariés qui marchaient solennellement, ensemble, autour du Livre saint, s'était révélé insupportable. Londres n'avait pas changé. Le vent fouettait son visage, la bruine s'accrochait à ses cheveux. Elle tira son châle sur sa tête et suivit son mari jusqu'à leur voiture. La plate périphérie de la ville saluait Kulwinder avec son habituel panorama lugubre : murs couverts de volutes de graffitis, toits en escalier et vastes parkings d'un blanc étincelant des stations-service.

« Tu as faim ? demanda Sarab alors qu'ils approchaient de Southall.

— J'ai grignoté dans l'avion.

— On peut s'arrêter prendre quelque chose, si tu veux. »

C'était sa façon de dire qu'il n'avait pas encore dîné. Kulwinder refit mentalement le compte des repas qu'elle avait laissés pour lui, soit assez pour couvrir toute son absence, ce soir compris.

« Un McDo, peut-être », dit-il.

Kulwinder ne répondit pas et Sarab bifurqua vers le drive-in. Il s'était probablement assis ici chaque soir devant sa commande habituelle – Filet-O-Fish et chicken McNuggets –, en mâchant lentement pour passer le temps. Les repas préparés seraient encore au congélateur quand elle rentrerait, et elle les décongèlerait pour le dîner dans les semaines à venir. C'était toujours la même chose quand elle partait sans lui et cela lui semblait étrangement rassurant. Si Sarab ne pouvait manger seul les plats qu'elle préparait, ça signifiait qu'elle lui avait manqué, sentiment qu'il n'exprimerait jamais avec des mots. Ça lui rappelait aussi qu'il survivrait sans elle.

« Entrons, dit Kulwinder. Je n'aime pas manger pendant qu'on roule. »

Ils se garèrent et trouvèrent une table près d'une fenêtre. Le brouhaha des conversations adolescentes était envahissant. C'était vendredi soir. Du coin de l'œil, Kulwinder remarqua quelques filles pendjabies, mais elle était trop fatiguée par le décalage horaire pour tenter de deviner qui étaient leurs mères.

« Tes cours d'écriture marchent drôlement bien, fit remarquer Sarab. J'étais au temple l'autre jour et j'ai vu de nombreuses femmes entrer dans le bâtiment.

— Quelles femmes ? demanda Kulwinder à qui, pendant son séjour en Inde, les problèmes avec Nikki avaient paru aussi lointains que Londres elle-même.

— Je ne sais pas exactement, dit Sarab. Je suis tombé sur Gurtaj Singh au langar l'autre jour. Il m'a demandé ce qui était enseigné dans ces cours.

Je lui ai dit que Nikki apprenait aux femmes à lire et à écrire. Et il m'a répondu : "Rien d'autre ?"

— Il avait l'air de soupçonner quelque chose ? » demanda Kulwinder.

Elle se rappela le mot que Nikki avait laissé sur le seuil de Tarampal. Ça ne lui semblait toujours pas logique – pourquoi s'était-elle excusée ? Mais si l'effectif de la classe s'accroissait, alors l'initiative de Kulwinder devait passer pour une réussite aux yeux de Gurtaj Singh.

« Il semblait impressionné », confirma Sarab.

Ils mangèrent leur repas et rentrèrent à la maison. L'odeur qui y régnait était tout à la fois familière et nouvelle. Kulwinder prit une profonde inspiration et la réalité la frappa de plein fouet. *Notre fille est morte.* Elle se tourna vers Sarab, dans l'espoir de croiser son regard, mais son visage s'était rembruni. Il la frôla en allant au salon et, quelques instants plus tard, un flot de paroles en pendjabi noya le silence.

Kulwinder laissa sa valise au bas de l'escalier. Sarab la monterait pour elle, puis redescendrait au salon et s'endormirait devant la télévision. Elle monta lentement les marches puis commença à se débattre avec la fermeture Éclair de sa kameez. Elle avait mal dans l'épaule, mais, par coquetterie, elle n'osa pas demander de l'aide à Sarab. Et s'il y voyait une invitation pour un contact intime ? Pire : s'il se montrait indifférent ? Kulwinder chassa ces pensées et finit par se débrouiller avec sa fermeture. En allant à la salle de bains, elle s'arrêta devant la chambre de Maya. La porte était ouverte. Cette chambre, jadis haut lieu de toutes les choses que Kulwinder détestait dans le mode de vie occidental de Maya, avait été vidée quand sa fille avait emménagé au domicile conjugal. Les piles de magazines étaient parties au recyclage ; la dizaine de sacs à main suspendus au bouton de porte, à la poubelle ; les talons aiguilles, le rouge à lèvres, les tickets de concert et les romans avaient fini dans des cartons. Sarab avait dû y venir en son absence.

Lui pardonnerait-il un jour ? Par moments, elle aurait voulu briser ce silence en criant : *C'était ma faute, c'est ça ?* Elle avait placé Maya face à un choix impossible. C'était elle qui avait organisé le mariage, s'estimant plus que chanceuse d'avoir trouvé un futur marié bien disposé et disponible en face de chez elle, où elle pourrait garder un œil sur sa fille.

« Ne me fais pas honte une fois de plus », avait-elle dit lorsque Maya était rentrée à la maison en lui annonçant la fin de son mariage.

Quand elle allait vraiment mal, Kulwinder se persuadait que tout le monde avait raison : la mort de Maya ne recelait aucun mystère. Sa fille avait mis fin à ses jours parce qu'elle l'avait renvoyée.

D'un coup d'œil furtif à la fenêtre, elle aperçut les contours fantomatiques des rideaux du salon de Tarampal. Elle se détourna. Et une rafale de souvenirs la traversa soudain avec une violence inattendue. Le jour du mariage, quand Tarampal avait étreint Jaggi, très fort et plus longtemps que nécessaire. Sa propre inquiétude. L'expression angoissée de Maya. Le regard interrogateur de Sarab. Et elle sur le chemin du retour, qui avait écarté les inquiétudes de son époux en disant : « Elle est mariée maintenant. Elle sera heureuse. »

*

Si un homme appelle, répondez toujours : « Hé ! bonjour… Je sors de la douche. » Ça projette instantanément une image dans leur esprit. C'était le seul conseil que Nikki avait retenu d'un article intitulé « Comment faire des rencontres » dans un des magazines féminins de Mindi, et qui finissait par se révéler utile. Elle était sous la douche lorsque le téléphone sonna et elle reconnut la mélodie programmée pour Jason. Ça la contrariait d'être aussi enthousiaste. Elle se rappela qu'il fallait rester distante. *Distante*, pensa-t-elle en le rappelant. *Cool. Décontractée. Je n'étais pas en train d'attendre près du téléphone.*

« Salut, Nikki, dit Jason.

— Salut, toi ! Comment ça va ? J'étais sous la douche.

— Super.

— J'étais sous la douche quand tu as appelé.

— Oh. D'accord. Désolé de t'avoir interrompue.

— C'est pas grave. J'avais quasiment fini – et tu sais, ça n'a aucune importance. Comment tu vas ?

— Très bien. C'est un peu la folie en ce moment.

— Le boulot ?

— Oui, dit Jason après un infime silence. Mais ce n'est pas tout. Il faut que je te parle d'un truc. On peut se voir ?

— J'enchaîne deux services chez O'Reilly ce soir.

— Je peux t'y retrouver ?

— D'accord. Il y a pas mal de monde après 20 heures le mercredi, alors passe un peu avant.

— Ça marche.

— Hé, Jason…

— Oui ?

— C'est bizarre.

— Quoi donc ?

— Ça. Toi. Que tu m'appelles comme ça, que tu veuilles qu'on se voie.

— Tu ne veux pas qu'on se voie ce soir ?

— Si, si. Seulement… tu n'as pas donné de nouvelles depuis un moment et voilà que, tout à coup, tu appelles et… Tu comprends ce que je veux dire ? »

Le silence de Jason la mit en colère.

« Écoute, j'en ai un peu assez de devoir être disponible quand toi tu l'es, dit-elle. C'était très grossier, la façon dont tu es parti l'autre matin.

— Je suis vraiment désolé.

— Je t'aime bien. Je peux être sincère avec toi. Ce n'est pas si compliqué pour moi.

— Ça l'est pour moi. Donne-moi l'occasion de m'expliquer. Il y a des circonstances qui m'échappent complètement.

— Des circonstances, il y en a toujours, non ? Des forces supérieures qui s'imposent aux hommes.

— Ce n'est pas juste. »

Nikki se tut. Jason continua.

« Moi aussi, je t'aime bien, Nikki. Vraiment. Mais il faut que je te parle en tête à tête pour t'expliquer où j'en suis en ce moment. Alors, je peux te voir ce soir ? »

Nikki ne voulait pas céder aussi facilement, mais elle avait aussi envie de le voir. Elle laissa le silence traîner un peu. « Nikki ? » La voix de Jason était douce et hésitante.

« Oui, d'accord. »

Dernière chance, pensa-t-elle, bien qu'au fond elle ne puisse pas s'y résoudre.

*

Steve au grand-père raciste était accompagné d'une fille. Sa longue chevelure blond vénitien se balançait dans son dos quand elle renversait la tête en riant chaque fois qu'il lui murmurait à l'oreille. L'image était digne d'un faire-part. Nikki envoya un texto à Olive :

Steve a une petite amie !

Réponse immédiate :

Je viendrais volontiers voir ça, mais c'est ma soirée parents. Elle est gonflable ?

Nikki :

C'est une vraie, en chair et en os ! J'en reviens pas que quelqu'un sorte avec lui.

Olive :

Tu m'étonnes ! Tous les hommes bien sont pris et les pourris n'ont pas idée d'à quel point ils sont pourris.

Nikki :

Un peu de chance à l'international ?

Olive :

Négatif. Le garçon de Lisbonne ne parle pas vraiment anglais. Mon intellect a besoin d'être stimulé autant que le reste de ma personne.

Nikki répondit avec force smileys et reporta son attention sur les clients. Grace était en train de prendre la commande d'un groupe de types en costume à l'extrémité du bar. Elle lui fit signe.

« Comment qu'elle va, ta mère, ma chérie ?

— Bien.

— Il fait plus si froid. Dis-lui que l'été arrive. »

Grace avait raison. La température montait au fil de la matinée et, quelquefois, la chaleur persistait l'après-midi. Bientôt, l'été serait là. Le café à côté ouvrirait sa cour extérieure et, de temps en temps, un touriste américain entrerait pour goûter aux joies d'un authentique pub anglais et repartirait déçu par le réel manque de charme du O'Reilly. Nikki y travaillerait toujours. Ça l'ennuyait plus que d'habitude. Elle se vit un instant en Grace, à baratiner d'une voix râpeuse des clients qu'elle aurait servis des décennies durant.

Le rire bruyant de Steve interrompit le fil de ses pensées. « Nikki, regarde ce type à la télé. Nola dit qu'il devrait arrêter la musique et devenir la doublure d'Oussama ben Laden. »

Un homme maigre en turban et *kurta* traditionnelle frappait sur un tabla avec ses paumes.

La susnommée Nola se tortilla, mal à l'aise. « J'ai rien dit, c'est toi », se défendit-elle.

La caméra montra en plan serré les jurés qui regardaient intensément le percussionniste. C'était *Britain's Got Talent.* Nikki retourna au bar pour récupérer la télécommande. Pour l'instant, Grace était occupée avec des clients, il ne fallait pas courir le risque qu'elle se lance dans un récit larmoyant à propos d'un des concurrents. Mais où était passée la télécommande ? Elle se précipita vers le bureau de Sam et frappa à la porte. Pas de réponse. La porte n'était pas verrouillée. Sur le bureau en grand désordre, il y avait des papiers et des taches de café partout. Elle trouva la télécommande sur le fauteuil, où Sam avait dû la laisser par inadvertance. Elle retourna au bar et changea de chaîne.

« Hey ! On était en train de regarder ! protesta Steve.

— Maintenant, on regarde *Top Gear* », annonça-t-elle d'un ton sans réplique.

Les clients entraient au compte-gouttes, mais pas l'ombre d'un Jason parmi eux. Il était 21 heures passées. Elle vérifia qu'elle n'avait pas manqué d'appel. Rien. Elle tapa un texto.

Tu penses toujours venir ce soir ?

Son pouce hésitait au-dessus du bouton envoyer. Ça faisait pleurnichard. Désespéré. Elle effaça le message.

Garry passa devant elle avec deux grandes assiettes en équilibre sur le bras.

« Tu as vu Sam ? lui demanda-t-il après avoir servi ses clients.

— Il n'est pas dans son bureau.

— Dis-lui que je m'en vais, annonça Garry. Je me barre.

— Quoi ? Maintenant ?

— Maintenant.

— Qu'est-ce qui s'est passé ?

— Le salaire est trop merdique. Chaque fois que je lui demande une augmentation, il dit, peut-être, peut-être. Et puis rien. Viktor aussi arrête. »

En effet, Nikki pouvait le voir rassembler ses affaires dans la cuisine.

« Garry, il y a du monde, dit-elle sans obtenir d'autre réponse qu'un haussement d'épaules. Tu ne peux pas finir ton service et lui parler après ?

— Parler sert à rien, déclara Viktor en s'approchant. Mais peut-être que t'as droit à une augmentation spéciale quand tu vas dans le bureau de Sam ? »

Le commentaire la prit à la gorge. Sur l'écran de télé, l'homme au tabla était de retour, remerciant les jurés avec ses mains humblement jointes devant sa poitrine. Steve gloussa. Elle sentit monter une vague d'indignation.

« Écoutez bien, bande de demeurés ! cria-t-elle. Je n'ai jamais couché avec Sam. Et même si je l'avais fait, ce ne serait pas vos oignons ! Démissionnez si vous voulez – ça nous faciliterait la vie. Mais si vous décidez de rester, je vous invite à faire votre boulot comme il faut. Peut-être que

Sam vous trouvera assez compétents pour vous verser les salaires que vous pensez mériter. »

Tous les clients retenaient leur souffle. De légers applaudissements crépitèrent à la télévision quand le joueur de tabla quitta la scène. Steve émit un sifflement discret.

« Bien dit, Nikki », approuva-t-il.

Elle se retourna vivement.

« Toi, tu vaux pas mieux. Ça fait trop longtemps que je me farcis ta tête de raciste. Je me fiche que tu sois un client. Remballe tes commentaires imbéciles et sors d'ici aussi. »

Puis elle gagna le centre de la pièce d'un pas vif. « À titre d'information, pour ce qui est des divertissements, ce sont les employés qui décident. » Elle pointa le pouce vers sa poitrine. « C'est moi qui choisis ce qui passe sur cet écran. Je donne dix secondes à celui ou celle qui a la télécommande pour me la restituer, ou, au minimum, changer la chaîne : pas question qu'on se tape *Britain's Got Talent.* »

Grace fit un pas en avant et lui tendit la télécommande en baissant la tête d'un air coupable. Au fond de la salle, quelqu'un se risqua imprudemment à frapper dans ses mains, mais cessa aussitôt. Nikki changea de chaîne et retourna vers le bar, tandis que Garry et Viktor battaient en retraite dans la cuisine.

« Pourquoi tu t'arrêtes pas là pour ce soir ? proposa Grace. Je gère.

— Ça va aller. C'est seulement que… ils disent des trucs terriblement insultants et j'en avais assez de fermer ma gueule.

— Tu as dit ce que tu avais à dire, ma chérie. Pas la peine de te justifier.

— Je voulais pas être aussi raide à propos de la télécommande.

— C'est pas grave du tout, assura Grace, compréhensive. Je sais pas ce que j'ai avec cette émission, mais elle me fait pleurer et je peux plus m'arrêter. T'as dû le remarquer.

— Oui.

— Mon mari dit que c'est un truc féminin, chimique, qu'on peut pas résister à l'émotion quand elle arrive. Mais les films tristes ou les faits divers ne me font pas du tout cet effet. L'autre jour aux infos, on parlait d'une petite fille à qui on a diagnostiqué un cancer rare. Eh bien j'ai juste froncé les sourcils, dit "C'est moche" et je suis passée à autre chose. Mais cet homme qui fait deux boulots pour pouvoir payer les cours de contorsion de sa sœur et pour qu'elle puisse jouer un jour dans *Royal Variety Show*… »

Et Grace se mit à sangloter.

Nikki lui pressa gentiment l'épaule et *Britain's Got Talent* fit place à une scène sinistre : des policiers ratissaient un feuillage dense, puis un sergent parlait face caméra. *Parfait*, pensa-t-elle. Le calme était revenu dans le pub, mais les clients l'évitaient poliment, la laissant désœuvrée au bar. Elle consulta de nouveau son téléphone. Aucun signe de Jason. La question était réglée. Elle fit défiler ses contacts, prit une inspiration et effaça son numéro. Elle ne voulait pas être tentée de l'appeler.

C'est alors que le dénommé Steve murmura quelque chose à l'oreille de sa copine, qui bondit soudain de sa chaise, l'air terriblement vexée, et prit le chemin de la sortie. Comme Steve se précipitait pour lui bloquer le passage, elle lui rappela qu'il avait une addition à régler et ajouta quelque chose que Nikki ne put entendre. Steve sortit son portefeuille en boudant, jeta quelques billets sur le comptoir et s'en alla.

« Il n'a pas le pourboire facile, celui-là, dit Grace en ramassant l'argent. Voilà ta part.

— Grace, non ! protesta Nikki. Tu l'as servi toute la soirée.

— Tu te le cognes depuis longtemps, non ? Tu mérites une récompense. Je dirai à Sam de ne plus le laisser entrer, il met l'équipe et nos clients mal à l'aise. »

Avec autorité, elle fourra les billets dans la main de Nikki et ce geste toucha une corde sensible. Sa mère lui manqua soudain très fort, sa mère qui avait fait la même chose avec la même insistance la première fois qu'elle était rentrée à la maison après avoir déménagé.

Nikki commença à taper un texto pour elle, mais les mots lui manquaient. Elle préféra l'appeler. Après quelques sonneries, elle hésita et fut tentée de raccrocher, mais sa mère répondit.

« Nikki ?

— Salut, maman. Comment tu vas ?

— Je pensais justement à toi. »

Ces simples mots lui réchauffèrent le cœur.

« Je pensais aussi à toi, maman.

— J'ai besoin que tu me rendes un service, dit-elle d'une voix où perçait un soupçon de panique. Tante Geeta vient demain et je n'ai rien d'indien à lui offrir. Mon magasin habituel d'Enfield est provisoirement fermé – un décès dans la famille, m'a-t-on dit – et les autres n'ont pas grand-chose. Tu peux aller à Southall et m'acheter des pâtisseries ? Prends du gulab jamun, du *ladoo*, du barfi, du *jalebi* – tout ce qu'ils ont. J'ai aussi besoin de cardamome pour le thé. Elle est trop chère chez Waitrose. »

Nikki était disponible le lendemain, ce serait une excellente occasion de passer du temps avec sa mère. Elle accepta volontiers et se garda de demander pourquoi sa mère se donnait encore la peine de bavarder avec tante Geeta, pour qui un chai raté était probablement l'équivalent d'une vie ratée.

« Pourquoi il y a tant de bruit ?

— Ben, je suis au cinéma.

— Ça se passe bien, ce nouveau travail ?

— Oui, oui.

— Ça te plaît d'enseigner ? C'est peut-être une nouvelle voie…

— Je ne sais pas, maman, coupa Nikki, impatiente d'abréger. Il faut que j'y aille. Je te vois demain après-midi. »

Était-elle déçue, soulagée ou amusée par le tour qu'avait pris la conversation ? Elle n'aurait pas su le dire. Si seulement Jason avait été là... ils en auraient ri ensemble.

Un client s'approcha timidement pour commander une bière, qu'elle lui servit en annonçant le prix spécial happy hour, même si celle-ci avait pris fin un quart d'heure plus tôt. Elle avait beau s'efforcer de ne pas penser à Jason, elle ne pouvait s'empêcher de guetter la porte d'entrée et d'espérer qu'il arrive en s'excusant pour le retard.

La sonnerie de son téléphone la tira de ses pensées. C'était un message de sa mère :

Une dernière chose. Fais attention, à Southall. Sur Channel Four, en ce moment, ils montrent ce qui est arrivé à Karina Kaur - ne traîne pas dehors le soir !!!

Nikki leva les yeux vers l'écran de télévision, justement branchée sur Channel Four. Comme la voix était couverte par le brouhaha des conversations, elle activa les sous-titres.

(Le 8 avril 2003, une fille est portée disparue après sa sortie de l'école.)

(Karina Kaur, élève depuis un an au collège de Southall, allait passer son examen final quelques semaines plus tard.)

(Après un délai de 48 heures, les recherches de l'étudiante disparue commencèrent.)

Deux jeunes femmes attablées lui firent signe. « C'est encore l'happy hour ? » demanda l'une d'elles.

Nikki hocha négativement la tête.

« Vous êtes sûre ? » insista l'autre en regardant le client que Nikki venait juste de servir.

Nikki prit leur commande sans quitter l'écran des yeux. On voyait de petites flammes danser, puis l'élargissement du plan montrait une foule de collégiens en uniforme tenant des bougies.

(Après la découverte du corps de Karina, une veillée fut organisée devant son école.)

« Je croyais t'avoir dit de prendre ta soirée. Allez. Va te reposer », lui répéta Grace en vidant un cendrier.

Mais Nikki ne pouvait pas détourner son attention de l'écran. Une jeune Pendjabie se tenait debout devant le haut portail en fer d'une école, portant une bougie allumée dans ses mains manucurées – ongles rose vif pailletés or. La flamme éclairait les larmes qui sillonnaient son visage et le pendentif en or, en forme de G, qui reposait au creux de son cou.

*

L'homme qui tenait le comptoir du Sweetie Sweets pensait probablement lui faire un compliment.

« Ah, ces gulab jamun et toutes leurs calories… Mais vous n'avez pas à vous en faire, hein ? Pas encore, en tout cas. Avant le mariage, ma femme était maigre, elle aussi… »

Nikki ne lui laissa pas le temps de terminer sa phrase.

« Si vous pouviez me faire un paquet cadeau, ce serait super.

— Pas de problème, ma chère. Vous faites une petite fête ? Je suis invité ? » sourit-il en se penchant vers elle.

Elle était à deux doigts de lui écraser un gulab jamun sur le front quand une femme émergea de l'arrière-boutique en la fusillant du regard. Il s'affaira soudainement à trouver une boîte pour les sucreries.

Si elle allait directement chez sa mère, elle devrait affronter des millions de questions sur son travail d'enseignante auxquelles elle ne pourrait pas répondre. Elle décida de passer un peu de temps à flâner dans la rue principale, entre les étals de vêtements bon marché et les cageots de légumes. Des gens attendaient leur tour devant une boutique de cartes téléphoniques internationales. D'autres commerces s'empilaient dans les étages supérieurs, signalés par des enseignes qui se chevauchaient toutes et semblaient jaillir des façades comme des bulles de bande dessinée : Pankaj Madlur Accounting, auberge Himalaya, RHP Surveillance Pte Ltd. Tandis qu'elle se frayait un chemin dans la foule, la boîte de gâteaux sous le bras, elle se sentit soudain vraiment chez elle dans cet endroit qu'elle jugeait autrefois chaotique. Elle traversa au premier croisement et se retrouva devant l'entrée de la Bank of Baroda.

Derrière un guichet, Sheena s'occupait d'un client. La femme du guichet d'à côté fit signe à Nikki qu'elle pouvait s'avancer.

« Non, merci, dit Nikki. Je suis venue voir Sheena. »

Son amie leva les yeux, surprise. Quand son client fut servi, elle vint la saluer d'un air professionnel qui contredisait son expression confuse.

« Kelly, je vais prendre ma pause déjeuner », annonça-t-elle.

Une fois dehors, son sourire disparut.

« Qu'est-ce que vous faites là ?

— On peut se parler ?

— Nikki, je sais que j'aurais dû vous prévenir avant de faire passer ces histoires. Vous êtes fâchée, mais écoutez-moi : les femmes qui vont venir au prochain cours sont dignes de confiance. Et on parlera ce soir de ce qu'il faut dire aux Frères s'ils nous interrogent.

— Il ne s'agit pas de cela. Je voudrais en savoir plus sur Karina Kaur.

— C'est pour ça que vous êtes venue sur mon lieu de travail ? répliqua Sheena sans plus aucune inquiétude.

— On ne peut pas en parler au temple, les murs ont des oreilles.

— Qu'est-ce qui vous fait croire que je sais quelque chose ? »

Nikki décrivit les images qu'elle avait vues la veille.

« Je suis presque sûre que c'était vous.

— Impossible, assura Sheena. Je n'étais pas à l'école à l'époque. J'étais jeune mariée quand Karina est morte.

— C'était quelqu'un qui vous ressemblait beaucoup alors, avec ses ongles roses pailletés.

— Tout le monde a les ongles pailletés à Southall.

— C'était vous. On le sait toutes les deux. Vous portiez ce collier avec le pendentif en G. »

Sheena grimaça comme si Nikki venait de la gifler. Elle rajusta le col de son chemisier pour dissimuler la fine chaîne en or et reprit contenance.

« Pourquoi me demandez-vous ça, Nikki ? Si c'est par simple curiosité, je ne souhaite pas la satisfaire. Les problèmes de cette communauté ne sont pas un jeu.

— Il ne s'agit pas de me divertir.

— Alors quoi ?

— C'est aussi ma communauté. Je ne vis pas ici, mais j'en fais partie maintenant. De toute ma vie, je ne me suis jamais sentie aussi frustrée, amusée, aimée et déroutée que depuis deux mois. Mais il semble qu'on me cache quantité de choses… Je ne suis pas naïve au point de croire que je peux être utile, mais j'aimerais savoir de quoi il retourne. »

Le visage de Sheena s'adoucit. Un rayon de soleil furtif éclaira les nuances orangées de ses cheveux teints au henné. Elle fixait le lointain, perdue dans ses pensées.

« Allons faire un tour en voiture », proposa-t-elle finalement.

Nikki la suivit jusqu'au parking. Lorsque Sheena mit le contact, les haut-parleurs déversèrent un air de bhangra dans la petite Fiat rouge. Elles roulèrent en silence le long d'une rue bordée de maisons blanches comme des os. Après une grande courbe, les maisons disparurent derrière elles, remplacées par la verdure. Sheena roula au pas sur un chemin de pierres qui donnait sur un petit lac. Le soleil miroitait sur l'eau.

« La fille que vous avez vue dans le documentaire s'appelait Gulshan Kaur. C'était l'une de mes meilleures amies, raconta Sheena. Elle a été tuée. Quelqu'un l'a renversée avec sa voiture et s'est enfui, tout près d'ici. Le chauffeur ne s'est jamais manifesté.

— Je suis navrée, dit Nikki.

— Sa mère m'a donné son collier. Au départ, je ne voulais pas l'accepter, mais elle a insisté. Il existe une superstition sur le fait de garder chez soi l'or d'une femme décédée. Ça porte malheur. La plupart des gens décident de le vendre ou de le faire fondre, mais la mère de Gulshan voulait absolument me le donner. Je l'ai porté chaque jour depuis sa mort.

— Vous le touchez de temps en temps. Comme pour vous souvenir.

— Si Gulshan était vivante aujourd'hui, on se verrait tous les jours. Elle serait restée mon amie, même après le cancer d'Arjun, elle n'aurait jamais pensé que je portais malheur. Elle se souciait de la vérité. C'est ça qui l'a tuée.

— Comment ça ? »

Sheena prit une profonde inspiration, légèrement tremblante.

« Karina était la cousine de Gulshan. Elle avait quelques années de moins que nous et Gulshan se considérait un peu comme sa sœur aînée. Karina était une fille pleine de vie, un peu rebelle. Une fois, elle a été exclue de l'école pour avoir vendu des cigarettes à des plus petits, et elle sortait en catimini pour retrouver des garçons. Gulshan lui donnait des conseils. Le père de Karina était très respecté dans la communauté et chaque fois que Karina faisait quelque chose de mal, les gens disaient : "Qu'est-ce qu'elle a, cette fille ? Elle est d'une si bonne famille. Elle n'a aucune excuse." Gulshan, elle, connaissait la vérité. Le père de Karina était un gros buveur. À plusieurs reprises, elle avait vu les bleus qu'il lui faisait en la battant.

— Comment était sa mère ? demanda Nikki.

— Jamais là. C'est en partie pour ça que le père de Karina était si strict – il n'avait aucune idée de comment maîtriser une fille. Elle était punie à la moindre peccadille et les corrections sont devenues plus fréquentes. Il faisait pression pour qu'elle quitte l'école et épouse un homme âgé en Inde. Un jour, Karina a appelé Gulshan depuis une cabine téléphonique. Elle lui a dit qu'elle fuguait avec son petit ami et qu'elle la rappellerait quand elle serait en sécurité. Gulshan a tenté de la dissuader, mais elle a répondu : "Il est trop tard. Si je rentre maintenant, mon père me tuera." Gulshan n'a jamais parlé à personne de ce coup de fil, mais quelques jours plus tard, quelqu'un a réussi à retrouver sa trace.

— Un chasseur de primes, j'imagine.

— Oui. Un chauffeur de taxi intéressé par la récompense. Il a retrouvé Karina à des kilomètres de là, à Derby. Vous imaginez, Nikki ? Elle est partie loin et la communauté a quand même réussi à la trouver. »

Sheena s'étrangla sur ces derniers mots.

« Elle a été renvoyée chez elle ? » demanda doucement Nikki.

Sheena hocha la tête. Elle prit un mouchoir dans son sac et se tamponna le coin des yeux.

« Après le retour de Karina, Gulshan n'a plus reçu aucune nouvelle d'elle. Ses parents lui conseillaient de rester à l'écart. Un jour, elle s'est effondrée et m'a tout raconté. Elle était persuadée que quelque chose de terrible allait arriver à sa cousine. Qu'on allait la tuer. Même moi, j'ai d'abord eu du mal à le croire. Le père de Karina avait lancé une collecte de dons pour les nouveaux arrivants dans le pays. Il avait déjà aidé ma famille avec les papiers administratifs, les déclarations d'impôts, le travail, tout. J'étais convaincue que cet homme ne tuerait pas sa fille. Karina devait être en route vers l'Inde, pour se marier et sauver ainsi l'honneur de sa famille. Mais un soir, j'ai découvert au journal télévisé que Karina avait été portée disparue. Son père avait déclaré sa disparition à la police. C'est à ce moment-là que ça m'a frappée. »

Sheena se tut un instant. Dans le silence, on entendit une autre voiture s'arrêter sur le sentier. Une famille avec deux enfants en sortit et s'approcha du lac. Sheena les regarda passer avant de continuer.

« Si son père a signalé sa disparition, c'est qu'il savait qu'elle ne reviendrait pas. Quelques jours plus tard, on a retrouvé son corps dans la zone boisée près de Herbert Park. Après ça, la peur a envahi la communauté. Tout le monde enfermait ses filles à double tour à la maison, convaincu qu'il y avait un tueur dans la nature.

— Mais Gulshan soupçonnait le père, dit Nikki, de plus en plus effrayée.

— Oui. Elle n'en était pas sûre, mais, une fois le calme revenu et les médias repartis, elle a commencé à poser des questions. N'était-il pas étrange que le père de Karina ait déclaré sa disparition cette fois-là et pas la précédente ? Pourquoi n'avait-il pas engagé un autre chasseur de primes ? Il savait forcément qu'elle était morte. Puis un jour, Gulshan m'a appelée, dans tous ses états. Elle avait trouvé une preuve. Avec ses parents, elle était allée chez Karina pour une cérémonie de prières en son honneur. Elle avait réussi à se faufiler dans la chambre de Karina et trouvé un journal intime. Karina avait écrit qu'elle avait peur, parce qu'elle était sûre que son père l'assassinerait pour sauver sa réputation. Impossible de sortir le journal sans se faire remarquer, alors elle l'avait remis où elle l'avait trouvé, avec l'idée d'appeler la police pour l'inciter à fouiller la chambre. Mais… »

Sheena se mordit les lèvres.

« L'accident, poursuivit Nikki. Gulshan est morte avant de pouvoir contacter la police. »

Elle ferma les yeux comme si cela pouvait atténuer les injustices dont ces filles avaient souffert.

« Quelqu'un a dû dire au père de Karina que Gulshan posait des questions, qu'elle avait vu le journal… qu'on n'a d'ailleurs jamais retrouvé.

— À qui Gulshan en avait-elle parlé ?

— À moi, avoua doucement Sheena. Et je l'ai dit à ma belle-mère. C'était au tout début de mon mariage, on sympathisait. Je ne pensais pas à mal. Et elle non plus quand elle l'a raconté à une amie, qui l'a raconté à son tour… Quelqu'un a jugé qu'il était de son devoir d'arrêter Gulshan. L'arrêter avant qu'elle n'attire des problèmes sur toute la communauté en nous faisant passer pour des barbares qui tuent leurs propres filles.

— Oh, Sheena ! s'exclama Nikki. Je suis tellement désolée.

— Moi aussi… »

Le secret de Sheena pesait lourdement entre elles. Elles avaient toutes les deux le regard fixé sur le lac, qui scintillait comme une pierre précieuse. Une brise agita les herbes, révélant la nuance plus foncée de la terre. Les immeubles de Londres n'étaient plus que des silhouettes lointaines.

« Vous venez souvent ici ? demanda Nikki.

— Tout le temps. Gulshan habitait le quartier et elle venait courir trois fois par semaine. Ça lui valait bon nombre de commentaires, vous savez – une fille pendjabie qui court jambes nues…

— Le chauffeur de la voiture savait où la trouver, nota Nikki.

— Exactement. Après la mort de Gulshan, je suis allée voir le lieu de l'accident, ce virage très serré avec un angle mort. Le conseil a d'ailleurs fait circuler une pétition pour qu'on installe un panneau d'avertissement pour les piétons. Peut-être qu'elle portait ses écouteurs et ne faisait pas attention. On essaie de se dire que ce n'est peut-être qu'un accident, que l'explication la plus simple est la plus plausible.

— Cela reste possible, dit Nikki. Un accident. »

Mais la coïncidence était trop grossière, même pour elle. Repenser à tout cela devait être une véritable torture pour Sheena.

« Je ne saurai jamais, c'est sûr, mais il y a beaucoup d'accidents suspects dans cette communauté. Quand le père de Karina a été hospitalisé pour une cirrhose, quelques années plus tard, j'ai pensé : *Bien fait pour lui.* Il ne se cachait plus pour boire. Les gens mettaient ça sur le compte de la perte de sa fille, ils parlaient d'un homme brisé, un père éploré. Je n'ai pas eu une once de compassion pour lui. À son enterrement, j'ai porté le collier de Gulshan pour la première fois. Les gens m'ont dévisagée, mais n'ont rien dit. Ils savaient tous. »

Nikki pouvait presque sentir la brûlure de ces regards.

« Vous êtes très courageuse d'avoir fait ça, dit-elle.

— C'était un tout petit geste, répondit Sheena en faisant rouler son pendentif entre le pouce et l'index. Je suis sûre que ça n'a marqué personne.

— Si, probablement.

— Ou pas. »

Le ton de Sheena était si tranchant que Nikki se demanda si la jeune femme pouvait se sentir responsable de la mort de Gulshan, mais elle préféra ne pas l'interroger à ce sujet.

Lorsque Sheena démarra et sortit du parking en marche arrière, une vieille ballade romantique en hindi emplit l'habitacle. Sheena se mit à fredonner, apparemment plus détendue.

« Vous la connaissez ? demanda-t-elle quand le chanteur entonna le refrain.

— Moi, non, mais ma mère sans doute, répondit Nikki.

— C'est sûr et certain. C'est un classique. » Sheena monta le son. « On entend bien le chagrin dans sa voix. »

Elles écoutèrent le chant nostalgique de ce cœur lourd qui accompagnait leur progression dans les rues de Southall, bande-son des rangées de bijouteries et des stands de jalebi. Malgré l'histoire sinistre que Sheena venait de lui raconter, Nikki comprenait qu'on puisse se sentir chez soi ici, et pourquoi en partir pouvait paraître inimaginable à certains.

Elles se garaient sur le parking de la banque quand Sheena marmonna un juron.

Ses yeux étaient braqués sur une silhouette au loin.

« C'est Rahul ? » demanda Nikki en clignant des yeux.

Sheena hocha la tête. Elle choisit une place éloignée de l'entrée et coupa le moteur, mais resta immobile.

« J'attends qu'il soit entré, expliqua-t-elle.

— Vous avez toujours peur d'être vus en public ?

— En ce moment, on s'évite aussi en privé.

— Pourquoi ? Qu'est-ce qui s'est passé ? »

Sheena tourna la clé de contact. Le moteur ronronna et la radio se remit en marche.

« Les choses ont pris un tour physique.

— Et ?

— Ça va trop vite. Mon mari m'a fait la cour pendant des mois avant qu'on s'aventure à se tenir la main. Avec Rahul, je suis passée du baiser sur la joue à la plus grande des intimités en l'espace de deux rendez-vous.

— Sûrement parce qu'il y a de la passion entre vous, et c'est nouveau. D'ailleurs, vous n'êtes plus inexpérimentée. Vous ne pouvez pas comparer cette histoire avec votre premier mariage il y a quatorze ans.

— Je sais. Mais le frisson me manque, la montée en puissance.

— Vous devriez essayer d'en parler avec Rahul.

— Une discussion n'y changerait rien. Je peux vous les dire à vous, ces choses, mais pas à lui.

— Essayez. »

Sheena soupira.

« Je lui ai demandé hier soir qu'on prenne un peu de distance. Il s'est débrouillé pour ne pas me croiser de toute la matinée. Je ne veux pas le voir maintenant, sinon il pensera que je joue à un jeu idiot, que je me fais désirer. »

Soudain Sheena poussa un petit cri et se baissa.

« Il vient vers nous », siffla-t-elle.

Tandis que Rahul approchait, Sheena s'activa, trifouillant la radio, se penchant sur Nikki pour ouvrir la boîte à gants, fouillant dans un fatras de vieux tickets de parking. Rahul frappa à la vitre.

« Hé, bonjour, dit-elle, glaciale, en la descendant.

— Salut, dit Rahul. Tout va bien ?

— Hum ? Oui, oui. On est en pleine conversation, si tu veux bien nous excuser…

— Bien sûr. J'ai remarqué ta voiture avec les feux allumés, alors je venais voir s'il y avait quelqu'un dedans. Je craignais que ta batterie ne se décharge.

— Merci. Tout va bien. »

Ses joues rouges montraient qu'elle était tout sauf à l'aise.

« D'accord », dit Rahul.

Elles le regardèrent s'éloigner et, quand il entra dans la banque, Sheena poussa un grand soupir.

« Vous croyez que j'ai bien fait de la jouer décontractée ? Je ne sais pas. Il va se débarrasser de moi vite fait… Et maintenant je vais être en retard. Je ne peux pas entrer dans cet état, je suis rouge comme une pivoine.

— Je n'aurais pas dû vous prendre tout ce temps, dit Nikki en regardant l'horloge du tableau de bord. Je pensais sincèrement qu'on discuterait quelques minutes, pas plus. »

Sheena s'éventait et, par ce geste, c'était presque comme si elle écartait ces excuses.

« Vous ne vous attendiez pas à une histoire si compliquée, c'est normal. Quand une fille est tuée, on ne pense jamais que ses proches puissent être impliqués. Les gens ne l'envisagent même pas, sauf s'ils savent ce qui se passe en réalité dans la communauté.

— Je pensais être bien informée, dit Nikki d'un ton songeur. Quand Tarampal m'a parlé du suicide de Maya, j'ai été choquée, mais ensuite je me suis rappelé que l'honneur était très important dans cette communauté. Je ne savais pas qu'il y avait autre chose… »

La voix de Nikki faiblit. *Le suicide de Maya.* Tout fort dans ce petit espace, les mots juraient. Une question affreuse germa dans son esprit. Sheena sembla le remarquer car elle cessa brusquement de se préoccuper de son visage et laissa retomber ses mains sur ses genoux. Dans le lourd silence qui suivit, Nikki rassembla le courage nécessaire pour poser la question :

« Maya s'est vraiment suicidée ? »

La réponse de Sheena fut étonnamment rapide.

« Vous la croyez capable de faire ça ?

— Je ne la connaissais pas. »

L'impatience dans le soupir de Sheena était manifeste.

« Allons, Nikki. Une fille moderne qui confesserait dans une lettre ses "péchés" et "la ruine de l'honneur de la famille" ? Maya était trop occidentalisée pour avoir de telles considérations. »

Tarampal n'avait évoqué aucune lettre. Dans sa version, l'incident semblait plus spontané – les menaces de divorce de Jaggi avaient fait paniquer Maya, voilà tout.

« Dans ce cas, qui a écrit le mot ?

— Probablement la personne qui l'a tuée.

— Vous suggérez que… Jaggi ? À cause de sa liaison ? »

— Si liaison il y avait, allez savoir. Jaggi était jaloux de nature. Tarampal n'a rien arrangé : chaque fois qu'elle voyait Maya sourire à un homme, elle imaginait qu'ils couchaient ensemble. Elle a souvent interféré dans leur mariage.

— Il n'y a pas eu d'enquête ? Comment c'est possible ?

— Kulwinder a essayé de parler à la police une fois, mais ils n'ont pas cru qu'il y avait quoi que ce soit de suspect.

— Ils ont classé l'affaire ?

— Certaines épouses d'amis de Jaggi ont témoigné et, d'après elles, Maya parlait de se suicider depuis un moment. Elles prétendaient être des proches, une sorte de club féminin, mais je peux vous assurer que Maya leur parlait à peine. Elle avait ses propres amies.

— Où étaient-elles, ses amies ? Pourquoi ne se sont-elles pas présentées ?

— La peur, j'imagine. Tout le monde a trop peur pour se battre pour Maya. C'est risqué, et personne ne peut prouver qu'il y avait quelque chose de suspect dans sa mort. Même Kulwinder évite la police désormais. De temps en temps, je la vois faire un long détour depuis le marché pour éviter le commissariat. Quelqu'un a dû la prévenir de ne pas jouer les trouble-fête. »

Un frisson traversa Nikki. Elle avait eu l'audace d'entrer dans cette maison où un crime s'était déroulé – un meurtre prémédité.

« Tarampal n'était pas là quand c'est arrivé, n'est-ce pas ?

— Non. Je me rappelle l'avoir vue au temple ce soir-là. Mais Kulwinder ne lui a jamais pardonné. Tarampal a raconté à la police que, la veille de sa mort, Maya avait menacé de mettre le feu à la maison. » Sheena roula des yeux. « Si elle a vraiment prononcé ces mots, je suis certaine que c'était dans un contexte particulier. Mais le témoignage de Tarampal l'a fait passer pour une épouse déprimée, comme dans les films indiens. »

Instable, avait répété Tarampal.

« Et ça a rendu le suicide plus plausible, ajouta Nikki.

— Oui… Tarampal est entièrement dévouée à ce garçon. »

Le fils qu'elle avait toujours voulu. Nikki secoua la tête.

« C'est…

— Tordu ? Un beau gâchis ? Vous comprenez maintenant pourquoi je voulais vous dissuader de vous en mêler ? C'est dangereux. »

Nikki l'avait bien compris, mais elle refusait de laisser tomber pour autant.

« Et la lettre ? Elle était de la main de Maya ?

— L'écriture était suffisamment ressemblante, j'imagine. La police a été convaincue. Ils ont dit à Kulwinder qu'il y avait des bavures, que Maya avait dû pleurer.

— Détail intéressant, nota Nikki d'un ton pince-sans-rire. On dirait qu'ils se sont accrochés au moindre indice qui pouvait corroborer le suicide. Pas d'enquête compromettante, pas de sac de nœuds à démêler. »

Pauvre Kulwinder.

« J'imagine. Kulwinder n'a pas eu l'occasion d'entrer chez Tarampal.

— C'est révoltant, Sheena ! On est assises là, presque certaines qu'une femme innocente a été assassinée.

— Mais il n'y a aucun moyen de le prouver. Tâchez de vous en souvenir, Nikki. N'essayez pas de jouer les héroïnes, ça ne marchera pas. »

Avant de sortir de la voiture, Sheena ajusta son col et fit disparaître son pendentif.

11

Geeta gesticulait comme une folle, chaque mouvement faisant frémir sa choucroute teinte au henné.

« Ensuite, ils lui ont dit que ses chaussures étaient trop sales pour entrer dans leur pays. Non mais vous vous rendez compte ? Une chance que Nikki et Mindi n'aient pas à voyager partout pour le travail. Ces douaniers sont d'un pénible !

— Il me semble que si les douaniers australiens sont tellement à cheval sur la propreté des chaussures, c'est pour éviter que des particules de terre de l'étranger se mélangent avec les leurs », dit Harpreet, ignorant la subtile critique de Geeta.

Cette dernière venait d'insinuer que ses filles avaient des emplois insignifiants qui ne leur permettaient pas de voyager à l'étranger.

« *Leh.* De la terre étrangère. Qu'est-ce qu'il y a de si étranger dans la terre britannique ? Non, croyez-moi, ces gens lui ont fait passer un sale quart d'heure parce qu'ils l'ont pris pour un musulman. »

Non contente de s'être invitée chez Harpreet pour le thé, Geeta avait aussi besoin d'un public pour ses doléances. Elle ne se vantait jamais subtilement. Ces dix dernières minutes, elle avait mentionné pas moins de quatre fois le voyage de son fils à Sydney. Harpreet aurait mieux fait d'aller au temple la veille, mais elle avait évité justement parce que Geeta suivait assidûment les divers programmes du gurdwara d'Enfield pendant la semaine. Et voilà qu'elle était bêtement tombée nez à nez avec elle sur le parking de Sainsbury. Elle consulta sa montre. Encore une heure avant que Mindi termine son service à l'hôpital et rentre à la maison.

« Suresh dit que Sydney ressemble beaucoup à Londres, retenta Geeta.

— Qu'est-ce qu'il faisait là-bas ? demanda Harpreet.

— Une conférence pour sa société. Tous frais payés. En classe affaires ! Il a dit : “Maman-ji, seuls les patrons volent en classe affaires, et avec les budgets à la baisse partout, même les PDG voyagent en éco. Mais ils m'ont dit, Non, non, il n'y a pas d'erreur. Ça fait partie des avantages en nature.”

— C'est très bien. »

Quant à elle, avec quoi aurait-elle pu faire mousser ses enfants ? Mindi était toujours célibataire et

Nikki – eh bien, Nikki ne lui avait rien dit de son travail à Southall. Plus tôt dans l'après-midi, elle avait apporté la boîte de gâteaux mais elle était repartie aussi sec, prétextant un rendez-vous pile au moment où Harpreet allait l'interroger sur son travail et ce qu'elle comptait faire exactement. Elle avait senti la réticence de Nikki à évoquer le sujet, ce qui voulait probablement dire qu'elle avait arrêté, tout comme elle avait arrêté l'université.

Geeta répondit au silence de Harpreet avec un regard de compassion.

« Les enfants feront comme ils l'entendront », dit-elle généreusement.

Pas tes enfants, pensa Harpreet. Cela dit, qui aurait voulu des fils comme ceux de Geeta – des adultes qui appelaient encore leur mère Mamounette ?

« Comment se passe ton cours de yoga ? demanda-t-elle pour changer de sujet.

— Bien, bien, répondit tante Geeta. J'améliore ma circulation sanguine. C'est très utile, ce genre d'exercice. Le professeur est une femme très mince, mais elle a la cinquantaine. Elle dit qu'en quelques années de pratique, elle a beaucoup gagné en souplesse. Tu devrais venir avec nous le mardi soir. »

Plutôt mourir que de participer à un cours de yoga avec Geeta et son troupeau d'amies. Elles passaient plus de temps à faire de l'esbroufe qu'à s'exercer au chien tête en bas.

« Personnellement, je préfère la gym.

— Tu t'es inscrite à un cours de gym ?

— Il y a quelques semaines. Je fais de la marche rapide sur un tapis et, de temps en temps, du vélo d'intérieur. J'aime bien y aller le matin. Ça me donne plus d'énergie.

— Plus d'énergie pour quoi ? demanda Geeta dont chaque mot exprimait la désapprobation. À nos âges, on devrait plutôt ralentir.

— On est tous différents ! » dit Harpreet.

Geeta se pencha pour prendre un ladoo et l'échancrure de sa kameez s'ouvrit largement.

« Ce que j'aime au yoga, c'est qu'il n'y a que des femmes. Et ta salle de gym, c'est mixte ? »

Harpreet rougit. Elle était piégée, obligée de répondre. Quelle importance ça pouvait bien avoir ?

« Oui, dit-elle.

— Alors viens au yoga, dit Geeta, sur le ton de la réprimande. Il y a d'autres femmes comme nous là-bas.

— Hanh, des femmes comme nous », répéta vaguement Harpreet.

Nul doute que, si elle l'avait pu, Geeta aurait créé un uniforme et un code de conduite spécial pour les femmes pendjabies de plus de cinquante ans.

« Comment va Mindi ?

— Bien. Elle travaille aujourd'hui.

— Elle a trouvé quelqu'un ?

— Je ne sais pas », mentit Harpreet.

Elle s'en tiendrait à cette réponse tant que Mindi n'était pas prête à se fiancer. En vérité, Mindi fréquentait quelqu'un, mais elle n'en avait pas parlé récemment et Harpreet craignait de l'interroger. D'un côté, elle voulait que Mindi trouve quelqu'un et s'installe, mais, de l'autre, elle n'était pas pressée de rentrer chaque soir dans une maison vide.

« Elle a intérêt à se dépêcher, non ? Si ça traîne et qu'elle ne trouve personne, ça fera mauvaise impression.

— Elle trouvera, affirma Harpreet. Rien ne sert de la mettre sous pression. Elle sait très bien ce qu'elle fait.

— Bien sûr », murmura Geeta.

En versant la fin du chai dans la tasse de son invitée, Harpreet vit que quelques feuilles de thé noir flottaient à la surface. Elle reprit la tasse et s'excusa, puis gagna la cuisine où elle se mit en quête de sa passoire. Celle-ci lui avait été donnée par sa mère juste avant son départ pour l'Angleterre, parce que Nikki et Mindi l'avaient utilisée pour sortir le poisson rouge de son aquarium. Elle sentit une pointe de tristesse. Sans famille, que devenait un foyer ?

Geeta s'essuyait la bouche quand Harpreet revint.

« Sans sucre, s'il te plaît », dit-elle avec l'air entendu et supérieur de celle qui surveille son poids.

Sauf qu'aucune combinaison de postures de yoga ne pourrait éliminer les calories des ladoo, songea Harpreet avec une satisfaction béate.

« Dis-moi, maintenant, dit Geeta après une gorgée de thé, as-tu entendu parler de ces histoires ?

— Quelles histoires ?

— Les histoires », répéta Geeta.

Harpreet peinait à dissimuler son irritation. Pourquoi les gens préféraient-ils insinuer plutôt que s'expliquer ?

« Je ne sais pas de quoi tu parles. »

Geeta posa sa tasse dans la soucoupe.

« Les histoires qui circulent dans toute la communauté pendjabie de Londres. Quand Mittoo Kaur m'en a parlé, j'ai ri et ne l'ai pas crue. Puis elle en a apporté une chez moi. Elle a dit qu'elle l'avait lue à voix haute à son mari et qu'ensuite… Ces choses-là ont un drôle d'effet sur les gens. »

Elle laissa passer un petit temps, comme pour permettre à Harpreet de mieux encaisser le coup.

« Ensuite, ils ont fait l'amour sur le canapé, chuchota-t-elle finalement.

— Quoi ?! Elle t'a dit ça ?

— J'étais aussi surprise que toi, mais l'histoire était très stimulante.

— Comment s'appelle le livre ?

— Ce n'est pas un livre. Ce sont des histoires imprimées. Personne ne sait exactement d'où elles viennent.

— Comment ça ? L'auteur est anonyme ?

— Il semble qu'il y en ait plusieurs. Ces histoires n'ont pas été publiées mais copiées, scannées, envoyées par mail et par fax dans tout Londres, et elles visent un certain public. Mittoo Kaur en a déjà lu trois, et toutes ont radicalement changé ses relations avec son mari. Pendant le cours de yoga, l'autre jour, quand le professeur nous a demandé de nous allonger sur le dos et de ramener les genoux sur la poitrine, Mittoo m'a fait un clin d'œil et a dit : "Comme hier soir, quoi !" À notre âge ! Tu te rends compte ?

— Non, dit rapidement Harpreet. Je ne peux pas. »

Mais elle pouvait imaginer. Elle se voyait avec Mohan.

« Mittoo t'a dit d'où elle les tenait ?

— C'est sa cousine qui les lui a passées. Cousine qui les tient d'une amie du temple d'Enfield, qui en a d'abord entendu parler par une collègue pendjabie qui vit à East London. C'est là qu'elle a perdu leur trace, parce que sa cousine n'a jamais interrogé sa collègue, mais Mittoo Kaur n'est pas la seule personne que je connaisse à en avoir eu vent. La femme de Kareem Singh aussi est au courant et elle m'a parlé d'une histoire très crue. Une femme pendjabie emmène sa voiture chez un garagiste et ils finissent par faire l'amour sur le capot. Elle lui attache les poignets au rétroviseur avec son dupatta.

— C'est si détaillé ? Je n'ai jamais eu vent d'histoires de ce genre avec des gens de notre communauté.

— D'après la rumeur, elles sont parties de Southall.

— C'est ridicule, s'esclaffa Harpreet. À la limite, je pourrais imaginer qu'elles arrivent de Bombay, mais si elles ont été écrites en Angleterre, ce n'était sûrement pas là-bas.

— Non, c'est la vérité ! Sa tante a une amie qui prenait des cours au centre et elle écrivait des histoires cochonnes. »

Ça n'avait pas de sens.

« Il y aurait des émeutes dans la communauté si ce genre de chose existait, dit Harpreet.

— C'est bien pour ça qu'ils présentent la chose comme un simple cours d'anglais.

— Imposs… »

Harpreet se figea. Southall. Un cours d'anglais. Elle tenta de réprimer son inquiétude. Geeta était une commère. Elle exagérait tout. Il n'y avait pas lieu de penser que…

« Tu sais ce qu'elle a dit d'autre ? Les histoires sont écrites par des veuves. Tu imagines ? Des femmes comme nous !

— Hanh, maugréa Harpreet en prenant une gorgée de thé. Des femmes comme nous. »

*

Quand Nikki arriva en vue de Southall le lendemain, elle était d'une humeur massacrante. Le train avait eu du retard, l'obligeant à courir et la privant de la cigarette dont elle avait pourtant très envie. Et ce fichu Jason qui voulait qu'ils arrêtent ensemble... Des épluchures de légumes jonchaient le sol à l'extérieur du marché et les paillettes scintillaient comme des constellations dans les vitrines remplies de saris. Un couple émergea du service d'urgence des visas en serrant des papiers contre leur poitrine. Quand le bus stoppa devant le temple, Nikki avait une demi-heure de retard.

On entendait des voix à l'intérieur du centre communautaire et à mesure qu'elle grimpait les marches, Nikki distingua celles d'Arvinder et de Sheena, par-dessus un océan de murmures enthousiastes. Quand elle entra dans la classe, elle dut retenir un cri de surprise. Il y avait des femmes partout – assises jambes croisées sur les tables, confortablement installées sur des chaises, appuyées aux murs, juchées sur le bureau du professeur.

Sous le choc, elle recula et les observa, encore incapable d'appréhender ce qu'elle voyait. Parmi les nombreuses veuves vêtues de blanc se trouvaient des femmes de tout type et de tout âge. Les plus jeunes pimentaient la scène avec leurs bracelets tintants et leurs parfums envahissants. Les voix des quinquagénaires résonnaient d'une assurance enviable.

Ce furent les veuves qui la remarquèrent les premières. Puis le silence les gagna toutes, jusqu'à ce qu'une demande :

« C'est elle, le professeur ?

— Quelle gori peut parler pendjabi ? dit une autre. Non, ça doit être elle. »

Le bavardage reprit et Nikki alla rejoindre Sheena.

« Quand sont-elles toutes arrivées ?

— Les premières attendaient devant le bâtiment il y a une heure. Je les ai remarquées depuis le langar et je me suis dépêchée de leur dire que les cours n'avaient pas encore commencé. Elles ont dit que ce n'était pas grave et qu'elles attendaient les autres. Puis un autre groupe est arrivé.

— Quand vous disiez que les histoires s'étaient répandues dans tout Londres…

— Je ne pensais pas non plus que tant de femmes allaient venir, rétorqua Sheena. Mais on ne pouvait pas les renvoyer.

— Qu'est-ce qu'on va faire quand Kulwinder reviendra ?

— On peut très bien imaginer un planning avec différentes sessions, suggéra Sheena.

— On pourrait aussi ouvrir nos propres cours dans notre quartier, cria une femme assise à côté. Il y a quelqu'un de Wembley ? »

Quelques mains se levèrent. *Ah merde*, pensa Nikki. Si les histoires étaient en train de se propager, elles avaient probablement atteint Enfield. Des yeux, elle chercha des amies de sa mère mais ne vit personne qu'elle connaissait.

« Écoutez-moi toutes ! cria-t-elle, et le silence revint. Soyez les bienvenues. Je tiens à vous remercier d'être ici ce soir. Je ne m'attendais pas à une telle affluence et, à l'avenir, il faudra que nous limitions la taille du groupe. J'insiste aussi sur votre discrétion, bien que je doute que ce soit réaliste. On pourrait avoir de gros ennuis si les mauvaises personnes apprenaient l'existence de ces cours. »

Elle était paniquée à l'idée que les Frères les découvrent, et les échanges de regards qu'elle surprenait ne la rassuraient en rien.

« Ils savent déjà, n'est-ce pas ? »

Preetam leva la main au fond de la classe.

« Dharminder a appris l'existence des cours par un Frère qui est venu chez elle pour lui poser des questions. »

La dénommée Dharminder, une veuve corpulente dont le dupatta descendait sur ses yeux, hocha la tête.

« Oui. Pour prêcher la bonne parole, ils sont toujours là. »

Ils ne seraient pas longs à venir frapper à la porte de Kulwinder. Il fallait qu'elles arrêtent les cours – il le fallait, sinon elles seraient toutes en danger. *Elle* serait en danger.

« Je ne sais pas si c'est une bonne idée, alors.

— On ne peut pas arrêter maintenant, Nikki, se récria Sheena. Ces femmes viennent de partout. Commençons au moins la session de ce soir et, pour la suite, on verra plus tard. »

Elle avait raison – ces femmes étaient venues pour soutenir les cours. L'idée de les renvoyer et de perdre toutes ces nouvelles voix lui était insupportable.

« Qui a une histoire à raconter ? »

Des mains se levèrent et les voix commencèrent à se chevaucher. Nikki fit un geste pour ramener le silence. Une femme entre deux âges, décharnée, en kurta bordeaux sur un collant noir, agitait un bout de papier.

« Mon histoire n'est pas terminée, confessa-t-elle quand Nikki s'approcha. J'ai besoin d'aide. Je m'appelle Amarjoht. »

Elle gloussa timidement et Nikki repensa à ses premières rencontres avec Manjeet. Elle l'invita à lire le début de son récit, sous les applaudissements. Amarjhot s'éclaircit la voix et commença.

Il était une fois une jeune et belle femme du nom de Rani. Elle avait tout d'une princesse, mais n'était pas traitée comme telle par ses parents. Parce qu'elle était la fille cadette d'une famille pauvre, Rani devait accomplir toutes les tâches ménagères et sortait donc peu de la maison. Nombre d'habitants de son village ignoraient jusqu'à son existence.

On entendit un bâillement au fond de la classe. Amarjhot poursuivit sa lecture, très lentement, avec une description de Rani – ses yeux noisette, sa peau claire, ses joues pareilles à des pommes, sa taille de guêpe –, puis l'annonce d'une demande en mariage. Elle s'arrêta là, regarda sa page et se tourna vers Nikki.

« Après ça, je n'ai plus trouvé les mots. Ils ne venaient plus. Mais je me rappelle ce que je voulais dire.

— Alors dites-le. Passez directement à la nuit de noces ! lança Preetam. Rani et cet homme, ils ont fait quoi ? »

Des gloussements d'anticipation flottaient dans la pièce tandis qu'Amarjhot clignait des yeux et laissait s'épanouir un grand sourire.

Une autre femme se mit en devoir de l'aider.

« Il lui ôta sa robe de mariage et l'allongea sur le lit. »

D'autres suivirent, les propositions fusaient.

« Il la déshabille. Ou bien c'est elle qui lui ôte ses vêtements et commence à le caresser.

— Il en a un gros.

— Énorme. Un vrai python.

— Mais il en use avec douceur, parce qu'elle n'est pas experte en la matière. Il la laisse d'abord le prendre dans ses mains.

— Ensuite il l'embrasse, reprit Amarjhot. Elle s'adoucit en sentant ses lèvres sur les siennes. Pendant ce baiser, il fait courir ses doigts sur son corps comme pour en dessiner les contours. La paume de sa main décrit des cercles sur ses mamelons qui deviennent durs. Puis il en prend un entre ses lèvres et commence à le sucer tout en faisant rouler l'autre entre ses doigts. Rani est en extase.

— Mais elle gémit un nom qui n'est pas celui de son mari », dit Bibi.

Soupirs et murmures d'appréciation.

« Quel nom ?

— Non, s'il vous plaît ! Rani est une fille vertueuse qui ressent de l'amour pour la première fois – pourquoi tout détruire ?

— Personne ne détruit rien. On ajoute juste un peu de masala », dit Tanveer.

Nikki n'écoutait qu'à moitié. Elle décida d'examiner les nouveaux dossiers d'inscription, afin de se familiariser avec les noms et les détails. En parcourant les documents, elle tomba sur l'inscription de Tarampal et ne put éviter une nouvelle vague de panique – le 16, Ansell Road se trouvait-il sur la tournée des Frères ?

« Ils essaient, mais découvrent vite qu'il est trop large, suggéra Preetam.

— Alors ils font ça par-derrière, dit une autre femme.

— Ouah ! » crièrent quelques voix.

S'ensuivit une petite leçon précise sur ce que signifiait exactement « derrière ».

« Pas dans ses fesses, précisa Tanveer obligeamment, au soulagement général.

— Oh, mais pourquoi pas ? Ce n'est pas si mal. C'est différent.

— Vous n'avez pas compris que le tuyau d'arrosage de ce type s'apparente plus à une lance à incendie ? Vous aimeriez vraiment qu'un machin de cette taille entre par votre porte de sortie ?

— Et le ghee, c'est pour les chiens ? » demanda quelqu'un, en désespoir de cause.

Au fil de la discussion, il fut finalement décidé que Rani et son mari transformeraient leur problème en aventure palpitante. Ils essaieraient toutes sortes de positions, et cela donna lieu à des confidences dans tous les coins.

« Mon mari et moi, on a essayé celle-ci, expliqua Hardayal Kaur en grimaçant. Ça ne marche que si on est vraiment très souple. Mes genoux étaient trop raides à cause des travaux des champs, même à l'âge de vingt ans.

— Le mien a essayé de mettre sa banane entre mes seins, un jour. Je ne le recommande à personne. C'était comme voir un canoë au fond d'une gorge. »

Amarjhot jeta un regard désespéré à sa feuille.

« Je crois qu'il faut que je peaufine encore un peu cette histoire », dit-elle avant de retourner à sa place.

Alors une voix grave monta du fond de la classe :

« Ma langue va alimenter le feu qui brûle en toi. Flamme chaude et caressante de désir pur. »

Toutes les têtes se tournèrent vers Gurlal Kaur. Avec ses jambes croisées et ses yeux fermés, elle avait l'air plongée dans une paisible méditation. Ses mots imposaient le silence. Elle continua :

« Tu es la souplesse du sol, la force des tiges. Laisse-moi grimper sur toi, mon membre viril croît comme une racine dans ta douce étreinte de velours. Quand il pleut, je sens ton humidité lisse contre mon corps et j'inspire ta senteur musquée. Nous nous balancerons et conjuguerons nos corps en rythme, nos passions fougueuses faisant rouler le plus puissant des tonnerres et éclater la foudre sur cette planète. »

« Vous venez d'inventer cela ? » demanda Nikki.

Gurlal secoua la tête et rouvrit les yeux.

« Il y a eu une sécheresse terrible dans mon village l'année où j'étais censée me marier. Mes parents n'avaient pas les moyens de payer une dot, mais ils savaient que je n'accepterais jamais personne d'autre que Mukesh Singh. Je l'avais rencontré lors d'une présentation en vue d'un mariage et j'en étais tombée follement amoureuse. Mes parents savaient que c'était avec lui que je serais le plus heureuse. Ils avaient vu comment nos regards s'étaient enflammés, la première fois. *C'est toi que j'attendais*, c'est ce que nos yeux se disaient.

— C'est beau, commenta Preetam. La terre était aride, mais leur amour poussait. »

Les autres lui firent signe de se taire.

« Chaque matin et chaque soir, on disait des prières spéciales pour faire venir la pluie. Pareil dans le village de Mukesh, où la situation n'était guère meilleure. Ces prières quotidiennes lui inspiraient des poèmes qu'il envoyait chez moi. Je guettais l'arrivée du facteur pour éviter que mes parents ne tombent dessus, même s'ils ne savaient lire ni l'un ni l'autre. Cette année-là, mon père a beaucoup pesté contre mes études : selon lui, j'avais pris trop de libertés et, du coup, je m'obstinais à vouloir épouser Mukesh. Un jour, j'ai sorti un des poèmes de Mukesh en prétendant qu'il s'agissait d'une lettre écrite par un de ses proches, qui louait justement mon père d'avoir élevé une fille si instruite. Ça l'a apaisé. Ce poème est mon préféré.

« Vous vous en souvenez encore ? demanda Sheena.

— Bien sûr. »

Elle prit sa respiration et referma les yeux.

« Ma bien-aimée. Ton corps est une galaxie tout entière. Tes grains de beauté et tes fossettes, une cascade d'étoiles. Je ne suis qu'un nomade du désert, un bédouin las, aux lèvres desséchées, en quête d'un rafraîchissement. Chaque fois que je suis sur le point d'abandonner, je lève les yeux et te vois dans l'immensité des ciels de minuit. Ta chevelure ondule autour de toi et tu baisses les bras, révélant tes seins pâles et ronds. Tes mamelons pointent pour saluer mes lèvres. Je les embrasse tendrement et ressens la trépidation de ton corps, de ton monde. Entre tes jambes, une fleur s'humidifie, les lèvres gonflées par l'attente. Ton corps est une galaxie tout entière, un consentement. Je t'explore de mes lèvres, plein de reconnaissance pour ma soif étanchée, et quand j'atteins ton jardin interdit, ma soif devient ta faim. Tes longues jambes drapent mon cou, tes hanches ruent contre ma bouche. Ta rosée mouille mes lèvres. Je les enfonce à l'intérieur de toi et sens la pulsation de ton sang dans tes lieux les plus intimes. Infinie gratitude pour mes lèvres ainsi pressées sur les tiennes, pour la réunion de ces parties rougissantes de nos êtres. »

Son sourire serein donnait au visage de Gurlal un air presque éthéré. Elle se pencha en avant dans une modeste révérence.

« Dites-nous comment c'était quand vous avez fini par vous mettre ensemble. Aussi bien ? demanda Preetam.

— Oh là, j'imagine que oui ! intervint Sheena. Si ses mains pouvaient exprimer une si belle poésie, imaginez ce qu'elles pouvaient faire au lit.

— C'était très bon, dit Gurlal. Il écrivait un poème pour chaque nuit passée ensemble. Je peux encore les réciter tous. »

C'était impossible, mais cela ne dérangea aucune de ces dames. La pièce baignait dans un silence sacré.

« Continuez. Dites-en un autre », la pressa Arvinder.

Gurlal allait répondre quand, soudain, elle se raidit. Un murmure parcourut la salle et lorsque Nikki leva les yeux, ce qu'elle vit lui fit l'effet d'une douche froide.

Kulwinder Kaur se tenait debout sur le seuil, bouche bée.

Nikki traversa la pièce, un sourire plaqué sur le visage. Impossible de savoir ce que Kulwinder avait entendu, mais des excuses se formaient déjà dans sa tête. Peut-être réussirait-elle à convaincre Kulwinder qu'elles étaient en train de discuter de fins possibles pour un mélodrame indien.

« Je vous attends dehors, immédiatement, siffla Kulwinder.

— Vous n'êtes pas arrivée au meilleur moment…, dit Nikki en la rejoignant, mais l'autre l'interrompit d'un geste.

— Ça dure depuis combien de temps ? »

Nikki regardait ses pieds. Elle s'apprêtait à marmonner une réponse mais Kulwinder ne lui en laissa pas le temps.

« Dire que je vous faisais confiance pour alphabétiser ces femmes. Pendant tout ce temps, vous leur avez bourré le crâne de cochonneries.

— Il s'agit de leur propre demande, affirma Nikki en redressant la tête.

— N'importe quoi ! Vous corrompez cette communauté juste sous mon nez.

— Jamais de la vie ! Écoutez, la plupart des maris de ces femmes ignorent qu'elles sont là. Je vous en supplie, ne leur dites rien.

— J'ai mieux à faire que de me mêler de la vie des autres ! Comment avez-vous fait pour qu'elles soient si nombreuses ? Que leur avez-vous dit ?

— Je n'ai pas eu besoin de dire quoi que ce soit. La rumeur va vite dans cette communauté, vous le savez. Les femmes voulaient un endroit où s'exprimer.

— *S'exprimer ?* » rétorqua Kulwinder, d'un ton qui indiquait clairement ce qu'elle pensait de cette réponse.

Elle écarta Nikki et entra dans la salle, les mains tendues dans une instruction silencieuse, mais claire : *Donnez-moi ça.* Quelques femmes lui tendirent une feuille avec réticence, mais la majorité n'avait encore rien couché sur le papier. Les plus âgées la dévisageaient, dignes, les lèvres pincées comme pour empêcher qu'on ne vienne leur dérober leur histoire jusque dans leur esprit. Kulwinder continua sa razzia.

« Où sont les autres ? demanda-t-elle en arrivant enfin devant le bureau.

— Dans mon sac », maugréa Nikki.

Il lui semblait invraisemblable de voir quelqu'un ouvrir son sac et fouiller dedans comme Kulwinder était en train de le faire, ses gros doigts extrayant le classeur comme s'il s'agissait d'un organe malade. Puis Kulwinder sortit vivement et descendit dans le hall, le classeur plaqué contre sa poitrine, Nikki sur ses talons.

« Bibi Kulwinder, s'il vous plaît ! Laissez-nous vous expliquer.

— Il n'y a rien à expliquer, répliqua-t-elle en s'arrêtant.

— Ces histoires ont demandé tellement de travail… Vous n'imaginez pas. S'il vous plaît, rendez-les-nous. »

Elle avait déjà pensé à les scanner pour avoir une copie de secours, mais elle n'en avait malheureusement pas trouvé le temps.

« Vous ne deviez pas rentrer avant quelques jours…

— Alors vous vous êtes dit, autant profiter de son absence pour ridiculiser ses cours d'anglais ? Dieu merci, j'ai eu la bonne idée de me renseigner sur votre compte. Vous n'avez jamais pris ce travail au sérieux.

— Votre annonce mentionnait “professeur d'écriture”. C'est ce que je voulais faire, et ce que les femmes attendaient de ces sessions.

— Vous n'aurez quand même pas le toupet de me faire porter le chapeau ! s'écria Kulwinder, l'index pointé à deux centimètres du visage de Nikki. J'aurais dû me douter que vous feriez venir des femmes pour saboter mes cours et tout corrompre.

— Elles sont ici de leur plein gré.

— Vous frappiez aux portes dans ma rue juste avant mon départ en Inde. Je vous ai vue !

— J'ai rendu visite à Tarampal uniquement parce que je…

— Vous êtes allée chez Mme Shah avant, je vous ai vue de ma fenêtre.

— Je m'étais trompée d'adresse, expliqua Nikki. C'est la vérité. Je n'ai démarché personne…

— Ça suffit. Vous me mentez ouvertement !

— Non, je vous le promets. Demandez à Mme Shah si vous voulez. Sur le formulaire, le numéro n'était pas très bien écrit, on lisait 18 au lieu de 16, Ansell Road. L'encre a dû baver et… »

Nikki s'interrompit. Ça sonnait faux. Tarampal ne savait même pas écrire son adresse.

« Je ne veux pas entendre d'autres excuses. Vous avez joué avec ma réputation. Vous savez ce que les gens diront quand ça se saura ? Est-ce que vous imaginez le mal que j'ai eu pour obtenir des hommes du conseil le financement de ces cours ? »

Nikki hocha distraitement la tête. Elle n'arrivait pas à détacher son esprit de cette histoire de formulaire. Elle se rappela soudain ce que Jason lui avait raconté de son enfance, sa mère qui effaçait les taches d'encre sur sa main gauche.

« Avec toutes ces femmes qui s'inscrivent, vous pensiez vraiment pouvoir me le cacher ? Combien de temps comptiez-vous…

— Bibi Kulwinder…

— Ne m'interrompez pas.

— Bibi Kulwinder, c'est important. »

L'urgence dans la voix de Nikki sembla frapper Kulwinder et, l'espace d'un instant, elle parut même inquiète.

« Qu'y a-t-il ?

— Votre beau-fils, Jaggi, il… il était gaucher ?

— De quoi parlez-vous ?

— Et surtout, Maya était-elle gauchère ? Parce que…

— Mais qu'est-ce que… ?

— Écoutez, je sais que ça paraît fou, mais…, commença Nikki avant de se précipiter dans la classe pour revenir bientôt avec le formulaire d'inscription de Tarampal. Voici l'écriture de Jaggi. Si vous montrez ça à la police, ils pourront le comparer avec la lettre laissée par Maya. Il y avait des traces pas très nettes sur cette lettre, n'est-ce pas ? Ce n'était pas des larmes : sa main a dû passer sur l'encre fraîche et… »

Kulwinder lui arracha le formulaire des mains sans même la regarder. La colère lui coupait le souffle.

« Mais pour qui vous vous prenez ! Vous allez mêler ma fille à ça ? demanda-t-elle, d'une voix soudain basse et effrayante.

— Je sais que vous avez peur d'enquêter, mais il y a peut-être là quelque chose d'intéressant. Réfléchissez, s'il vous plaît. Je pourrais vous accompagner pour voir la police. Nous avons une preuve.

— Ce qui est arrivé à Maya n'a rien à voir avec vous. Vous n'avez aucun droit de…

— J'ai tous les droits si je pense qu'une femme innocente a été assassinée et que le coupable pourrait être arrêté.

— Vous voulez faire diversion en changeant de sujet, mais je ne vous laisserai pas utiliser ma classe ou les femmes de cette communauté pour atteindre votre but, quel qu'il soit.

— Je n'ai aucun… »

D'un geste, Kulwinder lui intima le silence.

« Je veux que vous retourniez dans cette classe et la vidiez. Les cours sont suspendus. Vous êtes licenciée. »

12

Kulwinder marchait à grandes enjambées contre le vent, le classeur pressé sur sa poitrine. Sa rage était telle qu'elle craignait qu'elle ne déborde partout dans la rue. Elle aurait voulu hurler. Pendant un instant étrange, elle espéra presque tomber sur Jaggi. Il lui suffirait d'un regard pour le faire détaler.

Elle arriva chez elle les cheveux ébouriffés et les joues rouges. Sarab était au salon, comme toujours, devant la télévision. Elle fonça vers lui en agitant le classeur.

« Tu étais au courant ? »

Il leva les yeux, la télécommande en suspens comme pour la mettre sur pause.

« De quoi ?

— Les cours d'anglais. L'autre jour, tu disais qu'ils étaient devenus très populaires. Tu savais ce qui se tramait ? »

Il haussa les épaules et baissa les yeux. Une héroïne de film traversait l'écran en courant, son fidèle dupatta flottant derrière elle comme un étendard rouge.

« J'ai entendu des rumeurs, c'est vrai. Les cours d'anglais ne sont pas ce qu'ils semblent être.

— Les gens, les hommes, ils disent quoi exactement ?

— Tu sais que je n'écoute pas vraiment les ragots… mais il semble que certaines femmes s'expriment de plus en plus librement. Elles auraient tout un vocabulaire nouveau pour décrire… »

Comme il faisait mine de se concentrer de nouveau sur l'écran, Kulwinder prit la télécommande et éteignit la télévision.

« Décrire quoi ? insista-t-elle.

— Leur désirs, admit-il en rougissant. Dans la chambre.

— Pourquoi tu ne m'as rien dit ?

— Kulwinder… »

Son cœur faillit s'arrêter. Sarab n'avait pas prononcé son nom depuis bien longtemps.

« Est-ce qu'un jour j'ai pu te dire quelque chose que tu ne voulais pas entendre ? »

Elle le regarda, incrédule.

« Ces femmes ne se contentent pas de ce qui se passe dans leur chambre, répliqua-t-elle. Elles ont raconté à Nikki, pour Maya. De ce que je sais, elles en discutent ouvertement depuis des semaines et mettent nos vies en danger. »

Elle n'avait pas reconnu la moitié des femmes – quelles versions de l'histoire avaient-elles présentées ? Et comment allait-elle reprendre le contrôle de la situation ?

« Elles savent quelque chose ? demanda Sarab, avec dans la voix un espoir qui serra le cœur de Kulwinder.

— Nikki pense détenir des preuves, mais ce n'est rien, Sarab. Il ne faut pas trop y compter. »

Elle lui fit part de la découverte de Nikki sur l'écriture de Jaggi, essayant de se souvenir précisément des explications de la police à propos de cette lettre et de son contenu. Elle s'était effondrée sur une chaise, soutenue par l'agent. La lettre parlait d'excuses, de honte, quelque chose comme ça.

« Ce ne sont pas les mots de ma fille, avait réussi à dire Kulwinder. Ma fille ne se souciait pas de l'*izzat.* »

Pourquoi Maya aurait-elle écrit « honneur » en pendjabi plutôt qu'en anglais ? L'auteur du mot s'était montré trop rapide et imprudent en imitant l'écriture de sa fille.

Sarab ouvrit grand les yeux. Il la regardait comme si elle venait soudainement de se matérialiser devant lui.

« Jaggi est bien gaucher, dit-il.

— Et alors ? Ça ne signifie pas…

— On peut faire quelque chose.

— Est-ce qu'ils accepteront de nous écouter ? Ou est-ce qu'on va s'entendre répéter que Maya était dans la détresse et qu'on cherche tout naturellement un autre coupable qui n'existe pas ? Et si jamais la police ne nous aide pas et que Jaggi découvre qu'on est retournés les voir ? »

Quand Jaggi avait appelé au milieu de la nuit, la première fois, il n'avait pas réellement proféré de menaces, seulement dit que ses amis et lui connaissaient les horaires du service du soir de Sarab.

« L'important, maintenant, c'est de rester prudents, lui rappela-t-elle.

— Ah bon ? répondit son mari, en colère. Est-ce qu'on est censés vivre toute notre vie dans la peur ? »

Il traversa la pièce et ouvrit les rideaux du salon, dévoilant la maison de Tarampal de l'autre côté de la rue.

« S'il te plaît, pria Kulwinder en tournant le dos à la fenêtre. Ferme les rideaux. »

Sarab s'exécuta. Ils s'assirent dans la pénombre, écoutant le faible bourdonnement des lumières de la maison.

« Sarab, s'il t'arrivait quelque chose… »

Kulwinder ne put terminer sa phrase. Elle était consciente de la respiration de Sarab, à l'autre bout de la pièce.

« J'ai perdu Maya. Je ne veux pas te perdre toi aussi. »

Les lèvres de Sarab tremblaient. *Dis-le, maintenant*, le pria Kulwinder silencieusement, mais

Sarab ne la regardait pas vraiment. S'était-il senti seul pendant son absence, ou soulagé de ne pas avoir à lui parler ? Ils s'éloignaient de plus en plus l'un de l'autre, ne dormaient plus ensemble, attendaient poliment que l'autre libère le salon pour s'installer devant la télévision. Cette simple pensée créa un intense sentiment de solitude, comme si ce n'était plus seulement une pensée mais déjà une réalité.

« Et Nikki, alors ? » demanda Sarab.

Kulwinder plissa les yeux. Parler de Nikki était bien la dernière chose qu'elle voulait faire.

« Eh bien quoi ?

— Elle habite où ?

— Quelque part dans West London.

— Recommande-lui de faire attention. »

Kulwinder repensa à leur vive confrontation. Pas une fois elle n'avait prévenu Nikki du danger possible. Jaggi savait-il qu'elle posait des questions ? Et si les Frères apprenaient qu'elle était à l'origine de ces cours ? Kulwinder secoua la tête pour évacuer cette pensée. Nikki vivait hors de Southall. Il n'y avait pas lieu de paniquer pour sa sécurité.

« Je ne sais pas où la joindre à l'heure qu'il est, dit Kulwinder.

— Tu lui diras au prochain cours et…

— J'ai suspendu les cours. Je l'ai licenciée.

— Kulwinder, pense à cette fille », dit-il en sortant, le regard sévère.

La pièce lui parut soudain terriblement vide, mais son indignation demeurait. C'était Nikki qui les avait mis dans cette situation. Si elle s'en était tenue à son travail, rien de tout cela ne serait arrivé. Kulwinder ouvrit le classeur. Ces pages étaient le résultat de plusieurs semaines de trahison. Il y avait même une feuille d'illustrations, probablement de la main d'une participante analphabète mais douée pour le dessin. Un homme se penchait sur la poitrine d'une femme, bouche entrouverte pour happer son mamelon ; une femme chevauchait un homme, exagérant la cambrure de ses reins. Dégoûtant.

Kulwinder referma le classeur d'un coup sec et retourna faire du thé. Elle versa l'eau dans la bouilloire et, en attendant qu'elle chauffe, ne put s'empêcher de penser à la posture de l'homme penché au-dessus de la femme. Elle secoua la tête et se concentra sur la bouilloire où l'eau commençait à frémir, puis se dirigea vers le placard des épices et sortit le fenouil et la cardamome. Là, elle ferma les yeux. Des taches de lumière dansaient autour d'elle, qui peu à peu prirent forme. Un homme. Une femme. Des doigts qui glissaient habilement sur une peau nue. Des lèvres rouges pressées sur une chair luisante. Ses yeux s'ouvrirent brusquement. Elle alla couper le feu sous la bouilloire et jeta un regard au classeur. Il n'y avait pas de mal à lire une histoire, ne serait-ce qu'à titre informatif. Après tout, si le conseil venait à l'interroger, il fallait qu'elle en connaisse tous les détails.

Kulwinder prit la première.

Le Tailleur

Dans un lointain passé, en bordure d'une ville-palais, vivait un talentueux mais modeste tailleur du nom de Ram. Sa clientèle était constituée de femmes qui souhaitaient ressembler aux membres de la famille royale qui vivait dans les murs du palais. Ces femmes venaient de fort loin pour voir Ram, porteuses de requêtes impossibles à contenter de prime abord. On disait que Ram avait un don pour façonner à partir de rien les créations les plus luxueuses et les plus à la mode. Sous ses doigts, un simple fil jaune devenait or et un vert pâle ordinaire, la riche nuance émeraude d'un joyau rare.

Nombre des clientes de Ram étaient éprises de lui. En le voyant manœuvrer sa modeste machine à coudre, ses doigts se déplaçant habilement entre les couches de tissu, elles concluaient qu'il devait être plein de talent entre les draps. Durant les essayages, certaines femmes faisaient délibérément tomber leur corsage et se penchaient en avant pour le laisser voir leur décolleté. Certaines ne fermaient pas complètement les rideaux de la cabine pour qu'il puisse jeter un œil. Il n'y prêtait pas attention. Pendant qu'il travaillait, il préférait ne pas être distrait par la tentation. Un jour, il aurait du temps pour une amoureuse, mais pour l'heure, il y avait trop de commandes. Le bruit courait dans toute l'Inde que Ram était le meilleur des tailleurs. On récitait ces rimes populaires :

Ram le tailleur est le meilleur de la ville
Vous serez royale, de face comme de profil
Ses tarifs sont bons, et ils sont même honnêtes
Vous serez reine, avec une couronne sur la tête

Pour chaque éloge fait à Ram, une malédiction était lancée. D'un bout à l'autre de l'Inde, des tailleurs jaloux enrageaient contre celui qui détournait leurs clientes par son savoir-faire magique. Des hommes ordinaires maudissaient celui qui satisfaisait aux requêtes de leurs épouses, lesquelles, ainsi vêtues de si beaux saris, exigeaient un traitement royal.

Un après-midi, une femme vint trouver Ram pour solliciter son aide. Ses yeux noisette firent tressaillir le cœur de Ram. « Un jour dans ma vie, j'aimerais ressembler à une femme riche », dit-elle d'une voix qu'il aurait voulu entendre chuchoter à son oreille. Elle lui tendit un vieux châle. « Je n'ai pas les moyens d'acheter quelque chose de neuf, mais pourriez-vous coudre un galon là-dessus ?

— Bien entendu », dit Ram et il pensait : Pour toi, je ferais n'importe quoi. « C'est votre mari qui a dû vous en faire cadeau. »

La femme sourit et repoussa une mèche de cheveux derrière son oreille. « Je n'ai pas de mari », dit-elle, au grand ravissement de Ram.

La belle femme avait tout d'une reine. Ram décida qu'il n'accepterait aucun paiement une fois le châle terminé – il ne souhaitait qu'une chose : avoir de nouveau l'occasion de lui parler et découvrir son nom. La passion de Ram pour cette femme libéra sa créativité. Pour l'impressionner, il mélangea des teintures afin de créer des fils aux couleurs plus audacieuses les unes que les autres. Le galon du châle serait bordé de paons turquoise et magenta. Au centre, Ram broderait une réplique du palais, avec une image miniature de la femme debout à l'une de ses fenêtres. Il partagerait ce secret avec elle et elle saurait qu'elle était sa reine.

Une scène avec ce niveau de détail nécessitait une immense concentration. Son esprit refoulait même les voix des enfants qui jouaient à l'extérieur, jusqu'à ce qu'il entende soudain son nom dans une de leurs chansonnettes.

Ram le tailleur est le meilleur de la ville
Vous serez royale, de face comme de profil
Ses tarifs sont bons, et ils sont même honnêtes
Mais avec lui, l'amour n'est pas à la fête

C'était la pire des malédictions car elle condamnait sa victime à une vie entière de solitude. Ram courut à l'extérieur. « Où avez-vous entendu ça ? » Les enfants s'éparpillèrent, poursuivis par Ram qui ne fit pas attention au châle qu'il tenait toujours dans ses mains. Lorsqu'il s'en aperçut, l'étole était déchirée et couverte de boue. « Oh non ! » s'écria-t-il. Il retourna à son échoppe et fit son possible pour réparer les dégâts, mais le châle était fichu.

Ce soir-là, quand la femme revint, Ram baissa la tête, honteux, et prétendit avoir perdu le châle. La femme s'en indigna. La chaleur de ses yeux noisette s'en était allée. « Comment avez-vous pu faire cela ? hurla-t-elle. Vous êtes le pire tailleur du monde ! »

Ram ferma son échoppe le lendemain. Il pleura au-dessus de sa table de travail, voyant la malédiction assombrir son avenir comme les nuages noirs annonciateurs d'orage. Jamais encore il n'avait espéré quoi que ce soit, et voilà qu'il espérait des rapports intimes. Mais pourquoi je n'ai pas couché avec une femme quand l'occasion se présentait ? se demanda-t-il. Il s'allongea et rêva des cuisses laiteuses des clientes qui s'étaient montrées à lui. Dans son rêve, il était assez hardi pour enfouir son visage entre leurs seins et respirer leur douce senteur. Dans un autre, il se vit penché sur une femme, embrassant ses lèvres rebondies tandis qu'elle caressait son membre d'une main et chatouillait ses parties intimes de l'autre…

Soudain, un bruit le réveilla. Un cambriolage ? Il bondit hors du lit et accourut dans sa remise. Personne. Le bruit reprit. Ram braqua une torche dans sa direction et remarqua que son tissu bougeait. Il le ramassa et le trouva plus lourd que d'ordinaire, presque solide. Il voulut l'apporter à sa table de travail pour l'examiner sous une meilleure lumière, mais le tissu lui échappa et tomba au sol. Sa forme ondula jusqu'à ce qu'une femme en émerge. Ram tomba à la renverse, contre le mur, fixant cette chose fantomatique.

« Qui êtes-vous ? » bégaya-t-il.

Lorsqu'elle clignait des paupières, on aurait cru voir s'ébattre des ailes de papillon. Sa peau dorée et sa chevelure chatoyante exhalaient un doux parfum de jasmin. Les courbes de son corps étaient plus qu'affriolantes. Elle remarqua que Ram fixait sa poitrine et tendit la main vers lui. Quel toucher délicat ! Ses mains, désormais parfaitement formées, couraient le long de son corps pour lui montrer qu'elle était réelle. Elle attira son attention vers des parties de son corps que Ram n'avait jamais eu à prendre en considération dans son travail de tailleur – l'os qui jaillissait de son col, l'arête anguleuse de sa mâchoire. Les ongles de ses orteils se recourbaient, pareils à des demi-lunes blanches et son nombril formait un cratère sombre dans le désert doré de son corps. Ram tendit la main pour palper la chair de sa taille. Elle était aussi réelle que lui.

« Appelle-moi Laila », dit-elle.

Elle referma les lèvres sur le lobe de son oreille et le suçota doucement. Des frissons de plaisir traversèrent Ram comme un courant électrique. Il commença à caresser son dos, ses fesses, l'attirant pour réunir leurs bassins tandis qu'ils tombaient sur le lit d'étoffe. Puis il donna de petits coups de langue sur son téton brun. Laila se frottait contre lui, le souffle court. Ram passa à l'autre sein. Elle avait un goût salé et musqué qu'il n'aurait jamais pu imaginer. Hardiment, il glissa dans sa bouche deux doigts qu'elle lécha, téta. Le membre viril de Ram trépidait d'impatience à l'idée de ce que la bouche douce et soyeuse de Laila pourrait faire pour lui. Bientôt, ses doigts luisants de salive allèrent s'enfoncer dans la fente soyeuse entre les jambes de Laila.

« Tu es tellement réelle ! »

Laila écarta encore les jambes pour permettre à Ram de la caresser plus profondément. Sous elle, la sueur formait des traces brunes sur le tissu. Des deux pouces, Ram ouvrit les plis de sa féminité et utilisa le bout de sa langue pour chatouiller son bouton. Les gloussements de Laila l'excitèrent encore plus. Elle roula sur lui, ôta sauvagement son pantalon. Son membre viril était raide. Laila le taquina. Elle se frotta, mouillée, contre le sommet de son membre et regarda son visage se tordre de plaisir. « C'est comment ? » lui souffla-t-elle à l'oreille. Il répondit par un grognement. « Ce n'est pas une réponse appropriée », dit sévèrement Laila et, d'un air renfrogné, elle s'assit sur lui et commença à chevaucher son bâton dur et épais.

Cette colère sur le visage de Laila était le seul vestige de la malédiction. Ram lui pinça rudement les fesses. « Comment oses-tu ? » demanda-t-elle. Il grinça des dents, la tension montait en lui. Il sentit les muscles de Laila se tendre en même temps que les siens. Elle cria son nom et émit un long, un vibrant gémissement. La voir au faîte de son plaisir déclencha chez Ram une décharge rapide, sensationnelle. Il saisit ses hanches et grogna bruyamment. La sueur rendait la peau de Laila glissante. Elle continua sa lente oscillation autour de son bâton tandis que de minuscules répliques faisaient trembler tout son corps.

Lorsqu'ils furent allongés côte à côte, Laila expliqua qu'elle était née du vœu de Ram d'être avec une femme. La force de ce désir avait surpassé la malédiction. Ram savait que les vœux, tout comme les malédictions, avaient une *fin. Il demanda à Laila combien de temps ils resteraient ensemble. « Aussi longtemps que dureront ces rouleaux de tissu. » Autour d'eux, les rouleaux défaits recouvraient tout l'espace du modeste atelier. De riches nuances d'orange rougeoyant et des fils d'argent éblouissants s'étendaient à perte de vue.*

Le thé de Kulwinder était froid. Elle le remarqua à peine en portant la tasse à ses lèvres et l'avala d'un trait. Son visage, ses mains et ses pieds lui semblaient chauds, presque bouillants. Son cœur pulsait, et aussi un autre endroit, très intime. Elle se souvint vaguement avoir déjà éprouvé quelque chose de semblable, de nombreuses années auparavant, à l'époque où elle avait découvert ce que faisaient les hommes et les femmes ensemble, et pourquoi. L'appréhension initiale avait vite laissé place au plaisir. Elle avait même osé penser que cela valait le coup de vivre cette proximité avec un autre être humain.

Elle rangea la feuille dans le classeur et en tira une autre, signée Jasbir Kaur, une veuve qui vivait à South London. Kulwinder avait assisté aux fiançailles de son petit-fils quelques années plus tôt. Elle commença à lire mais dut s'interrompre presque aussitôt, le sang affluant trop brutalement dans son corps. Elle se leva et laissa la tasse à thé sur la table. Une vague d'énergie la poussa jusqu'en haut de l'escalier. Allongé sur le lit, Sarab contemplait le plafond.

Kulwinder lui prit la main, qu'elle posa doucement sur ses seins. Il la fixa, d'abord perplexe, puis il comprit.

*

Nikki savait d'instinct que si elle devait se battre, elle perdrait. À l'idée d'une éventuelle bagarre, elle se voyait immédiatement clouée au sol par l'un des gros bras de Kulwinder. Elle tressaillit. Même en rêve, elle était perdante. Il lui faudrait utiliser son intelligence. Expliquer que les histoires n'avaient jamais eu pour but de tourner en dérision les cours ou Kulwinder elle-même. Elles reflétaient seulement l'imaginaire des participantes et, en effet, elles étaient torrides, mais, en même temps, elles constituaient un bon moyen d'apprendre la langue.

Si cette tactique ne fonctionnait pas, elle se contenterait de récupérer le classeur et de partir. Encore fallait-il que Kulwinder n'ait pas déjà jeté les histoires à la poubelle et que le classeur soit à portée de main.

La brise du soir redoubla et bruissa dans les arbres. Sur la rue principale, les phares des voitures brillaient intensément et semblaient braqués sur elle, comme des yeux. Nikki tourna dans une rue transversale et pressa le pas pour se réchauffer. Le soir, les maisons semblaient toutes se recroqueviller derrière les lueurs des porches.

Son téléphone vibra dans sa poche. Un texto de Sheena.

Les femmes veulent continuer à se retrouver régulièrement. Vous avez une idée d'endroit ?

Chaque problème en son temps, pensa-t-elle en rangeant le téléphone. Derrière les fenêtres du salon de Kulwinder, la télévision clignotait comme un gyrophare. Elle sonna mais personne ne vint. Elle réessaya, jeta un coup d'œil par la fenêtre et vit, dans la cuisine, les lampes allumées, une théière et une tasse en fer-blanc sur la table, mais personne. Elle tremblait de froid. La pluie redoublait. Elle tira la capuche de son blouson sur sa tête. En face, la maison de Tarampal était complètement sombre.

Nikki traversa la rue et hésita devant l'allée. Pour avoir une meilleure vue sur la maison de Kulwinder, il lui fallait s'approcher du porche. Il était clair qu'il n'y avait personne dans la maison, mais ce n'était qu'un petit soulagement. La bâtisse se dressait, toujours menaçante, avec ses fenêtres béantes pareilles à des yeux noircis. Elle se força à avancer vers la marquise qui, au moins, la protégerait de la pluie. À l'étage de la maison de Kulwinder, les lampes de chevet étaient allumées. Elle plissa les yeux, curieuse. À un moment, elle crut voir une ombre passer devant la fenêtre, mais ç'aurait aussi bien pu être un rideau de pluie charrié par une grosse bourrasque.

Qu'est-ce que je fais là ? La question la frappa tandis que la pluie crépitait sur la marquise. Même si Kulwinder lui ouvrait sa porte, quelles chances avait-elle de récupérer le classeur ? En vérité, les histoires n'étaient pas le plus important. On pouvait toujours demander aux auteures de les répéter, ou reprendre les enregistrements. Ce qu'elle voulait, en fait, c'était parler à Kulwinder. Expliquer la naissance de tout cela. L'obliger à voir qu'il y avait là une sorte de rébellion silencieuse et une possibilité de s'unir pour combattre une plus grande injustice. Dès qu'elle songeait à ce qu'elle avait découvert – l'écriture de Jaggi –, son pouls s'accélérait et son cerveau bouillonnait. Il fallait convaincre Kulwinder que ça valait la peine de continuer.

Nikki quitta l'abri de la marquise et s'engagea dans la rue. La confrontation n'aurait pas lieu aujourd'hui. Il était trop tôt. Se détendre, voilà sans doute ce que Kulwinder faisait à cette heure. Nikki prit à gauche, en direction de l'arrêt de bus. Le cartable qui cognait sur sa hanche au rythme de ses pas lui semblait si léger, délesté des histoires. En longeant les maisons éclairées qui diffusaient une lumière chaude et familière, Nikki se remémora la maison de ses parents, et ses longues marches dans la ville après l'abandon des cours à l'université, son visage mouillé de pluie et de larmes. Elle était entrée chez O'Reilly par un après-midi particulièrement humide, tellement reconnaissante d'être à l'abri, enfin à sa place quelque part.

Elle s'arrêta net. Le pub ! Les veuves pouvaient très bien continuer leurs réunions dans l'arrière-salle. Elle reprit son chemin à vive allure tout en sortant son téléphone.

« Sheena, je nous ai trouvé un endroit où déménager les cours. Chez O'Reilly, où je travaille. C'est plutôt vide les soirs de semaine.

— Vous voulez que ces vieilles Pendjabies se retrouvent dans un pub ?

— Je sais que ce n'est pas très orthodoxe, mais…

— Je vois ça d'ici.

— Moi aussi ! dit Nikki, avec en tête l'image d'une Preetam scandalisée et d'une Arvinder saoule, accrochée aux lustres. Écoutez, Sheena, l'essentiel reste de reprendre les cours, même dans un lieu provisoire. Les femmes n'y attacheront pas tant d'importance.

— Bien. Je pourrai en emmener quelques-unes en voiture et trouver d'autres chauffeurs parmi mes amies. Donnez-moi l'adresse et je me débrouillerai.

— Vous êtes sûre que ça ne vous dérange pas ?

— Aucun problème.

— Autre chose…, ajouta Nikki avant d'hésiter un instant, sachant que Sheena n'allait sans doute pas apprécier. Il existe peut-être un moyen d'accuser Jaggi.

— Hai, Nikki !

— Écoutez-moi ! »

Et elle s'empressa de lui raconter ce qu'elle avait déduit du formulaire taché d'encre.

« Qu'a dit Kulwinder ? demanda Sheena quand elle eut terminé.

— Elle n'a rien voulu entendre. Mais elle est encore sous le choc, et trop furieuse à propos des cours. J'ai voulu aller chez elle, mais finalement je vais lui laisser un peu de répit. Je suis encore à Southall en ce moment.

— Dans ce cas, vous n'êtes pas loin de chez moi. Vous voulez passer ? Il tombe des cordes.

— Très bonne idée ! Je suis sur Queen Mary Road, devant un arrêt de bus et juste en face d'un petit parc.

— D'accord… Oh ! Ça y est, je vous vois.

— Vous êtes où ? » demanda Nikki en plissant les yeux.

Sous la pluie, elle essayait de distinguer les silhouettes derrière les fenêtres, mais ne vit pas Sheena.

« Je suis en face. J'habite près du parc, mais… Nikki, ne vous arrêtez pas. Continuez de marcher vite.

— Que se passe-t-il ?

— Continuez tout droit et prenez à gauche au premier croisement. »

Nikki ressentit un terrible picotement et, du coin de l'œil, elle remarqua comme une ombre.

« Je suis suivie ? murmura-t-elle.

— Oui, confirma Sheena.

— Qui est-ce ? Vous pouvez le voir ?

— Peut-être un Frère.

— Je vais lui parler.

— Ne soyez pas idiote, siffla Sheena sur un ton qui ne lui ressemblait pas. Continuez de marcher et restez calme. Vous allez arriver à un supermarché ouvert non-stop. Je viens vous chercher sur le parking. Attendez-moi là-bas.

— Non, Sheena. Je vais me débrouiller.

— Nikki… »

Mais elle avait déjà raccroché. Son poursuivant ne manquerait pas de reconnaître la petite voiture rouge de Sheena, marcher restait plus prudent. Elle continua, le souffle court ; l'homme la suivait à quelques pas, attendant de voir où elle allait. Elle s'efforça de maîtriser sa démarche pour avoir l'air plus naturel, tout en surveillant l'ombre discrètement. Elle traversa la rue en direction du supermarché et se réfugia dans l'étendue blanche et dégagée du parking. Ce n'est qu'à ce moment qu'elle osa regarder franchement derrière elle. Un jeune Pendjabi la fixait. Elle soutint son regard avec tout le calme qu'elle put, alors que son cœur battait à tout rompre. Il finit par s'éloigner, non sans lui avoir jeté un regard menaçant.

13

Kulwinder se réveilla. Se redressa. La couette tomba, découvrant son corps nu. Avec un hoquet de surprise, elle la remonta aussitôt et la serra contre elle. Elle sentait le contact des draps sur la peau nue de ses fesses, de ses mollets, et se rappela les événements de la soirée passée. Ses vêtements étaient éparpillés à travers la pièce, le salwar accroché à l'extrémité de la planche à repasser, le haut chiffonné dans un coin, le pantalon – son pantalon ! – en boule sur la coiffeuse.

La honte lui fit fermer les yeux. *Mais qu'est-ce que j'ai fait ?* Se comporter comme une gori, se laisser emporter par son excitation… Ils s'étaient lovés l'un contre l'autre comme des amoureux étourdis, de toutes les manières possibles, s'entortillant même. Comment était-ce arrivé ? Ils n'avaient pas suivi les scénarios décrits par les histoires, mais ils avaient su les plonger dans une fièvre mutuelle. Cette simple pensée troubla

Kulwinder au plus profond de son être, avant qu'une nouvelle vague de honte la submerge.

Mais pourquoi ?

La question la fit sursauter, comme si elle avait été prononcée à voix haute et résonnait dans la chambre. Pourquoi ? Parce qu'elle était censée éprouver de la honte. Parce que les femmes, surtout à son âge, ne recherchaient pas ces plaisirs-là. Elle rougit au souvenir des gémissements audacieux qui s'étaient échappés de sa bouche – de chaque partie de son corps, lui semblait-il – alors que Sarab entrait en elle, toujours plus profondément. Et si les voisins avaient entendu ? Ça ne l'avait même pas effleurée.

Sans surprise, Sarab n'était pas là. Il se levait toujours avant elle, se douchait, puis s'asseyait au salon avec son journal. Que devait-il penser ? Il se demandait probablement ce qui l'avait poussée à se rapprocher de lui ainsi ? Ou pire, croire qu'elle ne tournait pas rond, qu'elle *aimait ça*, qu'elle était insatiable. Ce serait humiliant. Honteux.

Pourquoi ?

Eh bien, lui aussi avait apprécié, non ? Elle se rappela ses grognements, ses hoquets de surprise. Dans ce cas, était-il bien placé pour se plaindre ou lui réclamer des explications ?

« Sarab ! » appela-t-elle.

Il valait mieux régler ça maintenant. Expliquer qu'elle n'avait fait que réagir aux histoires, rien de plus. Un instant de faiblesse. Pas besoin de s'appesantir.

Il n'y eut pas de réponse, ni à son deuxième appel. Elle se leva et alla jusqu'à la porte, enveloppée dans la couette, puis cria encore une fois.

« Je suis à la cuisine ! » répondit son mari.

Intriguée, elle s'habilla en vitesse et, dans l'escalier, sentit une légère odeur d'épices. Son nez la guida jusqu'à Sarab, debout devant la gazinière, une casserole devant lui. Des feuilles noires et des épices bouillonnaient à la surface d'une mixture épaisse – trop, remarqua-t-elle immédiatement, mais elle était trop étonnée pour le faire remarquer.

« Depuis quand tu fais du chai, toi ?

— Tu le prépares chaque matin depuis vingt-sept ans maintenant, rétorqua Sarab en touillant le mélange. Je t'ai regardée faire un nombre incalculable de fois, alors je pense bien y arriver moi aussi. »

Kulwinder le poussa pour prendre sa place.

« Tu es en train de le brûler. Assieds-toi, je vais te faire une nouvelle théière. »

Sarab resta planté là et la regarda sortir les feuilles de thé. Il souriait.

« Qu'est-ce qu'il y a ? » demanda-t-elle avec irritation.

Il tendit la main vers elle et pencha doucement la tête sur le côté. Leurs yeux se croisèrent et leurs lèvres ne purent contenir longtemps un formidable éclat de rire. Un coup de chaud enivrant, comme un petit air d'été. Quand le calme revint, ils durent chacun essuyer les larmes qui avaient coulé sur le visage de l'autre.

« Ah, ces histoires ! souffla Sarab. Ah, ces histoires ! »

Il était ravi.

14

Une brume fantomatique flottait entre les voitures garées et les arbres sur le parking du supermarché. Nikki marchait à pas vifs, son col doublé de mouton remonté sur ses joues. Chargée de ses courses hebdomadaires, elle rentrait chez elle quand son téléphone vibra dans sa poche.

« Salut, Min. Quoi de neuf ?

— Écoute, je suis en train de déjeuner avec les filles, et le fiancé de Kirti est là – je t'ai dit qu'elle était déjà fiancée à un type qu'elle a rencontré dans un speed dating ?

— Négatif. Félicite-la de ma part.

— J'appelais pour te demander quelque chose. Siraj, le fiancé de Kirti, vient de nous dire qu'il y avait des cours pour vieilles dames au temple de Southall. Une espèce de séminaire d'éducation sexuelle. »

Nikki faillit laisser tomber le téléphone.

« D'éducation sexuelle ?

— Je lui ai dit que ma sœur enseignait l'anglais là-bas et que s'il existait un truc de ce genre, je serais la première à le savoir. Tu imagines ? Un cours d'éducation sexuelle ! Pour les vieilles Pendjabies ! Attends, je te le passe.

— Minute, dit Nikki. Je ne veux pas lui parler. Où est-ce qu'il a entendu ça ?

— Des amis à lui. Dans le genre commère, les hommes dépassent parfois les femmes.

— Quel genre d'amis ?

— Je ne sais pas, mais ne t'inquiète pas, Nikki. Ça n'affectera pas la réputation de tes cours d'anglais. Personne ne peut croire qu'une bande de vieilles dames se retrouvent là pour parler de sexe ! »

Une bourrasque souleva ses cheveux et Nikki sentit qu'elle ne pourrait pas s'empêcher de défendre les veuves.

« Dis à Siraj qu'il se trompe.

— Tu te trompes, Siraj, répéta Mindi. Ma source me le confirme. »

En arrière-fond, Nikki entendait le gazouillis horripilant de la voix de Kirti.

« C'était quand même rigolo, cette idée ! ajouta Mindi.

— Dis à Siraj que mes élèves écrivent des histoires érotiques. Elles n'ont pas besoin d'éducation sexuelle. Elles sont on ne peut plus au fait de ce qui se passe dans la chambre conjugale. Elles ont la sagesse des ans et l'expérience de la pratique.

— Tu peux répéter ? demanda Mindi après un long silence. Je n'entendais pas très bien, alors je suis sortie.

— Tu m'as parfaitement entendue.

— Tu plaisantes ? C'est *toi* qui t'occupes de ces cours ?

— Je n'appellerais pas ça des cours, plutôt des moments de partage.

— Et ces femmes partagent quoi, des conseils sexuels ?

— Des fantasmes », précisa Nikki.

Il y eut un bruit que Nikki aurait pu confondre avec un cri de joie si elle ne connaissait pas si bien sa sœur. Elle s'arrêta et laissa tomber ses sacs de courses.

« Mindi ? » hasarda-t-elle.

Un rire, brut et violent, se déversa dans le téléphone.

« Je n'y crois pas ! Les vieilles maîtresses de maison de Southall écrivent des histoires érotiques !

— Tu trouves ça drôle ? Mindi, tu es saoule ou quoi ?

— En temps normal, je t'aurais dit que non, répondit Mindi qui chuchotait maintenant. Mais on a bu un peu de champagne pour fêter les fiançailles. Et puis je ne voulais plus entendre Siraj. C'est un gentil garçon, mais d'un bruyant ! Quand il nous parlait des cours, j'ai eu l'impression que tout le restaurant se tournait vers nous.

— D'où tient-il cette information ?

— Je te l'ai dit, d'amis à lui.

— Qui ? Tu pourrais trouver leurs noms ?

— Siraj est resté très vague. C'est pour ça que j'ai pensé qu'il avait tout inventé. Je peux l'interroger de nouveau.

— Non, ne t'embête pas avec ça », se ravisa Nikki.

Elle ne connaissait pas ce Siraj et elle ne voulait pas que ces fameux amis, qu'ils soient ou non liés aux Frères, sachent qu'elle se renseignait sur eux.

« Mindi, je dois y aller. J'ai mes courses à rapporter à la maison. Je te rappelle tout à l'heure.

— Nooоon ! J'ai tellement de questions à te poser sur ces cours ! En plus, je dois te dire un truc. Je fréquente quelqu'un. Je voulais te parler de lui. Je crois que c'est le bon.

— Super ! Maman est au courant ?

— Elle est bizarre.

— Comment ça ? Elle l'a rencontré ?

— Pas encore. C'est tout frais. Mais elle est d'une humeur en ce moment... Elle ne veut plus que je me marie, elle se sentirait abandonnée.

— Je suis sûre qu'elle ne voit pas les choses comme ça.

— Si, je t'assure. Elle l'a dit : “Nikki est partie et te voilà pressée de l'imiter. Et moi, je deviens quoi ?”

— Elle sera libre », dit Nikki.

Mais, à bien y réfléchir, leur mère allait en effet se retrouver complètement seule, sans personne à qui parler, personne pour meubler les longues soirées silencieuses.

Nikki entendit un hoquet à l'autre bout du fil.

« On ferait peut-être mieux de bavarder quand tu auras cuvé ton vin, dit-elle.

— C'est toi qui dis ça !

— Je n'ai plus l'exclusivité, espèce de poivrote ! »

*

Nikki partit tôt pour prendre son service au pub. Sa conversation avec sa sœur l'avait mise d'excellente humeur mais celle-ci s'évanouit dès qu'elle tourna au coin de la rue. Jason attendait à l'entrée du pub.

« Nikki, dit-il. Je suis vraiment désolé. »

Elle le dépassa sans répondre. Il la suivit jusqu'à la porte.

« S'il te plaît…

— Va-t'en, Jason. Je suis occupée.

— Il faut que je te parle.

— Super. Est-ce que j'ai mon mot à dire ?

— Je n'ai pas pu venir l'autre jour. J'aurais dû appeler, mais… Écoute, c'est la pagaille dans ma tête et…

— Et tu as oublié les bonnes manières ? répondit Nikki du tac au tac. Tu aurais pu m'envoyer un texto, ça prend dix secondes.

— Je voulais te parler de vive voix. Je suis vraiment désolé. Je suis venu aujourd'hui pour discuter, pour m'excuser. »

Nikki entra dans le pub, non sans lui avoir jeté un rapide coup d'œil. Il semblait plus fatigué que désolé. Elle fléchissait, mais elle ne voulait pas céder.

« De quoi tu voulais parler ?

— Cela nécessite vraiment qu'on s'isole au calme, commença Jason.

— Je suis occupée pour le moment. Mes élèves arrivent à 19 heures.

— Les femmes du cours d'écriture ? Elles se retrouvent ici ? »

Nikki acquiesça.

« Qu'est-ce qui s'est passé au centre communautaire ?

— Kulwinder a tout découvert et elle a annulé les cours. J'ai carrément été virée.

— Comment elle l'a découvert ?

— Elle est entrée dans la classe et a tout entendu. On a reçu beaucoup de nouvelles élèves et on n'a pas fait assez attention. Bref, c'est une longue histoire et je ne veux pas en parler maintenant. Sheena doit les amener en voiture et elles seront là d'une minute à l'autre.

— On peut se voir après ton cours ? Ici ?

— J'ai plein de choses en tête en ce moment et, apparemment, toi aussi.

— J'aimerais avoir une chance de te donner une explication. Si tu acceptes de m'écouter jusqu'au bout. Dis-moi juste quand et où.

— Une chance, pas deux, dit Nikki. 21 h 30 chez moi.

— J'y serai. »

Nikki leva un sourcil.

« J'y serai », répéta fermement Jason.

Les premières femmes arrivèrent avec près de quarante-cinq minutes de retard. Elles se tinrent timidement devant l'entrée, regardant à l'intérieur d'un air interrogateur, avec parfois des grimaces dégoûtées.

« Ça n'a pas été une mince affaire, expliqua Sheena. Quand elles ont compris que je les emmenais hors de Southall, elles ont commencé à poser plein de questions. "Où on va exactement ? Dans quel quartier ? Je ne reconnais pas ce panneau – on est où ?" J'ai fini par me garer et annoncer qu'on devait te rejoindre au pub et que celles qui n'étaient pas d'accord pouvaient toujours descendre et rentrer en bus.

— Et ?

— Elles sont toutes restées. Elles avaient trop peur. Preetam a commencé à prier à voix haute. »

Nikki s'approcha du groupe.

« C'est moi, mesdames, dit-elle en souriant. C'est vraiment sympa d'être venues. »

Arvinder, Preetam, Bibi et Tanveer étaient blotties les unes contre les autres, les yeux écarquillés.

« Tout le monde est là ? murmura Nikki à l'oreille de Sheena.

— Une autre voiture suivait, mais elles se sont peut-être perdues. À moins qu'elles aient décidé de faire demi-tour.

— Entrez ! lança Nikki. Le temps ne s'est pas vraiment amélioré, hein ? À l'intérieur, il fait chaud et on y est bien. »

Seul le silence lui répondit. Ce serait plus difficile qu'elle ne le pensait.

« On sert des sodas et des jus de fruits. »

Les femmes restèrent de marbre.

« Et du chai », ajouta-t-elle.

Ce qui était exagéré – ils avaient de l'Earl grey, mais elle pouvait ajouter un peu de lait et de la cannelle. Le visage de Bibi s'éclaira légèrement. Nikki remarqua qu'elle se frottait les mains.

« Il fait froid dehors, dit Nikki en se frottant les épaules théâtralement. Pourquoi vous n'entrez pas boire quelque chose de chaud ?

— Non, dit Preetam au moment où Bibi amorçait un pas en avant. Ce n'est pas un endroit pour des femmes pendjabies. Notre place n'est pas ici.

— Je vis ici, lui apprit Nikki. Dans l'appartement au-dessus. »

Soudain, elle se sentait fière et brave de travailler dans ce pub décrépit.

« Je travaille ici depuis plus de deux ans.

— Les gens vont nous dévisager, expliqua Tanveer. Voilà ce que Preetam veut dire. Ce sera comme à notre arrivée à Londres. Quand ils verront nos salwaar-kameez, ils penseront : “Retournez d’où vous venez.”

— On ne l’entend plus beaucoup maintenant, raconta Bibi, mais les yeux parlent aussi clairement. »

Arvinder dansait d’un pied sur l’autre. Nikki prit son expression pincée pour un acquiescement.

« Je sais que vous avez peur, dit-elle. Je suis vraiment désolée que les gens n’aient pas été gentils avec vous, mais j’ai choisi ce pub justement parce que, ici, tout le monde est bienvenu.

— Et si on nous oblige à boire de la bière ? s’inquiéta Bibi.

— Personne ne vous obligera jamais à boire de la bière.

— Et si jamais on verse de l’alcool dans notre thé quand on ne regarde pas ?

— Je surveillerai ça de très près pour que ça n’arrive pas », promit Nikki.

Et sans crier gare, elle vit Arvinder se frayer un chemin entre les femmes et entrer dans le pub. Elle se félicitait déjà de ses talents de persuasion lorsqu’elle entendit Arvinder lancer très fort dans son mauvais anglais :

« Excusez-moi, où sont les toilettes ?

— Je lui avais dit de ne pas boire toute cette eau avant de partir, marmonna Preetam. Elle n’arrêtait pas de se plaindre de sa gorge.

— Elle a dû attraper mon virus, supposa Tanveer en toussant. Nikki, vous avez bien dit qu'il y avait du thé ?

— Oui !

— J'en prendrais volontiers, s'il vous plaît, dit Tanveer en frottant vigoureusement les frêles épaules de Bibi. Venez aussi vous réchauffer à l'intérieur. »

Toutes deux entrèrent après un dernier regard contrit à Preetam qui restait seule.

« Hai, hai, murmura-t-elle. J'ai été trahie. »

Impossible de savoir si elle s'adressait à Nikki ou à un auditoire invisible.

« Il y a une télévision, dit Nikki.

— Et alors ?

— Ils passent de bonnes séries anglaises.

— Je n'y comprendrais rien, rétorqua Preetam en plissant le nez.

— Vous êtes pourtant très douée pour inventer des histoires à partir de ce que vous voyez sur un écran, lui rappela Nikki. Entrez ! Les autres adorent vos récits. »

Ça ne signifiait sans doute rien, mais Preetam hésita un instant avant de refuser. Nikki soupira.

« Ça ne vous dérange pas de nous attendre dehors ? On en a peut-être pour un moment.

— Pas de problème, répondit Preetam, toujours aussi raide, en ajustant son dupatta.

— Comme vous voudrez. »

À l'intérieur, les veuves s'étaient rassemblées à la table la plus proche de l'entrée. Elles avaient raison de penser qu'elles ne passeraient pas inaperçues. Les quelques clients et les employés les regardaient avec un mélange d'amusement et de curiosité.

« On se trouve un coin tranquille ? » suggéra Nikki en ouvrant la voie vers l'arrière-salle située en sous-sol, à peine moins fréquentée que la partie centrale.

Le groupe traîna les pieds dans l'escalier puis chacune prit place autour d'une longue table à l'écart des autres clients. Au-dessus d'elles, un fenestron donnait sur le trottoir. Et sur les pieds de Preetam.

« J'essaie encore de la faire entrer ? proposa Nikki à Arvinder.

— Nah. Qu'elle fasse connaissance avec votre quartier.

— C'est vraiment obligatoire, cette obscurité ? demanda Bibi. Pourquoi toutes ces *goreh* adorent venir boire dans ces grottes ?

— Il n'y a pas que des Blancs qui viennent ici, expliqua Nikki. Je sers aussi des Indiens.

— J'ai bu un peu de whisky, une fois, raconta Tanveer. Le fond du verre de mon mari. J'avais un vilain rhume et il m'a dit que ça apaiserait mes sinus, mais ç'a été terrible. Ça m'a brûlé la gorge.

— Avant, je buvais du vin avec mon mari, ajouta Sheena. Le médecin lui avait dit que c'était plus sain que de boire de la bière tout le temps, qu'il pouvait en prendre un ou deux verres le soir. J'ai commencé à boire avec lui.

— C'est le médecin qui l'a recommandé ? intervint Bibi. Un médecin anglais, forcément !

— Oui, acquiesça Sheena. Ce n'était pas la première fois que je buvais de l'alcool. Autrefois, je prenais un verre le soir avec mes collègues, du temps où je travaillais dans le centre de Londres. »

Le téléphone de Nikki tinta dans sa poche. Le message venait d'un numéro inconnu.

Salut, Nikki. Je m'excuse, une fois de plus. Je t'expliquerai tout ce soir. XX Jason

Les femmes se chamaillaient au sujet de ce médecin : devait-il être jeté en prison pour avoir prescrit du vin au lieu de médicaments ? En jetant un œil à la fenêtre, Nikki vit qu'un homme parlait à Preetam. Il était masqué par le poteau de l'arrêt de bus, mais elle reconnaissait son pantalon. Preetam essayait de le chasser en agitant son dupatta.

« Fichez-moi la paix, espèce d'idiot ! » hurla-t-elle soudain.

Nikki bondit de sa chaise et se précipita. C'était Steve au grand-père raciste.

« Namasté, lui dit-il en souriant et en joignant les mains. J'essayais juste d'indiquer à cette dame où était le Tandoor Express.

— Rentre chez toi, Steve. Tu n'es pas le bienvenu ici.

— J'ai quand même le droit de traîner dehors ! protesta Steve en se tournant vers Preetam, le dos courbé dans une profonde révérence. Chicken tikka masala », dit-il solennellement.

Preetam pivota aussi sec et entra d'un pas énergique dans le pub.

« Hai, tout plutôt que rester dehors dans le froid avec ce dingue », dit-elle à Nikki quand celle-ci la ratrappa.

Nikki rit et lui donna une accolade.

« Je suis si contente que vous ayez décidé de nous rejoindre ! »

En les voyant toutes les deux, les veuves applaudirent. Preetam rougit en agitant la main pour les calmer.

« Qui a une histoire à raconter ? » demanda Nikki quand tout le monde fut installé.

Quelques secondes s'écoulèrent, puis une main hésitante apparut. Bibi.

« J'en ai une qui m'est venue sur la route.

— On vous écoute, l'encouragea Nikki en se calant confortablement sur sa chaise.

— Elle s'appelle : « La femme qui aimait monter à cheval ».

— Elle aimait aussi sentir les cahots de la route dans un pousse-pousse ? glousssa une autre participante.

— Et s'adosser à la machine à laver pendant le cycle essorage ?

— Taisez-vous ! commanda Bibi. J'essaie de raconter mon histoire. »

Elle s'éclaircit la voix et reprit.

« La femme qui aimait monter à cheval

Il était une fois une femme qui jouissait de vastes terres. Feu son père les lui avait transmises et lui avait donné des instructions : "Ne te marie pas avec un homme intéressé par l'argent, il tentera d'obtenir la propriété de la terre…" »

Nikki remarqua que Sheena était la seule à ne pas écouter avec attention.

« Vous m'aidez pour le thé ? » lui demanda-t-elle doucement.

Sheena acquiesça. Elles s'excusèrent et se dirigèrent vers le bar, où Nikki commença à préparer un plateau de tasses.

« Vous voulez boire quelque chose ?

— Un peu de vin, avec plaisir, dit Sheena en s'assurant que les veuves étaient trop absorbées par l'histoire de Bibi pour remarquer ce verre.

— Vous avez l'air fatiguée, tout va bien ?

— Une journée de fou au travail, après une nuit courte. Je suis restée tard à discuter avec Rahul. Je lui ai dit que ça allait trop vite.

— Comment il l'a pris ?

— Pas trop mal, finalement. On a eu une longue conversation. Mais sa première réaction m'a surprise. Il était sur la défensive.

— Il a pensé que vous l'accusiez de vous manquer de respect ?

— Oui. Je lui ai répondu que ça me plaisait mais que j'avais le droit de changer d'avis et de décider de ralentir, pas vrai ? Et… je ne sais pas, il a eu l'air à la fois décontenancé et impressionné.

— Vous lui avez donné matière à réfléchir.

— Le plus drôle, c'est que j'ai été surprise moi aussi. Ce n'est qu'en le disant que j'ai compris ce que je ressentais vraiment. C'est pour ça que j'évitais de lui parler, au départ. »

Sheena but une gorgée de vin et regarda les veuves à la dérobée.

« On s'amuse bien pendant ces séances, mais je crois que j'ai également appris à défendre mes opinions. Mes *vraies* opinions. »

Nikki se rappela le regain de confiance inattendu qu'elle avait ressenti et qui l'avait poussée à affronter Garry et Viktor.

« Moi aussi, dit-elle. Et je ne pensais pas avoir des défaillances dans ce domaine. »

Elles échangèrent un sourire et, à cet instant, Nikki se sentit infiniment reconnaissante pour l'amitié que lui accordait Sheena.

Lorsque celle-ci eut fini son verre, elles retournèrent auprès du groupe et Nikki distribua les tasses de thé. Le regard de Bibi s'était fait rêveur tandis qu'elle tissait son histoire.

« À califourchon sur son magnifique étalon, elle commandait chacun de ses mouvements. Elle sentait les muscles rouler sous elle, plaqués contre ses parties les plus intimes… »

Deux autres femmes l'interrompirent, en arrivant tout essoufflées et apparemment si soulagées d'avoir une place qu'elles ne paraissaient pas se soucier de l'endroit où elles se trouvaient.

« Je m'appelle Rupinder, se présenta l'une.

— Et moi Jhoti, dit l'autre. Manjinder vient aussi. Elle cherche à se garer.

— On était juste derrière vous, expliqua la première, mais Jhoti a cru voir quelqu'un qu'elle connaissait et on a dû se garer dans une ruelle adjacente, le temps qu'elle observe mieux pour savoir si c'était lui ou non.

— Oh, et qui donc ? Un mystérieux amoureux ? plaisanta Tanveer.

— N'importe quoi ! s'écria Jhoti. C'était le neveu d'Ajmal Kaur. »

Bien sûr, les femmes avaient un radar pour détecter les membres de la communauté, même quand elles étaient hors de Southall. Arvinder surprit le sourire de Nikki.

« Vous le connaissez ? demanda-t-elle.

— Non.

— Il vaut mieux. Il fumait une cigarette », dit Jhoti.

Et on entendit une vague de « tsssss ».

« C'est reparti, commenta Sheena en anglais, en roulant des yeux.

— Fumer n'est pas son genre, il me semble, intervint Arvinder. Je l'ai vu au temple plusieurs fois.

— Ses parents sont des gens respectables, aussi. Vous vous souvenez de son mariage ? C'était du jamais-vu.

— Quel faste ! renchérit Tanveer. Le jeune marié et la jeune mariée étaient tous les deux des premiers-nés. La fête a duré toute une semaine.

— J'ai entendu dire qu'il y avait des problèmes dans ce mariage, d'ailleurs, raconta Jhoti. Ma fille travaille avec les voisins de la famille de la mariée. Il paraît qu'elle est retournée chez ses parents. C'est pour ça que j'ai été surprise de le voir. Je pensais qu'il était reparti lui aussi, mais j'imagine qu'il est resté à Londres pour arranger les choses.

— Il est d'où, déjà ? voulut savoir Arvinder. Canada, non ?

— Californie, rectifia Tanveer. Il y a eu un malentendu, vous vous souvenez ? Quand le père de la fille a déclaré que le futur marié était américain, tout le monde a pensé à un gorah.

— C'est parce que son nom ne sonnait pas pendjabi, dit Preetam. Jason, c'est un nom américain. »

Nikki tressaillit.

« Jason ? » répéta-t-elle.

Les femmes hochèrent la tête.

« Quelle jolie mariée, n'est-ce pas ? ajouta Preetam. Et le *mehendi** très sombre sur sa peau claire... Tout le monde la taquinait : "Ça veut dire que ton mari sera riche, ça veut dire que ta belle-mère sera gentille..." »

Niki s'excusa et sortit son téléphone dès qu'elle fut hors de vue. Elle était sonnée. *Jason est marié. Il est marié depuis le début.* Deux options contradictoires se disputaient en elle : l'appeler pour lui dire que c'était le dernier des salauds. Ou bloquer son numéro et le laisser passer le reste de sa vie à se demander comment elle avait su. Des souvenirs récents lui revenaient en mémoire et tournaient en boucle dans son esprit. Elle se voyait l'embrasser, au lit, pendant que sa femme se tordait les mains de désespoir dans un autre coin de Londres. Jamais elle ne s'était sentie aussi idiote.

Elle finit par lui écrire un texto.

Ne te donne pas la peine de venir, c'est fini entre nous.

Sans hésiter, elle appuya sur envoyer.

* Dessins réalisés sur les mains grâce à une pâte de henné. (*N.d.T.*)

15

Le téléphone de kulwinder vibrait sur le plan de travail où elle l'avait laissé. Une bouffée d'inquiétude la saisit lorsqu'elle vit la mention « Numéro inconnu ». Elle décrocha, mais ne dit rien.

« Allô ? »

C'était Gurtaj Singh.

« *Sat sri akal !* le salua-t-elle, soulagée.

— Apparemment, votre cours d'écriture a fini tard aujourd'hui », dit-il après lui avoir brièvement rendu la politesse.

Il était 21 h 15, c'est-à-dire bien trop tard pour n'importe quel cours. Et de toute façon, elle s'était assurée que la salle était verrouillée.

« Le cours n'a pas lieu, annonça-t-elle, se retenant de préciser que c'était définitif. Aujourd'hui, ajouta-t-elle à la place.

— Seriez-vous en train de me dire que la salle est restée allumée depuis le dernier cours ? demanda Gurtaj.

— Allumée ?

— Je suis passé près du temple après dîner ce soir et j'ai remarqué de la lumière aux fenêtres. Vous n'êtes pas sans savoir que l'argent destiné à payer les factures d'électricité est directement tiré de notre budget, n'est-ce pas ? »

Kulwinder éloigna le téléphone de son oreille comme pour écarter les récriminations de Gurtaj. Elle se rappelait avoir verrouillé la porte et avant cela, comme toujours, éteint partout. À moins qu'elle ait oublié ? Peut-être était-elle trop furieuse pour y penser. Une vague de doute monta en elle. Il y avait quelque chose de louche.

« Je vais aller éteindre, décida-t-elle.

— Inutile de sortir de chez vous en pleine nuit ! »

Appelait-il donc simplement pour lui casser les pieds ?

« Je n'ai jamais dit que j'étais chez moi », répliqua Kulwinder.

Elle ne précisa pas où elle se trouvait ni ce qu'elle y faisait, préférant imaginer l'air ahuri de Gurtaj.

Kulwinder se hâta de rejoindre le temple, son sac à main serré sous le bras. L'idée qu'on puisse la suivre lui traversa l'esprit, mais elle sentait couler dans ses veines sa hardiesse d'autrefois. « Les sikhs sont des guerriers », avait-elle dit un jour à la très jeune Maya. Elle se rappelait les yeux brillants de sa fille et l'inquiétude qu'elle en avait éprouvé, qui lui avait fait ajouter aussitôt : « Mais une fille doit se conduire comme telle. »

Depuis la mort de Maya, elle ne s'autorisait à vivre l'absence que sous la forme d'étincelles, fugaces et éprouvantes. Mais ces étincelles s'étaient changées en autre chose et, pour un peu, Kulwinder aurait craché du feu si quiconque avait croisé son chemin.

Le centre se fondait dans la nuit noire, à l'exception des fenêtres de la salle de classe et du bureau de Kulwinder. Elle ignora la pointe d'angoisse qui la tenaillait et monta jusqu'au troisième étage.

« Il y a quelqu'un ? » cria-t-elle une fois arrivée dans le couloir, en avançant d'un pas mal assuré.

Aucune réponse. Une lumière vive filtrait par la petite ouverture pratiquée dans la porte de la classe. Kulwinder risqua un coup d'œil et ce qu'elle découvrit la laissa sans voix. La pièce était sens dessus dessous, les tables et les chaises renversées, des papiers partout par terre, le tableau noir et le sol grossièrement bombés à la peinture rouge. Par réflexe, sa main agrippa le tissu de son corsage, près de son cœur. Elle se précipita vers son bureau.

Les vandales avaient causé le même genre de dégâts, retournant tout ce qu'ils trouvaient, anéantissant son minutieux travail de rangement en éparpillant le contenu des classeurs. Un coup de poing avait même fait voler une vitre en éclats.

Soudain, des bruits de pas se firent entendre. Elle entra vite dans son bureau et chercha désespérément un endroit où se cacher. Les pas se rapprochaient. Elle renonça et saisit la chose la plus lourde qu'elle pouvait trouver – une grosse agrafeuse – et la serra à deux mains. Les pas s'arrêtèrent et une femme apparut dans l'embrasure. Elle lui semblait à la fois familière et étrange, dans sa tunique bleu nuit bordée d'un point de chaînette.

« Que s'est-il passé ici ? » demanda la femme en regardant le désordre.

C'était Manjeet Kaur. Cela faisait un an qu'elle ne l'avait pas vue habillée autrement qu'en tenue de veuve.

« Quelqu'un…, commença-t-elle avec un geste d'impuissance.

— Où sont les autres ? J'étais absente, mais je suis rentrée à Southall aujourd'hui. J'ai vu de la lumière dans la classe depuis chez moi et je suis venue leur faire une surprise.

— Elles ne se retrouvent plus ici. J'ai annulé les cours.

— Oh ! Vous avez découvert le pot aux roses. »

Encore sous le choc, Kulwinder continuait de contempler le désordre. Le bureau rangé où elle s'asseyait, toujours avec fierté, avait été pillé. Un tiroir ouvert pendait comme une langue obscène.

« On ferait bien de se mettre à tout nettoyer, dit-elle.

— Surtout pas. J'ai commencé la journée en quittant mon mari. Pas question de la terminer en nettoyant les cochonneries d'un homme. »

Kulwinder leva les yeux, surprise.

« Votre mari ? Je pensais qu'il était… »

Manjeet secoua la tête.

« Il m'a quittée. Puis il a voulu que je revienne. J'ai accepté en pensant que tel était mon devoir, mais tout ce qu'il voulait, c'était quelqu'un qui lui fasse à manger et le ménage parce que sa nouvelle épouse l'avait planté là. Quand j'ai compris ça, j'ai fait mes valises et suis rentrée chez moi. Pendant tout le trajet en train, chaque fois que je paniquais, je me rappelais que les autres veuves et Nikki seraient fières de moi. »

Kulwinder sentit une pointe de regret.

« Ceci ne serait pas arrivé si le groupe avait été là. Je n'aurais pas dû les chasser. »

Manjeet s'avança pour prendre Kulwinder dans ses bras.

« Vous n'avez rien à vous reprocher. Personne ne peut arrêter ces imbéciles. »

Elle considéra la pièce un long moment.

« Je n'aurais pas imaginé que les Frères puissent entrer par effraction et saccager un endroit de cette manière, surtout au gurdwara. »

Kulwinder s'accroupit pour ramasser un dossier mais elle le lâcha aussitôt en s'apercevant qu'il était trempé. Une odeur âcre d'urine flotta jusqu'à ses narines. À sa grande surprise, elle sentit poindre des larmes qu'elle essuya rageusement. Manjeet avait marqué un point. On savait les Frères capables de vandaliser la voiture ou la maison de femmes dévoyées, mais les temples étaient sacrés. Cette dévastation méthodique suggérait d'ailleurs plutôt un vandalisme gratuit.

« Ont-ils trouvé les histoires ? » demanda Manjeet.

Kulwinder secoua la tête lentement.

« Vous avez raison, je n'imagine pas les Frères faire ça.

— Alors qui ? »

Kulwinder allait répondre quand son attention fut attirée par son tiroir ouvert. Contrairement aux autres, il était complètement vide. Ce deuxième tiroir, côté droit, contenait uniquement le CV de Nikki et son formulaire d'embauche. Elle se rappela l'avoir vidé de ses dossiers poussiéreux avec un certain plaisir après que Nikki avait posé sa candidature.

Le CV, le dossier de candidature, les coordonnées de Nikki… La panique enflait dans sa gorge.

« Je crois que je sais. »

16

Un vent violent fouettait le visage de Nikki tandis qu'elle arpentait le trottoir devant chez O'Reilly, fumant sa troisième cigarette, bien méritée après cette longue séance. La révélation à propos de Jason l'obsédait. Un groupe d'homme la frôla et l'un d'eux se retourna pour lui crier :

« Allez, un sourire, ma jolie ! »

Nikki aperçut son reflet dans la vitre du bus qui passait à cet instant, son visage tendu par la rage. Elle lança au type un regard furieux et celui-ci donna un coup de coude à son ami avant de s'éloigner tranquillement en gloussant.

Elle grimpait l'escalier pour rentrer chez elle quand son téléphone sonna. Elle s'arrêta pour répondre.

« Va au diable, Jason !

— Nikki, je t'en supplie, je veux juste qu'on se parle. »

Elle raccrocha, éprouva l'envie violente de jeter le téléphone, histoire de casser quelque chose, mais elle reprit son ascension et chercha ses clés. Les larmes roulaient sans qu'elle cherche à les essuyer. Elle ne remarqua la présence de Tarampal qu'en atteignant la dernière marche.

« Que… ? »

D'un revers de main, elle s'essuya les yeux.

« Vous allez bien, Nikki ? Que vous est-il arrivé ?

— C'est une longue histoire. Qu'est-ce que vous faites là ? »

Tarampal tendit la main et lui serra l'épaule.

« Ma pauvre », dit-elle.

Sa compassion semblait sincère, mais Nikki n'y comprenait rien. Est-ce que Tarampal avait appris que les cours se tenaient au pub et décidé de venir ? C'était peu probable. Elle faillit rire de l'absurdité de la situation : Tarampal devant chez elle, qui la réconfortait parce qu'elle était tombée sur un type marié.

« Je me demandais si on pouvait bavarder un peu, dit Tarampal, manifestement désireuse d'entrer.

— Oui, bien sûr, répondit-elle en ouvrant sa porte. Inutile d'enlever vos chaussures », mais Tarampal les avait déjà ôtées et semblait maintenant hésiter dans l'entrée. « Je vous en prie, faites comme chez vous », dit Nikki, soudain consciente de ses piètres qualités d'hôtesse.

D'un geste, elle désigna la petite table dans la cuisine. Tarampal traversa l'appartement d'un pas gracieux, surprise par les grincements du parquet. Nikki l'invita à s'asseoir mais Tarampal resta immobile, les yeux fixés sur un soutien-gorge qui pendouillait au dossier d'une des chaises. Nikki l'attrapa vivement et le jeta dans sa chambre. Il y avait aussi, bien en évidence, un briquet et un paquet de cigarettes, mais elle décida de ne pas y toucher.

« Je pense que vous vous trompez sur mon compte, dit Tarampal une fois qu'elles furent assises.

— C'est pour ça que vous vouliez me voir ? »

Elle se demanda comment Tarampal pouvait connaître son adresse, mais l'air malheureux que cette femme affichait l'empêcha de poser la question.

« Je ne me fais aucune idée sur vous, ajouta Nikki.

— Si, au contraire. Je crois que les veuves vous ont dit que je n'étais pas quelqu'un de bien. Ce n'est pas vrai.

— Est-il vrai que vous acceptez de l'argent en échange de prières ?

— Oui, mais ce sont les gens qui me sollicitent quand ils ont besoin d'aide.

— Ce n'est pas ce que j'ai entendu. »

Tarampal baissa les yeux et agita nerveusement les pieds, comme une écolière qu'on réprimande. La belle-mère aigrie de l'indigne Maya avait laissé place à un être seul et impuissant, ce même être dont l'analphabétisme avait touché Nikki au point qu'elle lui avait offert des livres audio.

« Comment vous feriez pour survivre, vous ? Si vous étiez une veuve sans compétences… Est-ce que je n'ai pas essayé d'apprendre l'anglais pour trouver un travail ? Mais vous toutes, vous m'avez écartée. »

Ce n'était pas logique. Tarampal n'avait sûrement pas fait tout ce chemin pour dissiper un malentendu.

« Que voulez-vous, Bibi Tarampal ?

— J'aimerais qu'on soit amies. Vraiment. Toutes ces choses que j'ai dites à propos de Maya ont dû vous effrayer. Vous devez penser que je voulais qu'elle meure, et donc que je suis un monstre, non ? Je voulais simplement la paix dans mon foyer et le bonheur de Jaggi. Je n'aurais jamais imaginé que Maya puisse attenter à sa vie. C'est quelque chose que Kulwinder n'acceptera jamais.

— Comment lui en vouloir ? rétorqua Nikki. Sa fille est morte sous votre toit.

— De ses propres mains. Elle n'allait pas bien. Elle était perturbée. »

Tarampal tapota sa tempe de l'index et hocha la tête d'un air entendu. Il n'y avait aucun calcul dans ce geste, Nikki le voyait bien. Tarampal disait la vérité, en tout cas celle qu'elle connaissait. Quelle que soit l'histoire que Jaggi avait racontée, elle y avait cru.

« Vous ne croyez pas qu'il ait pu se passer autre chose, ce soir-là ? »

Tarampal secoua la tête.

« En tout cas, Jaggi ne ferait pas de mal à une mouche. Ça ne lui ressemble pas, affirma-t-elle avec les yeux brillants et un petit sourire. Cet homme est si bon. »

Beurk, pensa Nikki. Elle ne put s'empêcher de repenser à ce que les veuves avaient raconté : les belles-mères qui dormaient entre leur fils et leur bru. Quel aurait été le destin de Maya si Tarampal avait eu des fils ? Peut-être n'aurait-elle pas défendu Jaggi. Ou peut-être que Maya aurait été obligée d'épouser un de ses fils.

« Je sais que vous tenez beaucoup à Jaggi, mais il est possible que vous ne connaissiez pas tous les détails.

— Kulwinder le poursuit uniquement parce qu'elle se sent coupable.

— Vous en êtes sûre ? demanda doucement Nikki. Je crois que vous vous êtes fourvoyée.

— Non, c'est vous. Je sais que vous pensez avoir des preuves contre Jaggi, mais je peux vous dire que c'est une erreur.

— Comment vous le savez ?

— J'ai parlé à Kulwinder ce matin. Elle est venue m'annoncer qu'elle comptait aller trouver la police. J'ai tenté de l'en dissuader. J'ai fini par la convaincre de me donner votre adresse pour pouvoir vous parler directement.

— C'est Kulwinder qui vous a donné mon adresse ? »

À quoi jouait-elle ? Et pourquoi aller raconter à Tarampal qu'elle avait des preuves ? Quelque chose clochait.

« Je n'ai pas le formulaire d'inscription, si c'est ce que vous cherchez. »

Le visage de Tarampal se décomposa.

« Alors qui ? demanda-t-elle en détournant les yeux. D'après Kulwinder, c'est bien vous qui l'avez, elle m'a dit que si je le voulais, il fallait que je vous parle. »

Sa voix tremblait. De toute évidence, elle mentait.

Nikki savait parfaitement où se trouvait le formulaire d'inscription. Bien plié dans son cartable, envoyé d'un coup de pied sous son lit avant de descendre au pub rejoindre les veuves pour leur atelier improvisé.

« Je ne l'ai pas, répéta Nikki, et je crois que vous devriez partir, Bibi Tarampal.

— Je viens de loin. Offrez-moi au moins une tasse de thé comme je l'ai fait quand vous êtes venue chez moi.

— Je suis désolée, je n'ai pas de thé. Je n'attendais pas d'invité. »

Nikki se montrait très impolie, mais cette visite la mettait mal à l'aise. Tarampal se racla bruyamment la gorge et hocha la tête, puis elle se dirigea vers la porte sans plus se soucier de faire grincer les lattes du parquet. Pendant qu'elle enfilait ses chaussures, une grosse quinte de toux la secoua.

« Oh ! J'ai dû attraper cette toux terrible sous la pluie, dit-elle avant de s'avachir contre la porte. Pourriez-vous juste faire chauffer de l'eau pour moi avant que je retourne dehors ? »

Ses talents de tragédienne faisaient concurrence à ceux de Preetam.

« Très bien », dit Nikki.

Elle retourna à la cuisine et remplit la bouilloire, tout en observant Tarampal qui continuait de tousser. Elle aurait voulu éprouver un minimum de compassion pour elle. Elle ouvrit le placard en songeant qu'elle pouvait bien préparer une tasse d'Earl Grey.

« Tarampal, ça vous dirait, un… »

Nikki leva les yeux et s'arrêta net. La porte était entrouverte et Tarampal murmurait urgemment quelque chose à quelqu'un qui se trouvait sur le palier.

« Qui est là ? »

Alors la porte s'ouvrit brusquement et un homme fit irruption dans l'appartement, claquant la porte derrière lui d'un coup de pied. Un cri monta puis mourut dans la gorge de Nikki. C'était l'homme qui l'avait suivie l'autre soir.

« Qu'est-ce que ça veut dire ? suffoqua-t-elle.

— Bloque la porte, ordonna l'homme à Tarampal qui s'exécuta aussitôt. Et toi, dit-il à Nikki, si tu cries, tu le paieras. C'est compris ? »

Elle hocha rapidement la tête. Tarampal la regardait de loin, avec attention et sans la moindre trace de surprise. Elle avait aidé ce type à entrer dans l'immeuble. C'était forcément Jaggi.

« C'est vous que j'ai vu l'autre soir. Vous… Vous me suiviez.

— Tu ne crées que des problèmes depuis ton arrivée à Southall, dit Jaggi en la foudroyant du regard. Tu as voulu apprendre des histoires cochonnes aux veuves, soit. Pourquoi faut-il en plus que tu fouines dans nos vies ? »

Son regard errait dans l'appartement.

« Je vais être très clair : tout ce que je veux, c'est le formulaire. Donne-le-moi et on te fiche la paix.

— Vous croyez que vous pouvez faire irruption chez moi et…

— C'est toi qui m'as laissé entrer, rétorqua Jaggi en montrant la porte du doigt. Il n'y a pas de trace d'effraction.

— Je ne l'ai pas, ce formulaire. »

Elle remarqua que Tarampal se balançait d'un pied sur l'autre, les bras comiquement écartés en travers de la porte comme si elle gardait un but. Nikki reprit courage.

« Fouillez si vous voulez. »

Elle pria pour qu'il n'aille pas directement regarder sous le lit. Elle voulait juste gagner un peu de temps.

« Pas question que je fouille. Je veux que tu me le donnes.

— Je ne l'ai pas. »

L'eau de la bouilloire devait être chaude maintenant. Si elle s'approchait discrètement du plan de travail, elle pourrait la saisir.

Jaggi la prit par le bras et la poussa sur une chaise.

« Tarampal, viens ici et surveille-la. »

Tarampal obéit et vint se poster à côté d'elle, les bras croisés d'un air de défi, mais un soupçon de peur teintait son regard. On entendait Jaggi qui mettait la chambre sens dessus dessous.

« Donnez-lui le formulaire et il partira, murmura Tarampal. Vous n'arrangez pas votre situation.

— Vous croyez toujours qu'il est innocent ? Il vous a fait forcer ma porte et maintenant il fouille pour détruire une preuve.

— Vous ne le connaissez pas. »

Des jurons retentirent dans la chambre. Pour un « beau-fils formidable », il n'avait pas de scrupules à se montrer grossier. Il avait également appelée Tarampal par son prénom, signe de familiarité très surprenant.

« Il ne vous montre pas beaucoup de respect, non ? » demanda Nikki.

À la mine de Tarampal, elle devinait que c'était la première fois qu'elle voyait Jaggi dans un état pareil.

« Franchement, pour un fils…

— Je vous l'ai dit, ce n'est pas mon fils.

— Vous êtes tout de même son aînée.

— Je n'ai que douze ans de plus que lui. »

Seraient-ils… ? Un soupçon commençait à poindre. Mais un grand fracas empêcha Nikki d'y réfléchir plus longuement. Une lampe était tombée. Elle bondit de sa chaise et bouscula Tarampal qui la poursuivit dans la chambre.

« Sortez de chez moi ! » cria-t-elle dans l'espoir que quelqu'un l'entende.

Jaggi l'attrappa à la gorge.

« Donne-moi ce formulaire, siffla-t-il entre ses dents, serrant de plus en plus.

— Jaggi, non ! » hurla Tarampal en se précipitant pour lui faire lâcher prise.

Dans un même mouvement brusque, Jaggi lâcha sa proie et bouscula Tarampal qui s'effondra. Nikki prit une grande bouffée d'air et leva les bras en signe de capitulation.

« D'accord, dit-elle. D'accord, je vais le chercher. »

Il fallait agir vite.

« Je l'ai caché dans le placard de la cuisine.

— Apporte-le », ordonna Jaggi, accroupi près de Tarampal.

Elle prit une nouvelle inspiration puis, tremblante, retourna rapidement à la cuisine. Devant la bouilloire, elle hésita. Jaggi était fort. Si elle échouait, il la tuerait. Les doigts qui s'étaient enfoncés dans sa gorge ne lui laissaient pas de doute là-dessus.

« Pourquoi tu m'as fait ça ? » geignait Tarampal.

Jaggi murmura quelque chose que Nikki ne put entendre. Son cœur battait la chamade – elle ne pouvait pas gagner plus de temps. Elle saisit la bouilloire et se retourna vivement, pile pour voir Jaggi ramener une mèche de cheveux derrière l'oreille de Tarampal. Un geste trop intime pour exprimer la simple compassion.

Ils étaient amants.

Nikki resta sonnée un instant. Tarampal l'entendit reposer la bouilloire sur le plan de travail et leva les yeux vers elle tout en s'écartant vivement de Jaggi.

« Ça dure depuis combien de temps ? lui demanda Nikki.

— Il ne se passe rien. »

Et elle tira sur son dupatta pour se cacher le visage. *Toutes les bonnes choses viennent plus tard*, avait-elle dit un jour en rougissant.

« C'est pour ça que vous l'avez tuée ? demanda Nikki à Jaggi en anglais. Parce que votre femme a appris, pour vous deux. »

Jaggi voulut cacher sa surprise en soutenant le regard de Nikki, mais il comprit qu'il était démasqué.

« Elle ne savait pas tenir sa langue. »

Le regard de Tarampal passait de l'un à l'autre, elle tentait de déchiffrer la conversation.

« Votre réputation valait donc la vie d'une femme ? Cela justifiait de tuer Maya ? »

Tarampal se raidit en entendant ce prénom et Nikki continua en pendjabi.

« Il vient d'avouer, Tarampal. C'est lui qui l'a tuée.

— Je n'ai pas dit ça. C'est arrivé si vite… C'était un accident.

— C'était un accident, répéta Tarampal, mais elle semblait perturbée. Que veux-tu dire ?

— Elle savait pour vous deux, dit Nikki.

— T'as intérêt à la fermer ! » lança Jaggi.

Le ton était menaçant mais son visage reflétait plutôt la panique.

« Elle savait ? répéta Tarampal en tirant son dupatta sur sa poitrine. Je ne couche pas avec les maris des autres. Je ne fais pas ça », ajouta-t-elle rapidement à l'attention de Nikki.

Tout comme elle ne faisait pas chanter les gens. Pour Tarampal, tout ce qui n'était pas exprimé à voix haute n'existait simplement pas. Il suffisait de clamer l'innocence de Jaggi pour que ce soit vrai.

« C'est un assassin », reprit Nikki.

Jaggi avança vers elle, la faisant reculer contre le plan de travail ; son corps débordait d'une colère froide et dure.

« Kulwinder était au courant pour nous ? lui demanda Tarampal.

— Non.

— Tu es sûr ?

— Sûr et certain.

— Parce que Maya n'a pas eu le temps de lui dire ? »

Jaggi se détourna.

« S'il te plaît, réponds-moi.

— On n'a pas le temps.

— Oh, Jaggi, murmura Tarampal. Pourquoi ?

— Elle s'est énervée et a menacé de le raconter à tout le monde. J'ai pensé à toi et à ta réputation dans la communauté, je ne pouvais pas rester les bras croisés. Tout s'est passé si vite ! J'ai jeté de l'essence sur elle pour lui faire peur et elle m'a défié. "Tu n'oseras jamais faire ça." J'ai pris la boîte d'allumettes et je l'ai poussée dehors. Je voulais juste lui faire peur. »

Tarampal le regardait avec horreur.

« Tu as dit à la police que tu n'étais pas à la maison.

— Tarampal…

— Tu m'as menti.

— Ne laisse pas Nikki t'influencer, dit Jaggi. Qu'est-ce que tu aurais fait ? Qu'est-ce que tu aurais voulu que je fasse ? »

Tarampal pressait les mains sur sa bouche, les yeux pleins de larmes.

« Vous valez mieux que ça, Tarampal, vous le savez. Vous n'auriez pas voulu que Maya meure, n'est-ce pas ? C'est ce que vous m'avez dit tout à l'heure.

— Tu voulais qu'elle sorte de nos vies pour qu'on soit ensemble, dit Jaggi en s'interposant entre les deux femmes pour forcer Tarampal à le regarder. Est-ce qu'il y avait une autre solution ? »

Tarampal hésita. *La mort plutôt que le déshonneur*, pensa Nikki. Quelle importance si ce n'est pas la femme déshonorée qui meurt ?

« Je ne sais pas », répondit Tarampal en regardant Nikki.

C'était le premier aveu sincère qu'elle faisait depuis un moment. Son visage était livide.

« Je. Ne. Sais. Pas », répéta-t-elle dans un sanglot.

On aurait dit une enfant.

« Tarampal, intervint Jaggi, inutile de faire une scène. On peut en parler plus tard. »

Elle se mordit la lèvre et secoua la tête, les larmes inondaient son visage. Jaggi tendit une main pour lui toucher la joue, mais elle eut une espèce de sursaut et le gifla violemment avant de s'écarter. Le bruit de la gifle résonna comme un coup de tonnerre, laissant Jaggi aussi interdit que Nikki. Mais il sortit vite de sa torpeur, attrapa Tarampal par la gorge et commença à la secouer.

« Non ! » cria Nikki.

Elle s'empara de la bouilloire et la projeta en avant de toutes ses forces. Elle rata Jaggi d'un cheveu, mais l'eau chaude éclaboussa son dos et il lâcha prise aussitôt en hurlant.

« Allons-nous-en », cria Nikki en attrapant la main de Tarampal.

Elle ne put faire un pas car Jaggi avait saisi son poignet. Il tira et elle se retrouva par terre. Nikki se releva mais, en reculant pour lui échapper, elle buta sur une chaise. Tandis qu'elle titubait, elle vit le poing de Jaggi fondre sur elle. Elle sentit sa tête qui cognait contre le plan de travail, puis tout devint noir.

*

Sheena n'avait pas encore complètement arrêté sa voiture que Kulwinder et Manjeet ouvraient la portière et s'engouffraient à l'intérieur.

« Hai, doucement ! Vous allez vous faire mal », s'exclama Sheena.

Mais le temps pressait.

« Vous vous rappelez où est le pub ? demanda Kulwinder.

— Bien sûr. J'en viens.

— Alors dépêchons-nous. »

Sheena enfonça la pédale d'accélérateur. D'instinct, Kulwinder se cramponna à son siège tandis que la voiture quittait le parking du temple.

Quand Manjeet l'avait appelée, Sheena rentrait chez elle après avoir déposé les autres veuves.

« Je suis rentrée à Southall, avait-elle annoncé tout de suite. Je vous raconterai plus tard, mais d'abord, on va chez Nikki.

— Elle est dans le pétrin, avait ajouté Kulwinder.

— Donnez-moi cinq minutes. »

Sheena n'avait pas posé de questions. Heureusement qu'elles n'avaient pas été obligées d'appeler Sarab, pensait Kulwinder. Il aurait cherché à relativiser : « Essaie donc de rappeler plus tard, tu sais bien que les jeunes ne répondent jamais au téléphone. » Et il se serait arrêté à tous les feux.

Sheena les laissa descendre devant le pub puis alla garer sa voiture.

Kulwinder et Manjeet déboulèrent en se braillant dessus, en quête de l'escalier qui menait à l'étage, tellement investies dans leur mission qu'elle ne prêtaient aucune attention aux clients interloqués par leur irruption.

« Vous savez où se trouve l'appartement de Nikki ? demanda Kulwinder en se précipitant vers le comptoir.

— Au premier, indiqua la barmaid, visiblement amusée. Vous êtes sa mère ?

— Comment fait-on pour entrer ?

— Il faut une clé pour accéder à la porte extérieure, sur la gauche. Vous devez l'appeler pour qu'elle vous ouvre.

— J'essaie, mais elle ne répond pas. S'il vous plaît, il est possible qu'il y ait un homme dangereux là-haut. »

La fille se mordit la lèvre pour s'empêcher de rire. Kulwinder se mit à sa place une seconde : elles devaient passer pour des tatas indiennes affolées, déterminées à tout mettre en œuvre pour que rien de mal n'arrive à une de leurs filles.

« C'est un assassin, ajouta-t-elle, désespérée.

— J'en suis sûre, mais je ne peux faire entrer personne, alors…

— Manjeet, vous sentez ? demanda soudain Kulwinder.

— On dirait de la fumée », répondit l'autre en écarquillant les yeux.

Sheena déboula dans le pub à son tour, en hurlant :

« Le feu ! Dehors ! Tout le monde dehors ! »

Elle continua de crier ses ordres tandis que les clients se précipitaient vers la sortie, sous le regard médusé de la barmaid.

« Hé, mais ils n'ont pas payé ! s'exclama-t-elle.

— Regardez, lui dit Kulwinder, c'est de la fumée ! Donnez-nous les clés ! »

La fille finit par plonger sous le comptoir et brandit bientôt les clés, triomphante. Kulwinder lui arracha le trousseau des mains.

« Allons-y ! »

Dans un froufrou de dupattas, elles coururent vers la porte extérieure, tâtonnèrent un peu puis réussirent à l'ouvrir. Elles montèrent les marches quatre à quatre, sans se préoccuper de leurs sandales qui avaient glissé et dégringolaient derrière elles. « Nikki ! Nikki ! » La fumée s'épaississait à mesure qu'elles approchaient de l'appartement. Kulwinder chercha le bouton de porte à l'aveuglette et bondit en se brûlant la main dessus. À sa grande surprise, la porte s'ouvrit toute seule. Ce salaud avait dû mettre le feu et prendre la fuite.

De nouvelles volutes de fumée envahirent le palier. Malgré la toux qui la secouait, Kulwinder avança, pliée en deux pour tenter d'y voir quelque chose sous les tourbillons de vapeurs noires.

« Restez là ! lança-t-elle aux deux autres. Je vais voir si je la trouve ! »

Une silhouette gisait au sol. Kulwinder avança jusqu'à elle, lui attrapa les chevilles et tira. C'était Nikki. La fumée la faisait suffoquer mais elle ne relâcha pas son effort. Nikki commençait à remuer. Il y avait encore loin jusqu'à la porte. Elle tira encore, déchirée par une nouvelle quinte de toux, ses yeux irrités laissant échapper de grosses larmes. Elle voulut crier, mais n'y parvint pas. Elle tomba à genoux et sentit l'impact dans tout son corps, soudain renvoyée au moment où elle avait appris la mort de Maya. « Non, non, non ! avait-elle crié. Je vous en supplie, je vous en supplie, je vous en supplie. » Elle tira Nikki une dernière fois, en vain.

Puis elle sentit une main se refermer sur sa cheville et une autre entourer sa taille.

« Attendez ! Arrêtez ! »

Elle ne pouvait pas laisser Nikki. Il fallait réfléchir très vite car sa respiration devenait erratique et qu'elle ne percevait plus aucun mouvement du côté de Nikki. Elle ôta son dupatta pour en faire un lien qu'elle noua à la jambe de Nikki, puis joignit ses forces à celles de Sheena et Manjeet pour la tracter vers la porte. Alors elle entendit la voix de Sheena qui hurlait :

« On l'a ! »

17

Nikki ne percevait que des ombres dans son champ de vision rétréci et déformé. Les bribes de conversation qu'elle entendait n'avaient aucun sens. Quelqu'un lui tenait la main. Ses paupières papillonnèrent et elle reconnut la voix excitée de Mindi.

« Elle se réveille ! »

Aveuglée par la lumière vive de la chambre d'hôpital, elle gémit. Sa tête lui faisait mal. Mindi serrait sa main et leur mère était en train de tirer nerveusement sur le drap pour qu'il couvre bien ses jambes.

« Maman » fut le seul mot que Nikki put articuler avant de sombrer à nouveau.

Quand elle se réveilla la fois suivante, c'était le soir. Mindi et sa mère étaient toujours là, avec deux agents de police. L'esprit confus, Nikki cligna des yeux. Elle se rappelait un coup puissant qui l'avait projetée en arrière, et une douleur fulgurante à la tête.

« Bonjour, Nikki. Je suis l'agent Hayes et voici l'agent Sullivan. On a quelques questions à vous poser, quand vous serez prête à répondre. Et nous enregistrerons votre déposition.

— J'aimerais avoir un peu de temps…

— Bien sûr, dit l'agent Hayes. Je veux simplement vous informer que l'homme qui a pénétré chez vous a été intercepté et inculpé. Il est actuellement en garde à vue. »

Nikki hocha la tête. Tandis que les policiers tournaient les talons, elle se laissa tomber sur son oreiller et fixa le plafond.

« Pourquoi j'ai mal à la jambe ? »

Mindi et sa mère échangèrent un regard.

« Tu as été brûlée, lui expliqua Mindi. Pas gravement, mais ce sera douloureux pendant un moment.

— Brûlée ? Combien de temps je vais rester ici ?

— Le médecin a dit que tu pourrais rentrer demain. On va réinstaller ta chambre d'avant… »

Sans crier gare, leur mère se précipita hors de la chambre. *C'est quoi, son problème ?* voulut demander Nikki.

« Ne t'inquiète pas pour elle, reprit Mindi. Alors, tu ne te souviens de rien ?

— Je me rappelle qu'il m'a frappée. Après, je me suis évanouie. Ils étaient deux, ajouta-t-elle tandis que des fragments de souvenirs apparaissaient puis se dissolvaient dans sa mémoire.

— Ils ont mis le feu à l'appartement.

— Le feu ? s'exclama Nikki en luttant pour s'asseoir.

— Doucement. N'essaie pas de te lever trop vite. Tout va bien. Ils ont fait partir l'incendie dans la cuisine, mais les flammes ne se sont pas propagées beaucoup plus loin.

— Sacrée veine ! »

Elle imagina son appartement dévoré par les flammes et frissonna.

« Carrément. Ç'aurait pu être bien pire. Tu as eu de la chance que ces femmes aient été là. Elles t'ont sauvée, du moins c'est ce que j'ai compris en parlant à la police.

— Quelles femmes ?

— Tes élèves.

— Elles étaient là ?

— Tu ne le savais pas ? demanda Mindi, perplexe. Qu'est-ce qu'elles faisaient dans ton quartier ? »

Nikki batailla pour remettre de l'ordre dans ses souvenirs. Le cours au pub. La découverte de la situation matrimoniale de Jason. Puis Jaggi. Tarampal. Tout lui revenait par fragments. Quand les veuves étaient-elles arrivées ? Pourquoi ? Avaient-elles été averties ?

« Elles sont venues me sauver », dit-elle, des larmes dans les yeux.

Kulwinder écoutait le médecin confirmer qu'elle avait été intoxiquée par la fumée.

« On va vous garder une nuit pour contrôler les symptômes, ensuite vous pourrez rentrer chez vous », conclut-il.

Sarab attendit qu'il ait quitté la chambre pour venir prendre la main de sa femme. Ses yeux étaient rouges et fatigués.

« Qu'est-ce qui t'a pris de foncer dans un incendie ? »

Kulwinder ouvrit la bouche, mais sa gorge était trop sèche pour parler. Comme elle désignait le broc d'eau, Sarab lui remplit un verre et attendit.

« Je pensais à Maya, lui répondit-elle enfin.

— Tu aurais pu mourir. »

Avec un sanglot, Sarab enfouit le visage dans les mains de Kulwinder. Il pleura pour sa femme, pour sa fille, parce qu'il avait eu peur, les larmes venant tremper ses manches. Toujours sous le choc, Kulwinder se contenta de le serrer contre elle pour le réconforter.

« Et Nikki ? » demanda-t-elle après un moment.

Sarab leva les yeux et essuya ses larmes.

« Elle va bien. Je viens de parler à sa sœur. Elle est blessée, mais elle s'en remettra.

— Dieu merci. »

Elle avait peur de poser la question suivante. Elle regarda Sarab et il sembla comprendre.

« Ils l'ont arrêté. D'après la mère de Nikki, la police l'a placé en garde à vue pour l'effraction et l'agression. Il sera inculpé dès que Nikki aura pu faire sa déposition.

— Et pour Maya ?

— Il semble bien qu'ils vont rouvrir l'enquête. Il pourrait croupir en prison un bon moment. »

Kulwinder éclata en sanglots. Mais Sarab avait tort de penser que c'étaient des larmes de soulagement. Elle était comme transportée dans le passé, au moment où elle avait donné sa bénédiction à ce garçon en qui elle avait vu un fils et qui s'était révélé être un monstre.

18

La chambre de Nikki était encore pleine des vestiges de son adolescence. Les murs avaient gardé l'empreinte des morceaux de scotch et des posters qu'elle avait accrochés, quelques vieilles photos trônaient encore dans leurs cadres sur la coiffeuse.

À cette époque, elle avait pris l'habitude de coller ses paquets de cigarettes derrière un pied de son lit avec une bande velcro. S'il y en avait encore un, elle serait contente de pouvoir fumer. Elle s'accroupit, bras tendu vers l'étroit interstice entre le lit et le mur, quand des pas résonnèrent dans l'escalier. Elle voulut reculer, mais son coude resta coincé, de sorte que sa mère la trouva là, à se contorsionner au sol comme un insecte.

« Je viens de faire tomber une boucle d'oreille », expliqua-t-elle.

Mais l'expression sévère et fermée de sa mère montrait clairement qu'elle n'était pas dupe. Elle tira le lit pour aider Nikki à dégager son bras et tourna les talons. Nikki la suivit jusqu'à la cuisine.

« Maman…

— Je ne veux rien entendre.

— Maman, s'il te plaît. »

Combien de temps ça allait durer ? Depuis sa sortie de l'hôpital, ce matin, sa mère ne l'avait pas regardée dans les yeux.

Elle continuait de s'affairer, rangeant comme chaque matin la vaisselle de la veille. Les assiettes cliquetaient bruyamment et les portes du placard claquaient. Nikki avait envie de crier : *Je suis adulte, nom de Dieu !*

« Maman, je suis désolée pour les cigarettes.

— Tu crois vraiment qu'il s'agit de ça ?

— Il s'agit de tout, je sais. Le déménagement, le pub… tout. Ce n'était pas ce que tu voulais pour moi, j'en suis désolée.

— Le mensonge. Ces cours que tu donnais. Tu nous avais dit que tu apprenais à lire et écrire à des femmes, mais au lieu de ça, elles étaient… »

Elle secoua la tête, cherchant ses mots.

« Maman, certaines de ces femmes ont passé toute leur vie d'épouse à se demander ce qu'était le plaisir. D'autres regrettaient l'intimité qu'elles avaient connue et voulaient simplement revivre ces expériences.

— Et voilà que tu arrives en croyant sauver le monde en leur faisant raconter leurs histoires.

— Je ne les y ai pas obligées, corrigea Nikki. Ce sont des femmes fortes. On ne pourrait pas les forcer à faire ce genre de chose.

— Ce n'était pas à toi de t'occuper de la vie privée d'autres femmes. Regarde dans quel pétrin tu t'es mise.

— Tu te trompes.

— Cet homme t'a agressée parce que tu te mêlais de ce qui ne te regardait pas.

— Ça n'avait rien à voir avec les cours. C'était à cause de Maya, la fille qu'il a tuée.

— Si tu ne t'étais pas mêlée de…

— Tu veux dire que je l'ai mérité ?

— Je n'ai pas dit ça.

— Alors pourquoi tu es tellement en colère ? »

Sa mère prit un torchon à vaisselle, puis le laissa retomber.

« Tu mènes une double vie et je suis la dernière à l'apprendre ! Tu me caches toujours tout.

— Je ne sais pas comment être sincère avec toi.

— Dire que tu as passé tout ce temps à parler de choses très intimes avec de parfaites inconnues. Tu étais sincère avec elles.

— La dernière fois que j'ai dit la vérité dans cette maison, il y a eu une dispute épique et j'ai déménagé. On m'a traité d'égoïste parce que je voulais suivre ma propre voie.

— On sait ce qu'il y a de mieux pour toi.

— Je ne crois pas, non.

— Si tu m'avais expliqué ce que tu faisais, j'aurais pu te prévenir des risques, et si tu avais écouté, cet homme ne s'en serait pas pris à toi. Dis-moi : le jeu en valait-il la chandelle ? Ce que tu as commencé à Southall… est-ce que ça valait le coup de frôler la mort ?

— Ces femmes sont venues pour me sauver. Même Kulwinder. Si elles ont risqué leur vie pour moi, c'est bien que je faisais quelque chose de valable. Je ne suis responsable d'aucune bêtise à Southall et je n'ai pas l'intention d'en rester là. Grâce aux réunions, ces femmes s'acceptent beaucoup mieux et elles ont pris confiance en elles. Pour la première fois de leur vie, elles ont pu partager leurs pensées les plus intimes et savoir qu'elles n'étaient pas les seules à les formuler. Je les ai aidées à le comprendre, j'étais disposée à apprendre d'elles. Elles avaient l'habitude de tendre l'autre joue quand une injustice était commise, parce qu'il n'est pas convenable de s'impliquer, d'alerter la police et de trahir les siens. Mais elles n'ont pas hésité à m'aider quand j'étais en danger. Elles savent qu'elles sont capables de se battre. »

Nikki était essoufflée. Elle avait parlé d'une traite de peur que sa mère ne l'interrompe, mais celle-ci n'en avait pas eu l'intention. Son regard s'était adouci.

« C'est pour ça que ton père pensait que tu ferais une bonne avocate. Elle est rationnelle en toutes circonstances, c'est ce qu'il disait toujours.

— Je n'ai pourtant jamais réussi à le convaincre que je ne voulais pas devenir avocate.

— Il aurait fini par l'être. Il n'aurait pas pu couper les ponts avec toi définitivement.

— Pourtant… Pourtant j'ai toujours l'impression d'avoir élevé un mur de silence entre nous. Il est mort fâché contre moi.

— Il n'est pas mort fâché.

— Tu n'en sais rien.

— Il était très heureux quand il est mort. Je te le promets. »

Nikki crut que sa mère allait pleurer, mais ce n'était pas des larmes qui faisaient briller ses yeux.

« Comment ça ? demanda-t-elle en regardant le sourire de sa mère grandir et ses joues virer au rouge.

— Je t'ai dit que ton père était mort au lit, pas dans son sommeil… Je t'ai laissée le croire parce… Parce qu'il est mort du fait d'une activité intense. Au lit. »

Nikki comprit d'un seul coup.

« Sa crise cardiaque, c'était… vous deux ? souffla-t-elle en agitant les mains dans une tentative désespérée de mimer un acte sexuel.

— Une activité intense, précisa sa mère.

— Je n'avais pas besoin de le savoir.

— Beti, je ne peux pas te laisser continuer à culpabiliser. Papa avait des problèmes cardiaques avant que tu renonces à l'université. Il n'est pas mort de tristesse ou de déception. Tu as eu cette impression parce qu'il était très maussade la dernière fois que tu l'as vu, mais, une fois en Inde, il a commencé à changer de point de vue. Un après-midi, nous sommes allés chez ton oncle, qui nous a vanté les mérites du système éducatif indien, selon lui très supérieur au nôtre. Tu sais comment c'est : à la première occasion, la réunion familiale sert de prétexte à la compétition. Ton oncle expliquait donc le cursus complexe que devait suivre sa fille Raveen, qui n'était qu'en primaire. "L'école de Raveen garantit la réussite de tous ses élèves. Que vouloir de plus ?" disait-il, et papa a répondu : "Mes filles ont appris à faire leurs propres choix pour ce qui est de la réussite."

— Papa a dit ça ?

— Je crois qu'il s'est surpris lui-même, poursuivit sa mère. Il n'a jamais été du genre à se vanter de ses réussites quand il retournait au pays. Mais quelque chose a changé ce jour-là. Parmi toutes les chances que la Grande-Bretagne nous a offertes, la possibilité de faire ses propres choix a été la plus importante. Il ne l'a vraiment compris qu'en l'affirmant devant ton oncle. »

Nikki peinait à retenir ses larmes. Quand la main de sa mère toucha son visage, elle éclata en sanglots, comme cela n'était plus arrivé depuis son enfance. Elle appuya la joue contre la main de sa mère.

Olive passa dans la soirée. Elle portait un grand sac en toile plein de copies à corriger et un carton d'objets appartenant à Nikki. Le visage de Nikki était encore gonflé d'avoir pleuré.

« Ç'a été une journée pleine d'émotions, expliqua-t-elle.

— Une journée de folie, je dirais, rétorqua Olive. Comment tu t'en sors ?

— J'ai encore des migraines, mais sinon, j'essaie d'éviter de penser à tout ça. »

Pourtant, des rêves saisissants déferlaient pendant la nuit. L'implacable pression sur sa gorge, les flammes qui lui léchaient les pieds. Elle n'en sortait pas toujours saine et sauve. Dans une des versions les plus terrifiantes, prête à tout pour échapper à l'incendie, elle se résolvait à sauter par la fenêtre de l'appartement. Elle plongeait vers la mort et se réveillait sous le choc, tremblante de peur et de fureur.

« Je suis passée au pub hier soir pour voir si Sam avait besoin de quelque chose. Il n'y a pas trop de dégâts, hormis sur le plafond, mais pour des raisons d'hygiène et de sécurité, il devra rester fermé quelque temps.

— Il va bien ?

— Oui, il se débrouillera. L'assurance couvrira les dégâts et son manque à gagner.

— Finalement, c'est une bonne solution pour lui : réduire le pub en cendres et tout recommencer. Ou alors simplement sauver les meubles et partir.

— C'est presque ça. Le pub n'est pas en cendres, mais ce n'est pas le plus important. Sam est très inquiet pour toi. Il demande de tes nouvelles sans arrêt. Je lui ai dit que je passerais te voir aujourd'hui alors il te fait ses amitiés. »

Olive balaya la pièce des yeux.

« Cet endroit rappelle des souvenirs, dit-elle.

— Oui, soupira Nikki.

— Ça ne devait pas être si terrible de grandir ici.

— Non, c'est vrai, approuva Nikki en regardant le vieux fauteuil de papa.

— J'ai quelque chose pour toi, dit soudain Olive en plongeant la main dans son sac pour en sortir une enveloppe. J'ai reçu la consigne stricte qu'elle te soit remise en main propre. »

Il devait s'agir d'un dernier chèque de la part de Sam, pensa Nikki, mais l'enveloppe contenait une lettre. Elle commençait par *Chère Nikki* et se finissait par *Je t'aime, Jason.*

« Je ne peux pas, dit-elle en la tendant brusquement à Olive.

— Nikki, lis-la.

— Est-ce que tu sais seulement ce qui s'est passé ?

— Oui. Il vient au pub tous les jours comme un chiot perdu en espérant te voir. Sam et moi, on a refusé de lui donner ton adresse, mais j'ai promis de te transmettre sa lettre.

— Il est marié.

— Divorcé, corrigea Olive. Il a demandé le divorce avant même de te rencontrer. Le pauvre bougre désespérait tellement de prouver sa bonne foi qu'il a apporté le document au pub pour nous le montrer. Je te garantis qu'il était authentique.

— Alors pourquoi il le cachait ? »

Olive haussa les épaules.

« Ce n'est pas logique. S'il avait des problèmes avec sa femme, qui l'appelait tout le temps ? Pourquoi est-ce qu'il disparaissait subitement ?

— Je suis sûre qu'il l'explique là-dedans. Lis-la, au moins.

— De quel côté tu es, au juste ?

— Je suis toujours du côté de la vérité ! Comme toi. Et la vérité, c'est qu'il a eu peur et s'est conduit comme un imbécile. Il est clair qu'il a des explications à donner, mais tu devrais lui accorder une chance, Nik. Vous aviez l'air sincèrement heureux ensemble. C'est juste un brave type qui a fait quelque chose de très bête. »

Nikki brandit la lettre.

« Je ferais peut-être mieux de la lire toute seule, dit-elle.

— Pas de problème. J'ai un paquet d'épouvantables copies à corriger. »

Olive prit son sac, puis se pencha en avant et embrassa le front de Nikki.

« Tu es la personne la plus courageuse que je connaisse. »

Nikki alla se coucher juste après le dîner. Dans le carton apporté par Olive, elle trouva la biographie de Beatrix Potter, l'ouvrit et commença à la lire. Elle ne perdait pas espoir de retrouver un jour l'exemplaire taché de thé de *Journal et dessins de Beatrix Potter*. Dehors, le ciel s'était assombri et les réverbères luisaient faiblement, comme des braises. Son cartable était rangé à plat au fond du carton, sous des tennis usées jusqu'à la corde et quelques autres livres. Elle poussa le carton de côté et tira la couverture jusqu'à son menton. Elle n'avait pas la force de vider le reste pour l'instant. C'était déprimant de penser que tout ce qu'elle possédait tenait là-dedans.

La lettre de Jason attendait sur la commode. Elle la voyait du coin de l'œil, mais chaque fois qu'elle pensait l'ouvrir, son cœur se serrait. Elle s'enfonça davantage dans son lit. La lettre recelait peut-être toutes les excuses du monde, mais elle n'était pas prête à les accepter.

19

Kulwinder revint à pied d'un service matinal au temple, sous un ciel si chargé de nuages qu'il semblait de pierre. Comme elle avait détesté ce temps quand elle était arrivée en Angleterre ! *Où est le soleil ?* se demandaient-ils alors, Sarab et elle. Puis Maya était née et Sarab avait dit : « Le voici, le soleil ! » Il berçait le corps minuscule dans le creux de son coude et son sourire paraissait ne jamais devoir disparaître.

Lorsqu'elle arriva à la maison, Sarab bavardait dans le jardin avec un homme qu'elle reconnut tout de suite : Dinesh Sharma, des Réparations Dinesh.

« Bonjour ! » lança-t-elle.

Il n'était pas sikh, mais il joignit les mains devant sa poitrine et la salua d'un « *Sat sri akal* ». Elle apprécia le geste et lui proposa une tasse de thé.

« Non, non, ne vous dérangez pas, dit-il. Je suis juste venu faire un devis rapide.

— Je lui ai demandé de réparer la boîte aux lettres et de nous aider pour deux ou trois choses à la maison, expliqua Sarab. La porte du patio sort de ses gonds et, avec ma mauvaise vue, je préfère ne pas utiliser la perceuse.

— Très bien. Je vous laisse », dit Kulwinder.

En se retournant, elle surprit un mouvement à la fenêtre de la maison d'en face. Son cœur bondit. Tarampal ? Elle ne pouvait pas être là ! La lumière devait lui jouer des tours. Tarampal était rentrée chez elle, au soir de cette fameuse journée. Elle s'était réfugiée dans le seul endroit qu'elle connaissait à Londres. Le lendemain matin, elle était repartie. Un voisin l'avait vue empiler des valises dans un taxi et, d'après la rumeur, elle se trouvait maintenant en Inde, loin des murmures et des spéculations. On disait qu'elle voulait éviter de témoigner contre Jaggi, mais un tribunal pourrait la faire revenir s'il le jugeait nécessaire. On disait beaucoup de choses sur Tarampal désormais – qu'elle avait eu de nombreuses liaisons, que ses filles n'étaient même pas de Kemal Singh. Tout était probablement faux. La rumeur exagérait toujours les choses et s'ajoutait à cela le soulagement provoqué par son départ. Kulwinder refusait chaque fois, aussi poliment que fermement, d'écouter ce genre de commérages. Pour elle, en refusant d'ouvrir les yeux sur la mort de Maya, Tarampal s'était déjà condamnée à une vie entière de honte. Mais elle n'avait jamais souhaité que sa déchéance soit publique.

Kulwinder ressortit de la maison avec un dossier sous le bras et remonta Ansell Road. En longeant les maisons, elle se demandait qui parmi tous ces gens avait eu connaissance des histoires des veuves, qui les avait lues et ce que cela avait changé dans sa vie. Les fines goutelettes de crachin scintillaient dans ses cheveux comme des bijoux.

Arrivée au magasin de photocopies, Kulwinder alla tout droit vers le fils de Munna Kaur. Si c'était possible, il semblait avoir grandi depuis sa dernière visite, quand elle était venue faire photocopier l'annonce pour l'atelier d'écriture, quelques mois plus tôt. Ses épaules semblaient plus larges et ses mouvements plus assurés. L'homme qui attendait devant elle lui proposa de lui céder sa place mais Kulwinder déclina, prenant le temps d'observer le garçon.

« Bonjour, dit-elle clairement en arrivant devant lui.

— Bonjour, marmonna-t-il en retour, les yeux baissés sur le bon de commande qu'il détachait d'un bloc. Photocopies ?

— Oui, s'il vous plaît. C'est une assez grosse commande, alors je peux revenir, précisa-t-elle en poussant le dossier vers lui. Une centaine d'exemplaires, reliés avec spirales. »

Le garçon leva les yeux. Kulwinder lui sourit chaleureusement, mais elle sentit son pouls s'accélérer.

« Je ne peux pas faire ça.

— Je peux revenir », répéta Kulwinder.

Le garçon repoussa le dossier.

« Je ne fais pas de photocopies de ces histoires.

— Je veux parler à votre directeur, exigea-t-elle.

— C'est moi, le directeur. Et je vous dis d'emporter vos trucs ailleurs. »

Elle se hissa sur la pointe des pieds pour essayer de voir derrière lui. Il n'y avait qu'un autre employé, un adolescent somalien qui paraissait trop jeune pour avoir la moindre autorité.

« Comment tu t'appelles ? demanda-t-elle.

— Akash, répondit l'autre après un long silence.

— Akash, je connais ta mère. Que dirait-elle, à ton avis, si elle apprenait que tu te montres si impoli avec moi ? »

Kulwinder sut que ses mots étaient vains à l'instant où elle les prononçait. Une autre morale outrepassait toutes les règles de politesse. Akash recula et, pendant une fraction de seconde, elle craignit même qu'il ne lui crache dessus.

« Vous vous rendez compte que vous faites beaucoup de tort à notre communauté, que vous la détruisez ? Si je fais ces photocopies, vous allez les répandre dans plus de foyers encore.

— Je ne vais rien détruire, dit Kulwinder tandis que la vérité se faisait jour. C'est toi et ta bande de voyous bornés qui semez la destruction. »

Voilà comment les Frères recrutaient, comprit-elle. Quelques mois auparavant, ce garçon était encore terriblement timide. Munna Kaur disait qu'elle avait poussé son fils à travailler à mi-temps pour l'aider dans ses relations sociales. « Aucune fille n'épousera un garçon qui a si peu confiance en lui », avait-elle dit. À présent, sa confiance débordait comme un liquide en fusion.

Un autre client entra et Kulwinder songea un instant à provoquer un scandale, de sorte que le garçon serait contraint d'accepter sa commande pour la calmer. Mais c'était inutile. Elle préféra partir. Akash la suivit des yeux, rempli de haine. Elle fit une brève prière pour lui. *Faites qu'il trouve l'équilibre et la tempérance en toutes choses. Faites qu'il s'écoute et n'écoute pas le bruit des autres.* C'était bien cela : les Frères faisaient du bruit. Ils arpentaient Southall en beuglant, le pas lourd, mais après l'épreuve qu'elle et les autres avaient traversée en sauvant Nikki, ils lui paraissaient moins effrayants. En réalité, ils étaient même moins nombreux à patrouiller sur Broadway et elle avait vu l'un d'eux, au temple, servir au langar comme un vrai sikh au lieu de surveiller les femmes en cuisine. « Ils nous craignent un petit peu maintenant », avait dit Manjeet. Est-ce que cela n'avait pas toujours été le cas ? À présent, ils avaient pris la mesure de leur force. « Ils nous respectent plus », avait dit Kulwinder à Manjeet pour la corriger.

Sur le trottoir, elle sortit son portable et appela Nikki.

« Bonjour ! lança celle-ci.

— C'est Kulwinder. »

Il y eut un silence.

« *Sat sri akal*, Kulwinder.

— *Sat sri akal.* Comment vous sentez-vous ?

— Je me sens… bien, ça va. Et vous ? demanda Nikki après un petit rire nerveux.

— Ça va bien. Vous êtes rentrée chez vous ?

— Oui. Depuis quelques jours maintenant.

— Vous allez y rester un moment ?

— Je crois. Je ne peux pas retourner dans mon appartement.

— Vous avez perdu beaucoup de choses dans l'incendie ?

— Rien qui ait une grande valeur. L'essentiel, c'est que j'en sois sortie vivante et c'est grâce à vous. Je vous dois la vie, Kulwinder. Je voulais vous appeler, mais je ne savais pas si je devais vous remercier ou m'excuser.

— Vous n'avez pas besoin de vous excuser.

— Si. Je vous ai fait croire que j'apprenais à lire et à écrire à ces femmes. Je suis vraiment désolée. »

Kulwinder hésita. Elle n'avait pas appelé pour recevoir des excuses, mais c'était tout de même agréable à entendre.

« Hanh, oui, oui, mais de l'eau a coulé sous les ponts, dit-elle, contente de s'être souvenue de cette tournure idiomatique.

— C'est très généreux de votre part.

— C'est vrai. Si vous en étiez restée aux cours d'alphabétisation, ces histoires n'existeraient pas. »

Quelle perte ce serait, pensa Kulwinder, tout en regrettant de n'avoir pu le faire comprendre au garçon des photocopies.

« J'en ai lu quelques-unes, ajouta-t-elle.

— Et qu'en avez-vous pensé ? demanda Nikki avec une évidente inquiétude.

— Je vous ai sauvée d'un immeuble en feu, répondit Kulwinder. Ça en dit long, non ? »

Nikki avait le même rire que Maya, franc et naturel. Kulwinder avait souvent réprimandé sa fille adolescente à ce sujet : « Ne montre pas les dents. Les hommes croiront que tu les invites à s'amuser », conseil qu'elle tenait de sa propre mère. Et voilà qu'elle riait avec Nikki, savourant les notes joyeuses qui témoignaient de leur merveilleux soulagement.

« Je veux que toute la communauté profite de ces histoires, dit Kulwinder. Pas seulement les veuves qui viennent aux cours.

— Moi aussi.

— J'ai essayé de faire des photocopies à Southall, mais le garçon au comptoir a refusé. Vous connaissez un autre magasin ? Je paierai. On pourrait aussi les relier. Et peut-être trouver quelqu'un qui réalise une couverture.

— Vous êtes certaine ? Ça pourrait créer encore plus d'ennuis… »

Kulwinder fut à la fois surprise et touchée par cette marque de prudence. Mais elle affirma résolument qu'elle était sûre de sa décision.

Lorsqu'elle revint chez elle, Dinesh n'était plus dans le jardin et la boîte aux lettres avait été délicatement couchée sur la pelouse.

« Où le facteur déposera-t-il le courrier ? demanda-t-elle à Sarab.

— C'est juste pour un jour. Dinesh revient demain. Qu'est-ce que tu faisais avec ça ? voulut savoir Sarab qui regardait le dossier.

— Tu verras. »

Elle eut de nouveau l'impression d'apercevoir un mouvement chez Tarampal.

« Il y a quelqu'un ? demanda-t-elle à Sarab en désignant la maison. Je n'arrête pas de voir quelque chose bouger.

— Les inspecteurs sont venus pour leur enquête. C'est probablement ça. »

La réponse ne la satisfaisait pas. Elle ne croyait pas aux fantômes, mais elle se demanda un instant s'il pouvait y avoir là un esprit flottant qui attendait d'être libéré.

Plus tard, pendant qu'ils dînaient, Kulwinder déclara mystérieusement : « Les choses changent. » Elle n'alla pas plus loin et Sarab pensa qu'elle devait parler du passage des saisons. Il faisait de plus en plus chaud. Bientôt, il ferait jour jusqu'à 21 heures et on entendrait les enfants courir dans la rue. Quand leurs mères les appelleraient, ils les supplieraient de les laisser jouer dehors encore cinq minutes et Kulwinder formerait le même vœu en guise de soutien. Le monde extérieur regorgeait de possibilités enivrantes. En cinq minutes, les enfants pouvaient courir jusqu'au bout de la rue et regarder les bus qui partaient vers Hammersmith, les trains vers Paddington. Ils imagineraient les trajets qui pourraient un jour les conduire à travers cette vaste et magnifique ville. Elle se leva et se dirigea vers la porte.

« Tu vas où, cette fois ? » demanda Sarab, sans obtenir de réponse.

Kulwinder traversa la route et monta l'allée de Tarampal. Un rayon de soleil baignait les maisons blanches d'une lumière brève mais généreuse. Elle jeta un œil par la fenêtre, consciente que les voisins l'observaient. Elle les entendait presque murmurer, se demander ce qu'elle cherchait.

Par l'interstice entre les rideaux, elle n'apercevait que l'entrée et l'escalier. La silhouette qu'elle avait aperçue n'était qu'une illusion – le jeu du soleil qui perçait les nuages puis disparaissait, comme s'il n'était pas sûr de la place à occuper dans cette intersaison. Une sensation de soulagement la traversa comme un accès de fièvre. Elle embrassa le bout de ses doigts et les appuya sur le carreau.

L'heure était venue de libérer Maya.

20

La soirée commençait. Nikki s'engouffra dans le métro parmi le flot animé des travailleurs qui rentraient chez eux. Mindi l'attendait dans la station, vêtue d'une robe noire dotée d'un décoleté en V scintillant et suggestif.

« Jolie tenue, approuva Nikki.

— Merci. Je pense que ça va bientôt arriver, dit Mindi.

— Qu'est-ce qui va arriver ? »

Mindi se pencha vers elle et murmura : « Le sexe.

— Vous n'avez pas encore couché ensemble ?

— J'attendais que tout le monde ait pu me donner son avis sur lui.

— Alors, si j'approuve, tu feras ça dans les toilettes pendant que je commanderai les entrées ?

— Ne sois pas grossière ! rouspéta Mindi.

— Tu ne le trouves pas séduisant ?

— Si, mais je ne veux pas coucher avec quelqu'un que je n'épouserai pas. Et si tu détectes chez lui une faille qui m'a échappé, eh bien, j'y réfléchirai à deux fois avant de me fiancer.

— Tu n'as pas besoin de moi. Il me semblait te l'avoir déjà dit. Tu n'as besoin de l'approbation de personne.

— Je la veux quand même ! Tu ne comprends toujours pas, Nikki. Cette affaire de mariage arrangé est en réalité une question de choix. Je sais que tu penses le contraire, mais tu te trompes. Je prends mes propres décisions, mais je tiens à inclure ma famille. »

Mindi fit un grand geste de la main en direction d'une bande de routards allemands, d'où émergea soudain un homme malingre que Nikki reconnut.

« Mon Dieu, je me souviens de lui. Il a trouvé ton annonce sur le tableau des mariages, non ?

— Comment tu le sais ?

— Je l'ai rencontré quand j'affichais l'annonce. Il était… Oh, bonjour !

— Salut, je suis Ranjit, dit l'homme avec un rire de surprise. Et tu es la sœur de Mindi.

— Nikki. On s'est déjà rencontrés. »

Le regard de Mindi passait de l'un à l'autre.

« Si vous vous êtes connus quand Nikki mettait mon annonce, ça veut dire que tu as été le premier homme à la lire ? »

Ses yeux brillaient d'admiration.

Lorsqu'ils arrivèrent devant le restaurant, Nikki les invita à entrer sans elle.

« J'arrive dans une minute », annonça-t-elle, puis elle attendit qu'ils aient disparu à l'intérieur pour s'allumer une cigarette.

Le trottoir brillait sous la pluie et les gens passaient en trottant, les conversations et les rires se mêlant aux bruits de la circulation. Elle plongea la main dans son sac pour chercher son téléphone, puis se ravisa. *Tu n'as pas intérêt à appeler ce garçon*, se réprimanda-t-elle. Elle ne fuma sa cigarette qu'à moitié, l'écrasa et entra dans le restaurant.

« On se partage une bouteille de vin ? proposa-t-elle quand le serveur apporta les menus.

— Pas de vin pour moi, merci, répondit Mindi après un coup d'œil à son presque fiancé.

— Ranjit ?

— Je ne bois pas.

— Oh. D'accord. Dans ce cas, je boirai la bouteille toute seule. »

Le serveur fut le seul à sourire.

« Je plaisante, les amis ! Je prendrai de l'eau gazeuse, merci, dit-elle au serveur.

— Tu peux commander un verre, si tu veux, dit Mindi.

— Non, ça me va. »

Peut-être était-ce le fruit de son imagination, mais Nikki crut voir les épaules de Mindi s'affaisser légèrement sous l'effet du soulagement.

Elles rentrèrent en métro sans évoquer Ranjit, Nikki attendant patiemment que sa sœur réclame son avis. Cela n'était toujours pas arrivé lorsqu'elles furent à la maison. À l'étage, Nikki jeta son sac sur son lit et suivit Mindi dans la salle de bains.

« Un peu d'intimité s'il te plaît, demanda Mindi qui commençait à se démaquiller.

— Tu ne m'as pas demandé ce que je pensais de lui.

— Je n'ai pas besoin de le savoir.

— Mais… tu disais…

— Franchement, je n'ai aucune envie de te poser la question.

— Pourquoi ?

— Tu as à peine ouvert la bouche pendant le dîner. Ranjit voulait mieux te connaître mais tu lui as répondu par monosyllabes.

— Je n'ai pas grand-chose à dire à un mec comme ça.

— Comme quoi ?

— Tu le sais.

— Éclaire-moi, s'il te plaît.

— Il m'a l'air très conventionnel.

— Où est le mal ? »

Nikki fixa longuement sa sœur.

« Est-ce qu'il sera gêné à chaque fois que je boirai un verre ? Si je sens le tabac, est-ce qu'il plissera le nez devant moi ? Parce que j'ai l'impression d'être la sœur rebelle – celle qui ternit la réputation de la famille.

— Il travaille là-dessus, déclara Mindi. Il a grandi dans une famille traditionnelle, alors quand il a su que tu vivais et travaillais dans un pub, il a un peu paniqué.

— Il est au courant des ateliers d'écriture ?

— Oui.

— Quelle a été sa réaction ?

— Ça l'a mis mal à l'aise.

— Sans blague !

— En fait, son opinion est en train d'évoluer. Il tient tellement à moi qu'il veut devenir plus tolérant. Il lui faudra un peu de temps.

— Pourquoi cueillir un fruit vert ? Prends-en un déjà mûr.

— Ses valeurs traditionnelles ont aussi de bons côtés. Il est très porté sur la famille, respectueux… Toi, tu juges toujours les autres étroits d'esprit, tu penses qu'il n'y a qu'une seule façon de vivre et de tomber amoureux. Les gens différents de toi ont toujours tort.

— C'est faux ! » protesta Nikki.

Mindi jeta sa lingette et sortit de la salle de bains en la bousculant. Elle entra résolument dans la chambre de sa sœur, ouvrit la commode et sortit l'enveloppe.

« Qu'est-ce que tu fais ? s'écria Nikki en essayant de la lui arracher des mains.

— Je la jette à la poubelle.

— Rends-la-moi.

— Je ne sais pas de qui est cette lettre ni ce qu'elle raconte, mais manifestement elle te rend folle.

— Ça n'a rien à voir avec…

— Quelque chose te perturbe et il est évident que ç'a un rapport avec cette lettre. Chaque fois que tes yeux se posent dessus, ton visage se tend exactement comme maintenant… Lis-la ou je la jette. »

Mindi lança la lettre sur le lit et quitta la chambre en refermant derrière elle, laissant Nikki trop stupéfaite pour réagir. Les phares d'une voiture projetèrent des ombres sur le plafond. Mindi traînait les pieds dans sa chambre.

« Min ? appela Nikki.

— Quoi ?

— Rien !

— Idiote. »

Nikki sourit et fila vers le mur qui les séparait. Elle y donna un grand coup de talon, auquel Mindi répondit en frappant avec sa main – exactement comme elles le faisaient enfants. Tout redevint ensuite silencieux.

« Hé ! entendit soudain Nikki.

— Oui ? répondit-elle.

— Tu veilles plus tard que je l'imaginais. »

Elle comprit. Le ton mièvre de sa sœur. Un petit gloussement. Mindi parlait au téléphone avec Ranjit. Nikki leva le pied pour donner un dernier coup dans le mur, histoire de faire bonne mesure, mais elle se ravisa. Au lieu de ça, elle alla prendre l'enveloppe, respira à fond et l'ouvrit.

Chère Nikki,

Cette lettre te trouvera sans doute déjà blessée et écœurée. Je t'ai menti. J'ai eu de nombreuses occasions de te parler de mon mariage et de mon divorce, mais je te les ai cachés parce que j'avais peur de ce que ça pouvait dire de moi.

Tout le monde considère l'effondrement de mon mariage comme un échec et j'ai lutté pour l'accepter moi-même – c'est un échec pour ma famille et pour moi en tant qu'adulte.

Je te dois une explication et tu as le choix de la lire ou pas.

Il y a quelques années, quand j'ai fini l'université et commencé à travailler, ma famille a fait pression pour que je me marie très rapidement. Je suis l'aîné et on attendait de moi que je montre l'exemple. Quand je rentrais le soir, mes parents m'attendaient avec les annonces qu'ils avaient sélectionnées sur les sites matrimoniaux indiens.

Je n'ai rencontré aucune de ces femmes, préférant vivre une existence libre avant de m'installer. Je pensais avoir du temps devant moi, mais je me chamaillais constamment avec mes parents et j'ai fini par emménager tout seul. Puis ma mère a eu un cancer. Elle a subi des examens épuisants et des chimiothérapies qui l'ont minée. La pression a repris, de la part de mon père, de mes tantes et oncles, et même de mes jeunes frères, qui voulaient simplement avoir un événement heureux à célébrer dans cette période épouvantable. Le message était clair : marie-toi et donne à ta mère au moins un petit sentiment de paix.

J'ai rencontré Suneet sur Internet. Elle vivait à Londres et on a fait connaissance à coups de sessions hachées sur Skype et d'emails, puis j'ai décidé de venir en Grande-Bretagne pour la rencontrer en vrai. Pour moi, ce voyage était juste une première étape, mais nos familles le voyaient comme une confirmation de notre engagement. J'ai été emporté dans tout ça, sans savoir ce que je ressentais vraiment. J'ai dit à ma famille que j'aimais bien Suneet, et c'était vrai : c'est une femme jolie, intelligente et gentille, soucieuse des traditions et qui voulait un mariage arrangé. Il n'y avait aucune raison de ne pas lui demander de m'épouser, d'autant que la santé de ma mère déclinait – le temps manquait. Jusqu'aux noces, j'ai eu des moments d'anxiété que j'ai refoulés en me rappelant qu'on aurait le temps de mieux se connaître après le mariage. Cette coutume fonctionnait pour nos parents et elle fonctionne toujours pour des milliers de couples indiens – pourquoi pas pour moi ? Même affaiblie, ma mère a vécu mes fiançailles comme un rayon de soleil. Mon père et moi avons cessé de nous disputer pour un rien. Ça a été une période paisible et, après avoir causé tant de malheur, je voulais à tout prix maintenir cette paix.

Il se trouve que, sur beaucoup de plans auxquels je n'avais pas pensé, Suneet et moi ne nous entendions pas. Sexuellement, le courant passait mal, mais ce n'est pas un motif de séparation valable dans notre culture. Suneet voulait des enfants immédiatement alors que je préférais attendre. Les proches de sa famille n'arrêtaient pas de parler de ces enfants à venir et je lui en voulais de céder à cette pression. Je l'accusais de nous mettre en difficulté juste pour satisfaire ses parents. Mais je me suis rendu compte que je faisais la même chose.

Notre relation n'a fait que se dégrader, avec d'incessantes disputes. C'est Suneet qui a fini par parler de divorce. Elle était épuisée, de plus en plus amère, et ses plus belles années étaient devant elle. Je crois que je n'ai compris ce que je lui avais fait vivre que quand elle m'a dit : « Tu m'as déjà volé deux ans de ma vie. Arrête de me faire perdre mon temps. » Je savais qu'un divorce serait dévastateur pour sa famille, mais il a bien fallu dire la vérité à nos parents respectifs. Ma mère venait d'entamer une série de radiothérapies efficaces et elle semblait sur la voie de la guérison, mais notre annonce l'a replongée dans la maladie. Elle est restée alitée un moment, mon père refusait de me répondre au téléphone. Suneet a subi la même chose chez elle.

Avant que le divorce soit prononcé, j'ai déménagé dans une petite colocation et envisagé de rentrer en Californie, mais la seule pensée d'une confrontation avec ma famille était déjà trop pour moi.

Mon père a fini par prendre un de mes appels pour m'annoncer que ma mère était en rémission, et je suis allé au temple pour une prière de remerciement. C'est ce jour-là que je t'ai rencontrée. Au même moment, la situation s'est aggravée du côté de Suneet. Son père se sentait humilié, il était plein d'amertume et de chagrin pour sa fille – je le comprends –, alors il a entrepris de nous dénigrer partout, ma famille et moi. Il a fait courir des bruits horriblement blessants à propos de mes frères et sœurs et nos réseaux se sont chargés de faire remonter ces rumeurs jusqu'en Californie. Il voulait ruiner notre réputation comme j'avais apparemment ruiné les chances de sa fille de retrouver un mari. Après cela, il a essayé d'obtenir des dommages et intérêts devant la justice, au prétexte que, en divorçant, j'avais causé des torts irrémédiables à sa famille. Suneet n'y a pas vraiment participé, mais elle ne l'en a pas empêché non plus. Tout le monde souffrait.

Ces appels urgents auxquels je devais répondre – souvent quand j'étais avec toi – venaient de ma mère, de mes frères et sœurs, du père de Suneet, de l'avocat du père de Suneet (complètement bidon au final – c'était juste un oncle avec un diplôme de droit d'une université indienne de troisième catégorie). Les crises ne s'arrêtaient jamais et c'était ma faute à chaque fois. Je devais calmer tout le monde, ce qui impliquait de longues conversations, des négociations… Ça me prenait plus de temps que mon job. Et tous ces chantages affectifs me minaient.

J'aurais voulu expliquer à mes parents que j'avais la certitude de ne pas être amoureux de Suneet, parce que je l'étais de toi et que je voyais bien la différence – énorme. Mais je ne voulais pas t'impliquer. Je savais que, de l'extérieur, je donnais l'impression de prendre des distances parce que je n'étais pas intéressé par toi, mais c'était tout le contraire – je craignais que les choses ne tournent au désastre si on se rapprochait trop. Je ne t'invitais pas chez moi de peur que quelqu'un ne nous voie, ne m'accuse d'avoir une liaison, et que tu ne sois entraînée là-dedans.

Nikki, c'est la lâcheté qui m'a empêché de trouver les mots pour te dire la vérité. Je regrette chaque seconde que je n'ai pas passée avec toi. C'était égoïste et déloyal de ma part de te mentir et de disparaître chaque fois sans explication. Tu t'es montrée si ouverte avec moi, dès le premier jour… J'aurais dû partager tout ça avec toi dès le début. Je suis vraiment, vraiment désolé, Nikki. Je m'attends à ce que tu ne veuilles plus jamais me revoir, mais dans le cas contraire, je ferai tout pour regagner ta confiance.

Je t'aime,
Jason.

21

L'air frais du petit matin piquait les mains de Nikki. Dans le train, elle trouva un exemplaire de l'*Evening Standard* de la veille et passa le temps en parcourant les infos.

Les magasins étaient encore fermés quand elle arriva à la station Notting Hill Gate, mais un flot de touristes s'écoulait déjà vers le marché de Portobello Road. Beaucoup s'arrêtaient pour poser devant les façades pastel.

Nikki prit la direction opposée, vers le cinéma qui projetait encore le film français que Jason et elle avaient raté. Comme il lui restait une demi-heure à tuer avant la séance, elle marchait sans se presser. À un croisement, une famille de touristes américains lui demanda le chemin de Hyde Park. Elle s'appliqua à expliquer l'itinéraire sur leur grand plan mais, brusquement, une bourrasque le déchira en son milieu.

« On se débrouillera, dit la mère de famille en repliant la carte. Il faut qu'elle nous dure le séjour.

— Pas de problème », dit Nikki.

Alors qu'ils s'éloignaient, elle entendit la femme dire à son mari :

« On devrait demander à quelqu'un du coin. »

Quelle grossièreté ! Le mari se tourna vers elle et lui adressa un regard contrit. Elle reprit sa route, pourtant tentée de remettre cette femme à sa place : elle était du coin, merci bien. Tout à ses pensées peu charitables, elle dépassa Sally's Bookshop, la librairie où elle était entrée avec Jason lors de leur premier rendez-vous, et se trouvait maintenant au bout de la rue. Elle rebroussa chemin en allumant une cigarette. Se faire dépouiller de son titre de citoyenneté britannique par une touriste ignorante valait bien une bonne cigarette.

Elle s'arrêta devant la vitrine de la librairie et scruta le casier des promotions placé au fond. Soudain, un visage apparut, la faisant sursauter si fort qu'elle en lâcha sa cigarette. La caissière de la librairie, à qui elle avait parlé lors de son précédent passage frappait maintenant sur la vitre, l'air tout excité, et lui faisait signe d'entrer.

« Désolée de vous avoir effrayée », dit-elle en riant lorsque Nikki pénétra dans la boutique.

Nikki lui fit un sourire tendu. L'idée de cette cigarette perdue avant d'avoir été entièrement fumée l'accablait : il n'en restait plus que deux dans son paquet et, après, elle arrêterait.

« J'avais peur de vous manquer, expliqua la femme. Vous êtes bien Nikki, n'est-ce pas ? Je m'appelle Hannah. »

La caissière plongea derrière son comptoir et se redressa presque aussitôt en brandissant un livre. *Journal et dessins de Beatrix Potter.*

« Oh, Seigneur ! » s'exclama Nikki.

Elle tendit une main hésitante vers le livre, presque intimidée à l'idée de le tenir. Ses doigts tournèrent délicatement la couverture. La première image était un portrait de Beatrix Potter. Elle avait un visage à la fois rondelet et légèrement anguleux, et ses petites lèvres pincées dénotaient une pointe de malice.

« Où avez-vous fini par le trouver ?

— Commande spéciale. Il arrive tout droit d'Inde. »

Il était là, avec sa tache de thé en forme de feuille dans le coin supérieur de la couverture. C'était précisément l'exemplaire qui lui avait fait envie à Delhi, tant d'années plus tôt.

« C'est incroyable ! »

Elle chercha sa carte de crédit dans son portefeuille et la tendit à Hannah, qui l'écarta d'un geste.

« Le gentleman a déjà payé, expliqua-t-elle.

— Quel gentleman ?

— Celui qui a commandé ce livre. Je lui ai proposé de le faire envoyer chez lui, ou directement chez vous, mais il a insisté pour que je le garde ici et que je le mette en vitrine, au cas où vous passeriez devant. Je suppose qu'il voulait vous faire une surprise. Malheureusement, je ne pouvais pas le placer dans la vitrine et refuser ensuite de le vendre à un autre client que vous, alors je l'ai rangé sous le comptoir et je vous ai guettée. J'ai aussi prévenu les garçons de l'équipe du soir, mais j'ai l'impression qu'ils ont vu là un bon prétexte pour attirer au magasin toutes les filles qui leur plaisaient… »

Hannah continuait de parler, mais Nikki n'écoutait plus. Elle ne pensait qu'à une chose : au mot « gentleman ». Étrangement, il lui évoquait un bienfaiteur sans visage et en haut-de-forme, même s'il lui semblait certain que c'était Jason. Il avait dû appeler chaque librairie de Connaught Place à Delhi, et cette pensée la souffla.

Elle remercia la libraire, plaqua le livre contre sa poitrine et sortit, hébétée. Elle longea le cinéma sans s'arrêter. Le film français attendrait. Les arbres formaient une voûte agréable au-dessus de la rue qui menait aux jardins. Nikki circulait entre les ombres et se réchauffait dans les percées de soleil matinal. Le vacarme de la circulation s'atténuait à mesure qu'elle s'enfonçait dans Hyde Park, jusqu'à ce qu'elle s'installe sur un banc face à Kensington Palace. Le livre prenait toute sa réalité dans ses mains. Elle caressa la couverture du bout des doigts, le porta à son nez pour sentir son odeur. Elle avait toujours craint que, si par miracle elle trouvait ce livre un jour, tous ses regrets et la dispute avec son père resurgissent avec lui. Mais, assise là, les yeux fermés, elle ne pensait qu'à Jason – le pull marin qu'il portait à leur premier rendez-vous, les papillons dans son ventre quand il était entré la première fois chez O'Reilly. Elle prit le temps d'examiner chaque page – les lettres, les griffonnages sommaires. Les pages étaient douces et elle avait l'impression d'en sentir toute l'épaisseur, la réalité, comme si elle était dans la tête de Beatrix Potter. Jason avait compris ce que signifiait tenir ce livre-là dans ses mains.

Les touristes arpentaient le parc d'un bon pas, zigzagant entre les joggers au rythme plus régulier et les propriétaires de chiens en balade. Tout ce que les gens attendaient de Londres était là – jardins luxuriants, dômes majestueux et flèches d'église, ballet des taxis noirs. C'était royal et mystérieux. Elle comprenait que tout le monde ait envie d'y vivre. Les veuves surgirent dans ses pensées, elles qui ne savaient rien de ce Londres avant leur arrivée. Et pourtant, qu'en connaissaient-elles vraiment maintenant qu'elles y étaient ? La Grande-Bretagne était synonyme d'une vie meilleure, elles avaient dû se raccrocher à cette idée même si cette vie les déconcertait et leur demeurait étrangère.

Nikki prit son téléphone et appela Jason.

« Il me reste deux cigarettes, ensuite j'arrête pour de bon, dit-elle sans préambule. Tu m'accompagnes, d'accord ? »

Il y eut un long soupir à l'autre bout du fil, comme si Jason avait retenu sa respiration tout ce temps, en attendant qu'elle appelle.

« Garde-m'en une », dit-il.

Nikki lui dit où elle se trouvait et elle attendit. Un groupe de cyclistes âgés passa lentement devant elle. Elle gonfla ses poumons d'air printanier. Elle voulait le voir. Et reprendre leur histoire.

22

Le nouveau bureau de Kulwinder était rutilant. Elle s'assit dans son fauteuil, avec appuie-tête et roulettes. Une grande fenêtre encadrait le ciel d'été dans un carré d'un bleu parfait. D'ici, elle ne voyait pas l'ancien bâtiment et se surprenait à le regretter. Il était certes moins vaste, sentait le moisi et aurait eu besoin de quelques travaux de rénovation, mais au moins, là-bas, elle n'avait pas à côtoyer sans cesse les hommes de l'association. Ils traînaient comme si la porte qu'elle laissait ouverte était une invitation à l'observer, comme si elle était une curiosité – la femme qui avait rassemblé toutes ces vieilles dames pour faire des réclamations lors de la réunion de l'Association de la communauté sikhe.

Non, pas des réclamations. Des requêtes légitimes. Des subventions pour un centre de femmes autonome, un centre qui fournirait des services gratuits tels que le conseil juridique aux victimes de violences domestiques, et des cours de gymnastique où elles pourraient pratiquer sans être harcelées. Kulwinder gloussa au souvenir des expressions épouvantées suscitées par son intervention : « Prenez tout le temps qu'il vous faudra pour réfléchir à notre proposition, mais dorénavant je veux être présente pour chaque discussion. Finies, les décisions au pied levé prises par des cliques d'hommes au langar. Est-ce clair ? » Et comme personne ne protestait, elle avait hoché la tête et conclu : « Bien. Alors nous sommes tous d'accord. »

Elle entendit un bruit léger en provenance de sa porte fermée.

« Entrez ! » dit-elle.

Mais la porte ne bougea pas. Nouveau bruit, plus fort. C'était une autre de ces choses auxquelles il fallait s'habituer dans le nouveau bureau – une porte plus massive arrêtait les bruits de l'extérieur, mais étouffait aussi ses réponses.

« Entrez ! » cria-t-elle, et cette fois la porte s'ouvrit sur Nikki.

Kulwinder referma vite son journal et se leva pour venir la prendre dans ses bras. Elle nota l'absence de son éternelle besace, remplacée par un sac à dos bourré de livres.

« Vous étudiez drôlement, remarqua-t-elle.

— J'ai du retard à rattraper. Les cours à l'université démarrent dans quelques semaines et j'ai été absente si longtemps…

— Je suis sûre que tout va vous revenir.

— J'ai quelques nouvelles petites choses à apprendre. Le cursus est légèrement différent. »

Nikki avait accepté avec joie l'une des dernières places disponibles dans un cursus de droit avec une spécialisation en justice sociale.

Elle avait expliqué à Kulwinder, un jour qu'elle appelait pour échanger des nouvelles : « Je veux contribuer à empêcher ce qui est arrivé à des filles comme Maya. » Kulwinder avait senti son cœur se gonfler de reconnaissance et de fierté. Ensuite, fidèle à elle-même, Nikki s'était lancée dans une tirade sur les droits des femmes, et, cette fois, Kulwinder y avait prêté attention.

« Il se peut qu'il y ait beaucoup d'autres affaires non résolues, comme les meurtres de Gulshan et de Karina. Les gens se sont si peu interrogés sur la mort de ces filles que la violence a pu continuer sans que ça pose problème. Qui sait, peut-être trouvera-t-on des éléments qui justifieront d'ouvrir une enquête pour Gulshan et de reprendre celle de Karina. Je travaille sur différents moyens d'encourager les prises de parole autour des crimes d'honneur dans les communautés comme la nôtre. »

La nôtre, s'était répété Kulwinder, émue.

Nikki remarqua le journal sur le bureau.

« Du neuf ? demanda-t-elle.

— Rien, soupira Kulwinder.

— Ça prendra du temps, mais je sais qu'il est difficile de rester patient. »

Jaggi allait être jugé, mais on ne savait pas quand. Kulwinder épluchait régulièrement le journal, mais les jours passaient et elle bataillait avec sa déception. Dans son for intérieur, elle avait espéré qu'il serait jeté en prison dès que Nikki avait produit le dossier de candidature. Pourquoi fallait-il encore l'interroger alors que les graphies correspondaient ? Les avocats avaient expliqué le déroulement normal de la procédure et elle avait dû l'accepter. Au moins, Sarab et elle avaient-ils désormais des avocats – le cabinet Gupta et Associés s'était proposé de défendre Maya gracieusement. Ils avaient assuré que les choses se présentaient bien, qu'ils pensaient pouvoir obtenir gain de cause le moment venu. Elle était reconnaissante, mais elle continuait de trouver cette générosité un peu louche, même si M. Gupta lui avait expliqué qu'il s'agissait pour son cabinet de servir la communauté. Néanmoins, une fois par semaine, elle se rendait à son bureau sur Broadway et donnait au réceptionniste une boîte de ladoos.

Nikki tira une chaise.

« Quel beau bureau ! Bien plus grand que l'ancien.

— Merci, répondit fièrement Kulwinder, en caressant la surface lisse de sa table du bout des doigts.

— J'apporte d'excellentes nouvelles.

— Votre sœur est fiancée, crut deviner Kulwinder.

— Non, pas encore. Mais elle fréquente quelqu'un.

— Oh. Quelqu'un de gentil ?

— Oui, il est très gentil. Elle est heureuse à ses côtés.

— Bien. »

Kulwinder se sentait tout de même un peu déçue. Ça faisait longtemps qu'elle n'avait pas participé à un mariage à Londres. Ce serait agréable de porter de l'or à nouveau.

« Alors, quelles sont ces bonnes nouvelles ? »

Nikki prit une grande inspiration. « On est publiées ! »

Kulwinder la fixa du regard sans rien dire. Nikki devait plaisanter. « Les histoires ? Ces histoires-là ? » Le recueil photocopié était toujours sur son bureau, avec sa spirale de mauvaise qualité qui commençait à se défaire. D'autres exemplaires circulaient à Southall et au-delà, mais elle conservait l'original.

« Celles-là, précisément – et d'autres, peut-être. Une société appelée Gemini Books veut publier *Le Club des veuves qui aimaient la littérature érotique.* »

Nikki sortit de son sac une épaisse pile de feuillets qu'elle tendit à Kulwinder. C'était un contrat d'édition, plein de jargon et de phrases compliquées que Kulwinder ne comprenait pas, mais elle fit mine d'ajuster ses lunettes et de pointer du doigt des clauses précises comme si elle s'y connaissait.

« Ce sera dans quelle langue ?

— C'est un éditeur bilingue, ils aimeraient proposer les textes en anglais et en gurmukhi. Je leur ai dit qu'il y avait plein d'autres histoires en cours d'écriture, ils voudraient carrément en faire une collection.

— Quelle excellente nouvelle ! Est-ce qu'on pourra en conserver quelques exemplaires ici pour que les gens les empruntent ?

— J'en suis certaine. On pourrait aussi les vendre et financer une partie du centre de femmes.

— Oh, Nikki ! C'est encore plus merveilleux que des fiançailles !

— Ravie de l'entendre ! dit Nikki dans un rire.

— À propos du centre de femmes, avez-vous réfléchi à ma proposition ? »

Une semaine plus tôt, Kulwinder lui avait demandé si elle voulait donner quelques cours et Nikki avait semblé hésitante. Et vu comme elle se raidissait maintenant, Kulwinder devinait qu'elle allait refuser.

« J'apprécie beaucoup la proposition, mais je crains de ne pas pouvoir. J'aurai beaucoup de cours et j'habite loin maintenant.

— Où ça ?

— Enfield.

— Avec votre mère ?

— C'est provisoire, précisa Nikki. Je partagerai probablement un appartement avec mon amie Olive l'an prochain.

— Alors il vous faudra un travail. Les loyers sont élevés. »

Kulwinder ne manquait pourtant pas de candidats pour le poste, elle recevait chaque jour plusieurs appels de volontaires qui l'interrogeaient sur les postes vacants.

« Les veuves veulent que vous reveniez, expliqua-t-elle doucement.

— Elles me manquent aussi, avoua Nikki. Mais nous sommes encore en contact. Je viens juste de voir Arvinder, Manjeet et Preetam au langar. Et je vais prendre un café avec Sheena tout à l'heure.

— Vous pourriez les voir plus souvent. Sheena va enseigner l'informatique. Les autres se sont inscrites à son cours.

— Je dois me concentrer sur mes études, maintenant. Mais j'aurais bien voulu pouvoir accepter. Sincèrement. »

Kulwinder comprit : tous ces livres à lire, qui savait quel temps ça pouvait bien prendre ? Cependant, il existait de nombreuses façons de rappeler leurs devoirs aux jeunes gens. Soudain, elle tressaillit et plaqua une main sur sa poitrine.

« Qu'y a-t-il ? demanda Nikki.

— Ce n'est rien, assura-t-elle en se crispant de nouveau, comme si elle souffrait atrocement, avant de se détendre.

— Je vous emmène à l'hôpital ?

— Non, non, dit Kulwinder, ravie de voir son stratagème fonctionner. J'ai un reflux gastrique. C'est douloureux et cela empire avec l'âge. »

En réalité, elle suivait un nouveau traitement qui lui permettait d'avaler des condiments à volonté sans le moindre désagrément.

« Je suis navrée, dit Nikki.

— Certains jours, cela m'oblige à rester chez moi et c'est un problème pour la gestion des cours et des professeurs.

— Vous organisez des cours le dimanche ? voulut savoir Nikki.

— Ne vous inquiétez pas pour ça, vous êtes déjà très absorbée par vos études.

— Le dimanche, je pourrais venir. »

Kulwinder connaissait l'emploi du temps par cœur. Il n'y avait aucun cours le dimanche, journée traditionnellement dévolue aux mariages et aux prières spéciales au temple.

« On ne peut pas vous payer pour donner des cours le dimanche.

— Inutile. Je le ferai bénévolement. Je pourrais diriger un cours d'anglais ou un atelier de conversation ouvert à qui voudrait.

— Jamais je ne pourrais vous demander ça !

— Je trouverai le temps, assura Nikki. Ma place est ici. Et la vôtre, chez vous, pour prendre soin de vous.

— Ah, cet estomac…, geignit encore Kulwinder.

— Oui, c'est comme les migraines de ma mère, ironisa Nikki. Elles se déclenchent généralement pendant une dispute, puis disparaissent mystérieusement quand elle a le dernier mot. »

Kulwinder lui adressa un petit sourire et ajouta une grimace pour faire bonne mesure.

Après le départ de Nikki, Kulwinder se tint debout près de la fenêtre. Vu d'en haut, Southall ressemblait à une miniature – des gens, des voitures et des arbres qu'elle aurait pu tenir dans sa paume. Pas étonnant que les hommes aient toujours paru si hauts et si puissants pendant les réunions. Ils regardaient le monde depuis ce poste d'observation et il leur semblait insignifiant. Ce groupe de veuves, par exemple, qui se faufilaient comme des fantômes entre les voitures garées : pas plus que des boulettes de papier. Alors elle sut que sa décision était prise : bien sûr, elle s'occuperait de la paperasserie, mais elle allait passer le maximum de son temps sur le terrain, avec les femmes. Pas plus tard que tout de suite.

Elle vit encore la minuscule silhouette de Nikki qui s'approchait d'un jeune homme. Sûrement Jason Bhamra. Les veuves lui avaient dit que ces deux-là étaient ensemble. Elle les regarda se chahuter gaiement, vit la tête de Nikki basculer en arrière dans un grand rire lorsque Jason lui murmura quelque chose à l'oreille.

Kulwinder se tourna vers le temple et fit une courte prière : *Merci pour le plaisir.* Sentir une caresse, penser à un baiser ou à la main de Sarab effleurant sa cuisse nue – ces moments-là étaient peut-être infimes, mais ils équivalaient à une vie de bonheur.

REMERCIEMENTS

Gratitude, tendresse et admiration pour ceux qui suivent :

Anna Power, la première personne à lire cette histoire et voir son potentiel. À la fois mentor, agent littéraire et amie, ton dévouement et ton enthousiasme continuent de me nourrir.

Toute l'équipe de HarperCollins, qui m'a accueillie si chaleureusement et avec tant d'enthousiasme. Martha Ashby et Rachel Kahan, vos commentaires et votre perspicacité ont fait de cette publication une découverte plutôt qu'un processus. Kimberley Young, Hannah Gamon et Felicity Denham, je suis très chanceuse d'avoir d'aussi ardents défenseurs pour ce livre.

Jaskiran Badh-Sidhu, ses formidables parents et grands-parents, dont l'amour et la générosité m'ont permis de me sentir en Angleterre comme chez moi. Sans vous, ce livre n'existerait pas.

Prithi Rao, tes commentaires sur ce manuscrit ont été inestimables et ton amitié encore davantage.

Maman et papa, qui m'ont encouragée à poursuivre ce rêve fou d'écriture. Mes beaux-parents, les Howell, pour leur amitié et leur soutien.

Paul, tu es la bonté, l'inspiration et la sincérité incarnées. La vie serait bien triste sans toi. Je t'aime tout entier.

Les lecteurs ont aimé !

« J'ai adoré découvrir l'histoire de toutes ces femmes et la personnalité de Nikki. Une lecture surprenante, drôle et bouleversante. »

Julia, @jujufeelbook

« Une lecture pétillante grâce au mélange savoureux entre confort, humour et danger qui donne une atmosphère fabuleuse au livre ainsi qu'une impressionnante richesse. »

Manon, @manonlitaussi

« Une délicieuse découverte aux ingrédients variés : féminité, culture, mystère, révélations, identité, écriture... Ce livre m'a ramenée à nous, femmes de tous les horizons, qui créons une multitude de liens grâce à la lecture. »

Katia, @lire1x

« Plonger dans ce roman, c'est découvrir une nouvelle culture, s'y confronter et s'interroger. »

Tom, @book_by_tom_

« Un bel équilibre entre sensualité, émancipation, quête de soi et recherche de justice. »

Sarah, @lectures.de.sarah

« Un voyage captivant dans une culture riche et complexe : des vies fascinantes se croisent et dévoilent les multiples facettes de la condition féminine dans la communauté indienne, marquée par les traditions. »

Marie, @marie_livresque

Cet ouvrage est composé de matériaux issus
de forêts gérées durablement certifiées PEFC™.
Le Programme de reconnaissance des certifications forestières (PEFC™)
est le plus grand organisme mondial indépendant
de contrôle pour une gestion durable des forêts.
Pour en savoir plus, consultez le site www.pefc-france.org

PEFC™ PEFC/14-38-00277

Achevé d'imprimer en janvier 2024
par Novoprint
Dépôt légal : février 2024
Imprimé en Slovaquie